Kamala's Way: An American Life

アメリカ初の
黒人女性副大統領
カマラ・ハリスの流儀

ダン・モレイン［著］
Dan Morain
土田 宏［訳］

彩流社

Published in Japan in 2021 by SAIRYUSHA

私のすべてである
クローディアに捧げる。

本書を読む前に――訳者からのひと言

本書は二〇二一年にアメリカ合衆国で女性として、また黒人として初めて副大統領に就任した、それ故に初の女性大統領の可能性さえ出て来たカマラ・ハリスの評伝である。著者であるダン・モレインは四〇年以上もカリフォルニア政治と関わって来たジャーナリストであり、本書もカリフォルニア州でのハリスの活動について詳しく、しかも割と公平に扱っている。カマラ・ハリスが副大統領になるまでには、当然、生まれ故郷のカリフォルニア州、それもサンフランシスコ市と湾の反対側のオークランド市という「湾岸地域」の特殊な環境と、その政治状況の中で乗り越えなければならなかった多くの困難があった。彼女を語るにはこの地域で過ごした彼女の生活を知る必要がある。その意味で著者のモレインは適任だろう。

だが、日本の読者にはアメリカ合衆国の政治状況は日常的な報道を通して馴染みがあるだろうが、州の政治となると特別な関心や興味があるわけではないだろう。そこで、本書をより理解しやすくするために必要な情報を前もって「豆知識」的に以下に示しておきたいと思う。

周知のように、アメリカ合衆国は中央政府である連邦政府と憲法上は「国家主権」を認められている五〇の州の連合体である。つまり、我々が州と呼ぶものは、ひとつひとつが独立国なのだ。もちろん、外交と戦争と造幣の権利はない。だが、それ以外は国家として扱われる。

それぞれが憲法を持ち、政治制度を持っている。本書の舞台となるカリフォルニア州も同じで、政治的には行政、立法、司法と分かれ、知事を行政の長としている。ただ、問題はその政治組織の呼び名だ。知事を除くと、行政府は合衆国と同じ名を持つ省庁がある。財務省、司法省などだ。特に州務省と訳しているが、英語の表現は国務省（Department of State）と同じ名称となっている役所があったりする。

その意味で本書では役所または役職の前に、混乱を避けるために連邦か州をつけることがある。カマラ・ハリスの役職である司法長官を州司法長官とするなどだ。

また議会も州議会でも上院と下院とがあるために、州上院、州上院議員、さらに連邦上院、連邦上院議員というように、明確に判断できるよう工夫した。

さらに、二大政党だが、これも周知のようにアメリカには民主党と共和党の二つの大きな政党がある。だが、日本とは全く異なる組織なので、説明が必要だろう。アメリカの政党は全国の本部や地方の本部というのはあるのだが、あくまで選挙を戦うための資金調達組織であって、中央集権的な権力はない。そのために、党の公認候補も決められない。では、誰が党の公認候補を決めるかというと一般党員なのだ。

だが、この一般党員も日本とは異なっている。アメリカでは一定年齢（連邦の場合は一八歳）になると自分で役所に出かけて「選挙人登録（有権者登録）」という手続きをしなければならない。

この手続きによって、「有権者」となり選挙で投票できるようになるのだ。これを「登録有権者制度」と呼ぶが、その登録時に自分が支持する政党（所属したい政党）を明記する。支持政党なしでも、第三政党でも自由だ。

これで党員になる。入会金も党員会費も払う必要はない。この党員たちが党の候補者を選ぶのだが、それが予備選挙と呼ばれる選挙によるか、党員集会という方法によるかは州によって異なる。本書の舞台となるカリフォルニア州は予備選挙を採用している。

あと一点、各州では、知事は選挙で選ぶが、同時に他の公職の多くも選挙で決められる。裁判所判事、保安官などもその対象となっている州がある。

カリフォルニア州では知事の他、司法長官、州務長官、財務長官、会計検査官、保険長官、公共教育監督官が任期四年、連続二期までという条件で選挙の対象になっている。またハリスの歩んだ検事・司法の道は、選挙で選ばれた地方検事が自分の管轄圏のスタッフ（検事補）として採用されたところから始まり、地方検事をめざす予備選、本選挙を勝ち抜き、その実績のうえに州司法長官選挙を戦うというプロセスがあった。こうした苛酷な選挙戦を通して国民に信頼される一人の政治家が生まれるのだろう。

以上が、本書の前知識だが、本書の原書では著者のダン・モレインがすべての引用に膨大な脚注をつけている。だが、訳書としてはかなり煩雑になるために、省略することにした。この点をご了解願いたい。ただ、それでも時に本文にない補足の説明が必要と思われるものには、訳文の中で説明を挿入した場合と、（＊）で訳注として説明をつけた場合がある。参考にしていただければ幸甚である。

どれほど能力と実力があろうとも、その社会進出を阻み続けてきた「ガラスの天井」を打ち破り、アメリカのみならず、世界中の女性たちやマイノリティに夢と勇気を与え、そしていまや二〇二四年の民主党大統領候補の最有力政治家と目されているカマラ・ハリス。ここからはモレインの先導で彼女のこれまでの生きざまをたどってみることにしたい。

目次

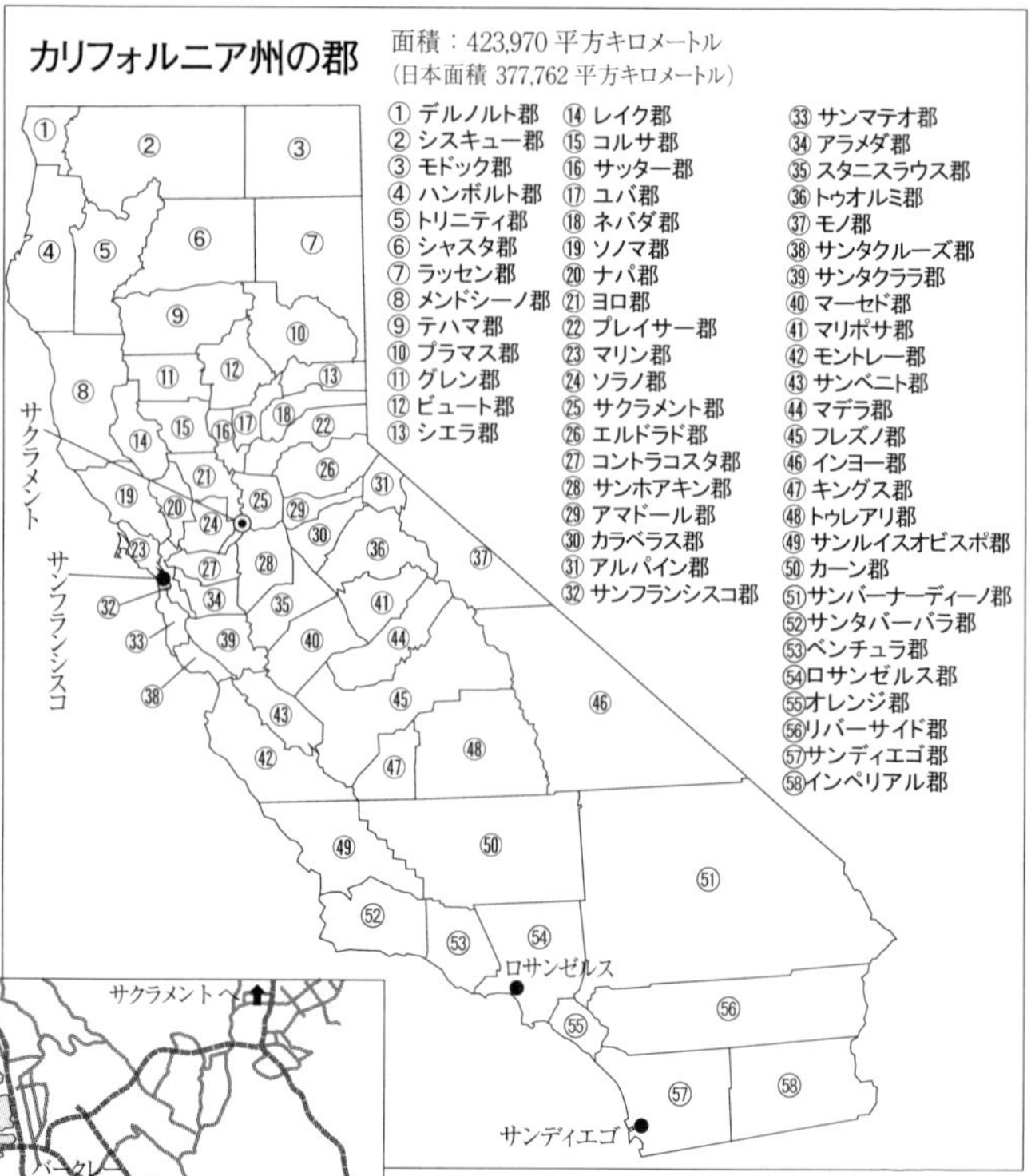
カリフォルニア州の郡
面積：423,970 平方キロメートル
（日本面積 377,762 平方キロメートル）
① デルノルト郡
② シスキュー郡
③ モドック郡
④ ハンボルト郡
⑤ トリニティ郡
⑥ シャスタ郡
⑦ ラッセン郡
⑧ メンドシーノ郡
⑨ テハマ郡
⑩ プラマス郡
⑪ グレン郡
⑫ ビュート郡
⑬ シエラ郡
⑭ レイク郡
⑮ コルサ郡
⑯ サッター郡
⑰ ユバ郡
⑱ ネバダ郡
⑲ ソノマ郡
⑳ ナパ郡
㉑ ヨロ郡
㉒ プレイサー郡
㉓ マリン郡
㉔ ソラノ郡
㉕ サクラメント郡
㉖ エルドラド郡
㉗ コントラコスタ郡
㉘ サンホアキン郡
㉙ アマドール郡
㉚ カラベラス郡
㉛ アルパイン郡
㉜ サンフランシスコ郡
㉝ サンマテオ郡
㉞ アラメダ郡
㉟ スタニスラウス郡
㊱ トゥオルミ郡
㊲ モノ郡
㊳ サンタクルーズ郡
㊴ サンタクララ郡
㊵ マーセド郡
㊶ マリポサ郡
㊷ モントレー郡
㊸ サンベニト郡
㊹ マデラ郡
㊺ フレズノ郡
㊻ インヨー郡
㊼ キングス郡
㊽ トゥレアリ郡
㊾ サンルイスオビスポ郡
㊿ カーン郡
(51) サンバーナーディーノ郡
(52) サンタバーバラ郡
(53) ベンチュラ郡
(54) ロサンゼルス郡
(55) オレンジ郡
(56) リバーサイド郡
(57) サンディエゴ郡
(58) インペリアル郡
サクラメント
サンフランシスコ
ロサンゼルス
サンディエゴ

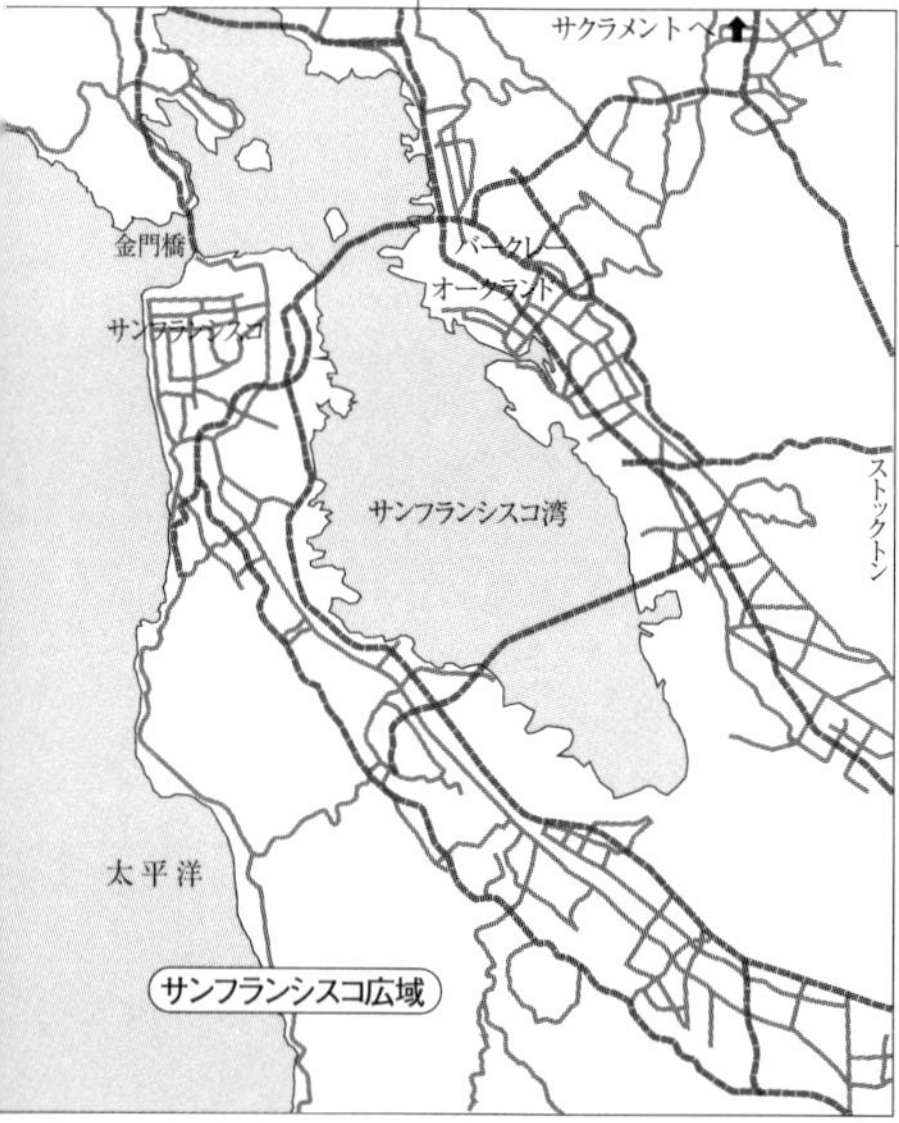
サクラメントへ
金門橋
バークレー
オークランド
サンフランシスコ
サンフランシスコ湾
ストックトン
太平洋
サンフランシスコ広域

第1章　シャーマラの娘――移民の子

カマラ・ハリスが歴史的な地位を得ることになったのが、誰か特別な人のお陰だとしたら、それは、一九六四年秋にカリフォルニア州オークランド市のカイザー病院で彼女を産んでくれた二六歳のインドからの移民女性だ。カマラの誕生が「選挙日」[*1]のちょうど二週間前だったこと、またその誕生がカリフォルニア州だったことは、おそらく偶然ではなかっただろう。のちに成長してから、社会の進歩と容赦のない政治とは密接な関係がある、と証明することになる一人の少女にとって、この年と州は完璧な培養器となっていったからだ。

そのちっちゃな女の子は成長して、強靱で、機知に富む几帳面な努力家で、多様な文化的背景を持った頭脳明晰な女性になった。カマラ・ハリスは間違えることはなかったし、忘れることはさらになかった。彼女には最初から政治活動の応援団となった忠実な支持者がいる。だが彼女は、一度は家族のように親しくしていた人々を遠ざけもしてきた。カメラが回っていないときに

＊1　アメリカ合衆国の正副大統領を決める選挙日のこと。「四年に一度、一一月の最初の月曜日のあとの最初の火曜日」とされる。現在は連邦議会の議員選挙もこれに従うので、二年に一度、設けられる。祝日とするか、特別な計らいをするかは州による。

は、自分の助けにならなかった人々に対しても思いやりを示し、親切に接することがあった。だが、彼女をよく知る人たちのなかには、彼女を冷たく、計算高いと見ている人もいる。全国的な舞台で活動しているが、ハリスは個人的なことをほとんど明らかにしていない。彼女は料理することを楽しみ、よいレストランや場末の居酒屋で食事するのを好む食通でもある。ある時、私と一緒に昼食をした時に、彼女はサクラメントの州議事堂の通りの向かい側にある、カリブ海出身の家族が経営する小さな店を選んだ。ハリスは様々な香辛料の話をし、ゆっくりと食事をしたのだが、私と違って、彼女は食べた物をメモしていた。大まかに言うと、彼女は父親よりも母親に近い娘だった。彼女の近くで仕事をする人たちによると、カマラは二〇〇九年に亡くなった母親シャーマラ・ゴーパーラン・ハリスから受け継いだちょっとした人生訓を週に一度は必ず思い出しているという。公の席で彼女が最も頻繁に繰り返すのが、「何をするにも最初にするのは構わないわ。でも忘れないでね。最後はだめよ」ということばだ。時に、彼女の人生の大事な瞬間に、母親を思い出して感情がこみ上げることもある。そんな時、自分の傍らに母親がいてくれたらと願っているのは明らかだ。

「私の母、シャーマラ・ゴーパーラン・ハリスは自然の力なのです。同時に、私の人生で最も私を励ましてくれる存在なのです」、と女性の歴史月間[*2]に自分の母親をこう讃え、さらに、「私と妹のマヤに努力することと間違いを正す力を信じることの大切さを教えてくれたのです」とツイートした。

シャーマラ・ゴーパーランは一五〇センチをやっと上回るぐらいの身長だった。彼女が生まれた九年後の一九四七年に英国からの独立を勝ち取った国インドの成功した上級官僚だった家庭の四人の子供の最年長だった。一九五八年、一九歳でインドのニューデリーにあるレイディ・アーヴィン大学を卒業した。家政学が専攻だった。父親の勧めで、彼女はより高度で、より有意義な教育を求めて、カリフォルニア州のバークレーを訪れた。ここで栄養学と内分泌学を学んだ彼女は博士号を取得し、その後数十年で乳癌研究の分野で認められるようになった。彼女の論文は他の人の論文に一〇〇回以上も引用された。また彼女の仕事に対しての資金提供で最低四七六万ドルを獲得していた。

二〇一九年に出版した自伝でカマラ・ハリスは「私の母は政治に積極的に関わることと、市民の生活で指導的立場を取ることをごく当たり前と捉える家に育った」と書いている。「私の祖父母から、母は熱心な政治意識を受け継いだのです。歴史とか、闘争とか、不平等とかに高い意識を持っていました。その魂に強い正義感を持って生まれてきたのです」

一九六二年秋に、シャーマラ・ゴーパーランは黒人学生の集会に出た。そこで演説したのがジャマイカ出身のドナルド・ジャスパー・ハリスだった。経済学者になることを目指していた若い大学院生だった。彼は多少過激だった。いや、経済学者たちが言うところの「異端者」だった。当時アメリカ国内の大学で好まれていた伝統的な経済学理論に固執していなかった。彼がのちに『ニューヨーク・タイムズ』紙に語ったところでは、伝統的なサリーを着たゴーパーランが、演

＊2　一九八七年に始まった慣習で、三月を歴史や文化に貢献した女性を讃える月間とした。

説の後で彼の所にやって来たという。「男女の集団の中の誰と比べても、彼女はその容姿が際立っていました」。彼は魅了されたのだ。その後、数回会って話をした。そして、彼が言うには、「このこと以外は、いまや歴史です」

一九六三年に二人は結婚した。ジャマイカが英国からの独立を達成した翌年だった。この年の一一月一日の『キングストン・グリーナー』紙には、二人とも博士号の取得を目指していると報じられている。一九六四年にカマラ・デヴィが、そして彼女の妹のマヤ・ラクシミがその二年後に生まれた。デヴィというのはヒンドゥー教の女神の名前で、ラクシミは蓮の女神で富と美と幸運の神の名前だった。二〇〇四年に『ロサンゼルス・タイムズ』紙の記者に、シャーマラはこう語っている。娘たちの名前はインド神話から付けた。二人に自分たちの文化的独自性を保ってもらいたかったから。さらに、「女神を崇拝する文化は強い女性を生み出すの」と続けた。

一九六〇年代の半ばから後半にかけて、カマラの親は二人とも公民権運動にのめり込んでいた。彼女は乳母車《ベビーカー》でデモ行進に連れて行かれたと語っている。彼女が乳母車でぐずると、母は自分の望むことばを言わせたという。「フィーダム」[*3]と。

多くの学者がそうであるように、ドナルド・ハリスも若い時には渡り鳥だった。バークレーからイリノイ大学シャンペン・アバーナ校、ノース・ウェスタン大学、ウィスコンシン大学、そして最後に一九七二年湾岸地区に戻りスタンフォード大学へと渡り歩いた。『スタンフォード・デイリー』紙という学生新聞には、彼の経済思想はマルクス主義だと紹介されている。正しいかどうかは別にして、古典的というわけではなかった。そのために、彼が継続的に雇用されるかは全く不明な状態だった。一九七四年、彼の客員教授としての身分が終わろうとしていたときに、スタンフォード大学の経済学の教授の中に、躊躇しながらも、彼を専任教授に推挙する者がいた。急進的政治経済学連合が彼のために裏で動いていたし、この問題は『スタンフォード・デイリー』紙にも取り上げられていた。学生は二五〇〇人以上の署名を集めた嘆願書を提出し、経済学部はマルクス経済学にも「公式な立場」を与え、この分野の三人の教員の身分を保証し、さらにハリスには専任の、それも終身在職権を与えるよう要求していた。ドナルド・ハリス自身が書いているところでは、スタンフォードに残ることに関しては「特に心配も、希望もしていなかった」という。しかし、究極的にはそこに職を得て、スタンフォード大学経済学部で終身身分を得た最初の黒人教授になった。そして、一九九八年に退職するまで、その地位に留まったのだ。その後、現在もなお名誉教授の肩書を保持している。

シャーマラとドナルドは一九六九年に別居した。ドナルドがウィスコンシン大学で教えていたときで、カマラが五歳、マヤが三歳だった。一九七二年一月に二人は正式に離婚した。

自伝でカマラはこう書いている。「二人がもう少し年齢が上で、もう少しだけ精神的に大人だったら、きっと二人の結婚は続いていたはず。でも、二人は若すぎたのね。父は母が真面目に付き合った最初の男性だったのですもの」

二〇一八年に書いたエッセイの中でドナルド・ハリスは離婚後に続いた親権をめぐる争いの結

＊3　フリーダム＝自由のこと。ここでは幼児言葉として表現されている。

果、カマラとマヤとの親しい関係が「急に終わってしまった」と嘆いている。親権の調停は「カリフォルニア州が父親は子育てできない（特にこの父親の場合は、「島からやって来た黒人」だから）と決めてかかっていた」と非難している。この「ヤンキーの常識」がこの父親は「自分の子供を朝食に食べてしまう」とさえ暗示していたのだと、彼は書いている。「どうであろうと、わが娘たちへの愛を諦めはしない、と私は主張し続けた」

一九七三年七月二三日の最終的な離婚調停ではシャーマラが二人の娘たちの実質的な親権を確保し、ドナルドは二週間ごとの週末と夏季休暇中の六〇日間だけ娘たちに会う権利を確保することになった。彼は娘たちをジャマイカに連れて行き、親族に会わせ、自分が子供時代を過ごした世界を見せたことについて書いている。「ジャマイカを頻繁に訪れ、そこの生活の豊かさや複雑さを見せることで、具体的に伝えようとしたのだ」

さらに、「もちろん、後になって、二人がもっと大人として理解するようになったら、『貧しい国』の経済・社会生活の矛盾を説明するつもりだった。例えば、極端な貧困と極端な富とが同時に存在している驚くべき状況などを。しかも、私自身、ジャマイカ政府と共に、この状況を何とかするべく計画を練ったり、適切な政策を立案したりと一生懸命だったのだから」と続けている。

父親はそうしようとしたのだろうけれど、ハリスの母親が教えたことの方がずっと影響力を持っていた。カマラは自叙伝の中で何度も母親に触れているのだが、父親に関して述べているのはわずか一〇頁ほどでしかない。「父は良い人ですが、私たち姉妹はそれほど親しみを感じていません」と、二〇〇三年のインタビューでも語っている。

カリフォルニア州の司法長官のウェブサイトにある彼女の公式な履歴では、カマラは自身のことを「タミラン乳癌研究所の専門医であるシャーマラ・ゴーパーラン博士の娘」と述べ、その母は「インドのチェンナイから合衆国に渡り、カリフォルニア大学バークレー校で大学院の勉強を続けた」と説明しているのだが、この自己紹介文の中で父親に関してはひと言も触れていないのだ。

＊　＊　＊

ジャマイカの祖先についての記述の中で、ドナルド・ハリスはハミルトンという人物について書いている。ただ、このハミルトンはハミルトン・ブラウンという名で、アメリカの建国の父のひとりで、奴隷制廃止論者でもあったアレクサンダー・ハミルトン[*4]との共通点はない。「私の原点は父系の祖母であるクリシー（正しくは、クリスチナ・ブラウン。記録によると、プランテーションの所有者で奴隷も所有していて、ブラウン・タウンの創設者だったハミルトン・ブラウンの子孫）にある」。ハミルトン・ブラウンは一七七五年にアイルランドのアントリム郡に生まれ、若くしてカリブ海の島ジャマイカに渡った。この土地の記録に最初に彼の名前が現れるのは、一八〇三年に何人かの黒人を他の人に売ったときだ。その後三〇年間で、彼はジャマイ

＊4　アレクサンダー・ハミルトン（一七五五―一八〇四）ワシントン政権で初代の財務長官を務めた。西インド諸島生まれとされている。

カの残酷な奴隷制度に積極的に関わる罪人《つみびと》となっていた。そして、バプティスト教会やメソジスト教会の信者たちが率いた奴隷制廃止論に声高に反対していた。

その時代とその地域では白人男性たちにとって、まじめに働くことが成功と繁栄への当たり前の方法だった。「奴隷を管理することは業務の一手段で、白人男性には奴隷を所有することは物質的な向上と独立と、より大きな自由への道だった」と英国のサザンプトン大学の歴史学教授であるクリスター・ペトレイがその著書『ジャマイカの奴隷所有者』の中で記している。

実際、ハミルトン・ブラウンはジャマイカ社会の階段を上り、立法機関である議会に議席を持った。弁護士として、彼は五〇を超える不動産の管理代行者、遺産管理者、遺言執行者、信託者として記録されている。ペトレイ教授によると、ジャマイカでは一つの農園におよそ二〇〇人の奴隷がいたという。

白人は砂糖、ピメントー[*5]、そしてコーヒーのプランテーションを所有し、黒人奴隷が労働を提供していた。ジャマイカの奴隷が作った砂糖が大西洋を越える主要な貿易品で、「三分の一以上の奴隷船が英国との取引をしていた」とペトレイ教授は書いている。ジャマイカの奴隷経済の最盛期には三五万四〇〇〇人の黒人が、八〇〇〇人から一万人の白人によって奴隷として拘束されていたという。

「ジャマイカでは白人男性と奴隷の女性たちとの間の性的関係は当たり前で、世代から世代への法的な身分は女性の側で受け継がれた。従って、母親が奴隷であれば、生まれる子供は奴隷であり、父親の身分はまったく関係なかった」とペトレイは言う。

およそ二二〇年前にハミルトン・ブラウンがどれほど特異な暴力行為を自分が持つ奴隷たちに対して行ったかは歴史の中に消滅してしまっている。彼のＤＮＡも、遺伝子検査でも知りようがない。しかし、ペトレイ教授が言うように、「白人男性の性的なご都合主義は彼らの強制力と高い社会的地位の証だった」

多くの役割を背負いながらも、ハミルトン・ブラウンは民兵組織の指導者のひとりでもあった。一八三〇年代初頭に奴隷たちが反乱を起こしたとき、彼とその民兵はこれの抑圧に駆り出された。ある場所で反乱者を見つけ出した彼らは、一〇人を絞首刑に、さらに一三人を一人三〇〇回の鞭打ち刑にした。

「ブラウンは反乱抑圧に全力を傾けた。そして、それを自慢していた」とペトレイは書いている。

一八三三年、奴隷の反乱の後で、英国政府は奴隷制廃止論者の運動に譲歩し、ジャマイカの奴隷を解放する法案を採択した。その後、プランテーションでの労働力不足を補うために、ハミルトン・ブラウンはアイルランドから労働者を輸入したのだった。一八四二年に彼は次の世代にもっと多くの富を遺産として残せないことを謝罪し、「ジャマイカ人の財産が滅茶苦茶にされたことによって」受けた金銭上の衝撃を嘆いたのだった。一八四三年に彼は亡くなった。

＊5　大きくて赤いハート型の唐辛子。

＊　＊　＊

シャーマラとドナルド・ハリスはバークレー市やオークランド市に暮らしていた。その時期、サンフランシスコ湾の東側の諸都市は言論の自由運動だとか、その他の社会変革を求める運動の中心になっていた。反ベトナム戦争の運動、環境保護の運動、人種的平等を要求する運動、囚人の権利を求める運動などが、新しい時代の近いことを予感させていた。

「一九六〇年代の公民権運動で正義を求めてデモ行進しながら、二人は恋に落ちたのです。オークランドやバークレーの通りで、私は乳母車の目線で、あの偉大なるジョン・ルイス[*6]が、正しい目的のために支援しようと叫んだ『グッド・トラブル』にのめり込んでいく人々を見ていました」とカマラ・ハリスは、民主党の全国大会で、ジョー・バイデンと組む副大統領候補としての党の指名を受諾する演説で語っていた。

わくわくするような、それでいてすごく真剣な日々だった。カリフォルニア大学バークレー校の構内には州兵が頻繁に出動していた。地上や、またヘリコプターから催涙ガス弾が撃ち込まれていた。最終的には「州民の公園《ピープルズ・パーク》」として知られるようになった空き地の使用計画をめぐる一九六九年のデモ行進で、非武装の参加者に向けて警官が発砲し、一人を殺害していた。一九六六年には「自衛のためのブラック・パンサー党（黒豹党）」が結成されていた。ヒューイ・ニュートンとボビー・シールの二人による結党だった。オークランド市で警察が黒人の通行を阻止するのを見守りながら、パンサー党はこれ見よがしに銃を携行していた。

若い黒人たちが法的に銃をひけらかすことが出来るという事実が警察当局を警戒させた。一九六七年五月、ロナルド・レーガンが州知事に就任した直後、ニュートンとシールは黒いベレー帽を被り、サングラスをかけ、革ジャンパーを着て、銃弾をこめていない銃を携行した二〇人ほどの党員を連れてサクラメント市の州議事堂に入って行った。『サクラメント・ビー』紙は見出しで「武装ブラック・パンサー、議事堂を侵略」と表現した。パンサーたちは銃弾を装填した武器を公に携行することを禁止しようとした法案に反対するために議事堂に行っただけだった。裕福なオークランド・ヒル地区選出の共和党議員によって作成されたこの法案には、武器を議事堂に持ち込むことを禁止する条項が入っていた。この法案は共和党および民主党の支持を得て圧倒的多数で採択された。

全米ライフル協会（ＮＲＡ）の支援を得ていたはずのレーガン知事は、議会が採択した日にこの法案に署名した。彼が言うには、「今日、市民が装填された武器を通りで持ち歩く理由はない」。これはカリフォルニア州で最初の銃規制政策となった。後年、もっと多くの規制が成立したが、その都度、ＮＲＡは採択を阻止しようとした。だが、ほとんど成功しなかった。

この新しい法律にもかかわらず、オークランド市街は争いの危険に満ちたままだった。一九六七年一〇月、警察は市内でニュートンの通行を阻止した。銃撃戦となり、ジョン・フレ

＊6　ジョン・ルイス（一九四〇—二〇二〇）　マーティン・ルーサー・キング牧師と共に一九六〇年代の公民権運動を指導した黒人政治家。一九八六年にジョージア州の民主党員として連邦下院議員になり、以後一七期を務めた。死亡原因は膵臓癌だった。

イ巡査が射殺された。腹を撃たれたニュートンが殺人容疑で起訴された。「ヒューイを自由に！」がデモの叫びになった。結局、ニュートンは自発的殺人容疑で有罪となり、刑務所送りになった。だが、州の控訴裁判所はこの判決を覆した。その後、三回の無効審理のあと、アラメダ郡の地方検事局は彼を裁くのを諦めた。それによって、彼は自由となったが、その自由はそれほど長くは続かなかった。改めて売春婦の殺害容疑と彼の衣服の仕立て屋だった男をピストルで殴った容疑で起訴されたからだ。

ニュートンは一九六〇年代のカリスマ的指導者だった。刑務所でもカルト集団のまとめ役のようになった。だが、アラメダ郡の検事補だったトマス・オーロフは別の見方をする。オーロフは売春婦殺害とピストルによる殴打事件でニュートンを起訴したのだが、十分な成功とは言えなかった。アラメダ郡の検事となった彼は「俺が見たヒューイ・ニュートンは基本的にギャングだよ」と私に語った。

ニュートンはカリフォルニア州立大学サンタ・クルーズ校から博士号を取得したが、一九八九年に麻薬売買の最中、ウェスト・オークランドの通りで撃たれ、思いがけない終わりを遂げた。

＊　＊　＊

シャーマラ・ゴーパーランはアメリカで新しい政治文化が生まれるのを目撃したが、同時に自分の娘たちにインドの文化遺産を知ってもらうために、地球を半周して自分の両親、娘たちの祖父母に会わせに行った。しかし、アメリカでは、その人種的また性別に関する将来の展望は暗くなる一方だった。シャーマラが理解したのは「二人の肌の黒い娘たちを育てている」ということで、それはこのアメリカでは彼女たちが黒人として認識されるということだった、とカラマ・ハリスは自伝に綴っている。

シャーマラが娘たちに教えていたことがバークレーの黒人の文化施設であるレインボー・サインでの木曜日の集会で実現した。そこにはゲストとして、ニューヨーク州選出の連邦下院議員で、最初の黒人大統領候補として手を挙げたシャーリー・チザムがいた。ジャズ歌手や演奏家で公民権運動の指導者だったニーナ・シモンと詩人のマヤ・アンジェロウも参加していた。

「#BlackHistoryMonth（黒人の歴史月間）。過去に拘らなければ、何でもできると教えてくれた私の母やレインボーサインに集まった人たちを元気づけたいの」とハリスは二〇二〇年にソーシャル・メディアに載せていた。

しかし、この母親の教えは必ずしも正しいとは言えなかった。カリフォルニア大学バークレー校でシャーマラはずっと仕事をしてきていたのだが、彼女の友人ミナ・ビセル博士によるとシャーマラは昇進が約束されていたのに、最終的には男性が昇進することになったという。カマラ一二歳、そしてマヤ一〇歳の子を持つシングル・ママは、これに反発してカナダのモントリオールのマクギル大学の教職に就いた。一九七六年のことだ。そして同じ街のジューイッシュ・ジェネラル病院で乳癌の研究を続けたのだ。

シャーマラは子供時代にかなり旅慣れていた。彼女の父親はインドの高官で、彼女が子供のころには、チェンナイ、ニューデリー、ムンバイ、カルカッタ（現、コルカタ）と任地が変わっていた。そのために、カリフォルニア州からカナダのケベック州まで、新しい機会を求めて移動することはごく自然なことと感じていたのだ。しかし、彼女の長女にとっては、この移動は恐ろしいものだった。「太陽の輝くカリフォルニアから、学期の半ばの二月に、雪が三・五メートルも積もっているフランス語を使う見知らぬ街に引っ越すなんて気落ちする以外なかった」とカマラは自伝に書き残している。カマラはデ・メギスのフランス語の小学校、ノートル・ダム・デ・メギスに入れられた。そして後に、ケベック州で最も古く、しかも英語で教育するウエストマウント高校に移った。

この高校で、カマラは「ミッドナイト・マジック」というチア・リーダー部に加わった。五人の仲間と共に、きらびやかな自家製の衣装で一九八〇年代初期のポップ・ミュージックに合わせて踊った。だが、同時に厳しい現実を知ることになった。

モントリオールの高校ではカマラはワンダ・ケイガンと最も親しかった。ただ十代の親友同士によくあるように、二人は卒業後親交がなかった。二人が再び連絡し合えたのは二〇〇五年だった。ケイガンがたまたまテレビで「オプラ・ウィンフリー・ショー」を見ていたときに、カリフォルニア州で最初の黒人女性として地方検事に選出されるに至った経験を語るカマラを見たのだ。

ケイガンが電話を入れて、二人は長いこと話をした。ケイガンはカマラやマヤ、そしてシャーマラと一緒に過ごした頃の共通の思い出を語った。しかし、ケイガンは家で起きていた性的暴力についてては話を避けていた。

ただこの時、カマラはケイガンと「一緒に過ごしたことで」検察官になる道を選んだと語り、逆にケイガンはハリス一家と共に生活をしたことは数少ない良い思い出だったと語った。

『ニューヨーク・タイムズ』紙に最初に語ったのはケイガンだったが、ハリス一家は皆で一緒に料理をし、一緒に食卓を囲んだという。大体はインド料理だった。それまでケイガンはそれほど美味しい料理を食べたことがなかった。彼女にとっては本当に特別な時間だった。ハリスの家では、ケイガンはただ単なる「いまハリスの家にいる誰か」ではなかったのだ。家族の一員として迎えられていた。シャーマラはケイガンにカウンセリングを受けるよう勧めていた。ケイガンはこの時の経験があって、自分の娘にマヤという名前を付けていた。

カマラの卒業アルバムには彼女が合衆国に帰りたがっていたことが示されている。彼女は幸せを「長距離電話をかけること」と述べ、大事な記憶として「カリフォルニア。アンジェロ。八〇年夏」と記している。卒業アルバムの写真では、笑顔で、もうすぐワシントンＤＣの歴史ある黒人大学であるハワード大学の一年生になると明かしている。同じアルバムで、妹に「かっこよくね！マヤ！」と書き込んでいる。マヤはカマラが政界に乗り込んでいくときには、最も信頼できる立場になっていた。シャーマラの娘は自分の人生の最も大きな源泉である自然の力に敬意を表した。「特別な感謝を。私の母に」

第2章　その〝ちっちゃな女の子〟――黒人として生き、「どう動くか」を学ぶ

カリフォルニア州政治の独特の複雑さを理解することなく、ハリスを分かろうとするのは不可能だ。実に多くのカリフォルニア州民がいる。その州にはアメリカ合衆国内で最も保守的で、絶対的に共和党支持という場所がある。同時に、合衆国内で最もリベラルと数えられる所もある。ハリスがしてきたように、何とか歴史に名前を残そうとするなら、この州の政治家はこの両極端の状況の中でどう動けばよいかを知っている必要がある。本書でお分かりになると思うが、カマラ・ハリスが出世したのには、まさにこの「どう動くか」に関して彼女がすばらしい才能を持っていたことが大きな要因としてあったのだ。

だが、何よりもカリフォルニア州の特に複雑な人種問題に関する歴史を理解する必要がある。それはハリスが自分の生まれたその日から、究極的に知ることになる歴史なのだ。

＊　　＊　　＊

一九六四年の大統領選挙は一一月三日だった。それはシャーマラ・ゴーパーラン・ハリスがオークランド市のカイザー病院で長女、カマラ・デヴィ・ハリスを生んだ一〇月二〇日の二週間ほど後だった。

新しく親になった二人は自分たちの赤児よりも、大統領選挙の結果に注目していたのだが、一九六四年一一月三日の夜に歴史の流れが大きく変わるのを目撃した。リンドン・ジョンソン大統領がバリー・ゴールドウォーター上院議員に対して地滑り的大勝利を挙げたのだ。つまり、彼の国内政策である「偉大な社会」のプログラムと公民権政策をさらに拡大する許しを得たのだ。彼はカリフォルニア州では六〇パーセント近い票を得た。これは民主党候補者が同州で一六年ぶりに勝ったことを意味していた。

バークレー校とサンフランシスコ湾を挟んだ反対側では「責任感の強いリベラル」として選挙を戦っていた黒人のウィリー・ルイス・ブラウン二世が、カリフォルニア州議会議員の議席を獲得していた。この議席は一九四〇年以来、ひとりのアイルランド系アメリカ人に守られてきていたものだった。一九六四年にはすでに連邦下院議員の特別選挙が行われていて、これにフィリップ・バートンが勝利していた。彼の弟のジョン・バートンもまた州議会議員の議席を獲得していたのだった。ブラウン二世はこの二人と手を組んで、後にバートン＝ブラウン＝マシーン[*1]と呼

＊1　マシーン　アメリカの政治環境に存在する独特の「組織」で、限定された地域の実力者が日常的な生活の世話をする代償として、選挙時に自分の推す候補者に投票させる組織。この活動を確実にするために、意のままに操れる人たちを使って地域を独占的に支配する。

ばれる、または単純にウィリー・ブラウンのマシーンと呼ばれる強力な政治組織を作ることになった。名前はともかく、この組織はその後数十年間にわたってサンフランシスコ市を支配したのだ〔後にブラウンはハリスの政界進出に大きく関係する。第4章参照――訳者〕。

ブラウンは、家政婦とウェイターを両親として、テキサス州ミネオラで育った。この街はダラスの東一二八キロほどのところにある人口三六〇〇人ほどの、人種差別が徹底した所だった。彼は一九五一年、一七歳の時にすり減った靴を履き、段ボールのスーツケースに詰めた全財産を持って、この黒人差別の南部に別れを告げ、サンフランシスコ市に移った。サンフランシスコで彼が唯一頼れたのは叔父レンバート・（イッシー）・コリンズだった。贅沢三昧をしていた賭博師で絹の背広をまとい、ダイヤモンドの指輪をした男で、ブラウンに最終的に彼が支配することになる街についての基本を教えた。

シャーマラ・ゴーパーランやドナルド・ハリスをはじめとする多くの人たちと同じように、ブラウンも機会を求めて西海岸にやって来た。つまり、教育だ。ブラウンはサンフランシスコ州立大学を雑役夫として働きながら卒業し、市のテンダーロイン地区の中心にあるカリフォルニア州立大学のヘイスティングス法科大学院（以下、ロースクール）で法学位を取得した。現在もだが、当時、このテンダーロイン地区はアメリカ国籍を得たばかりの人たちや落ちこぼれや麻薬常習者など、人生に破綻した人たちの居住地だった。市内の法律事務所での仕事に就けなかったので、ブラウンは売春などで起訴された人たちの弁護を引き受けていた。ただ、二〇世紀後半に彼がカリフォルニア州でもっとも有力な政治家のひとりとなる頃には、この事情は変わっていた。カマラ・ハリスも数年先にはこのことを間近に見ることになった。彼女自身、両親を受け入れた州の矛盾だらけの危うい政治をいかにして生き抜いていくかを学んでいくことになる。

＊　＊　＊

その大統領選挙の日、カリフォルニアの有権者は提案一四号という住民投票案件の運命を決定づけた。この提案は土地所有者に土地を誰に売るかの「絶対的自由裁量権」を与えるとしたものだった。不動産業界やアパートのオーナーたちの資金援助による提案一四号はわずか二七〇語の長さしかないものだった。その目的は、明確には述べられていなかったものの、実に単純だった。つまり、白人の土地所有者は郊外の住宅地から黒人を締め出す権利を持つべきだというものだ。数十年後の二〇二〇年に、大統領選挙でドナルド・トランプが叫んでいたことの前触れだったのかもしれない。

カリフォルニア州全土の登録有権者たちに配られた公式の有権者ガイドによると、一四号提案の支持者たちはこう論じていた。政府が土地所有者に対して、価格を支払える者であるなら誰にでも土地を売るべきだと言えるようになったら、土地所有者が性別、年齢、配偶者の有無、また財政的安定性の欠如などを理由に土地を貸したり、売ったりするのを拒否することが出来なくなってしまうではないか、と。

当時、リベラル派だったカリフォルニア州の司法長官スタンレー・モスクは逆の考えをしていた。この提案は「人種偏見を合法化し、煽動するだけだ。公民権に関して、わが国が前進しようとしているときに、カリフォルニア州をミシシッピ州やアラバマ州のようなものに変えようとしているだけだ。それは結局、暴力と憎しみが充満する環境を作り出すだけだ」と。

多くの都市と同じように、バークレー市も長いこと二つに分け隔てられていた。つまり赤い線の遺物だ。有色人種の人たちは一般的にグローヴ通り、現在のマーティン・ルーサー・キング・ジュニア通りの東側には家を購入したり、借りたりはできなかった。ここに目には見えないものの、明らかに立ち入り禁止の赤い線があった。東側の丘陵地区はユーカリの木や樫の木が生え、白人が暮らす場所だった。ハリス一家は西側の平坦地にアパートを借りていた。

一四号提案はラムフォード平等住居法への反発だった。この法はエドモンド・G・「パット」・ブラウン知事が一九六三年に署名し成立したもので、州民に自分たちの望む場所を借りる権利を保証し、また公共住宅での差別を一切禁止するものだった。しかも、この法の採択は州議会の会期の最後の夜になされ、保守派の州上院議員が一世帯の家族用住居を例外とすることでその内容をかなり薄めた結果、やっと成立していたものだった。

この法案の提案者である州議会議員ウィリアム・バイロン・ラムフォードは、バークレーとウェスト・オークランドを選挙区としていた。そのウェスト・オークランドにハリス一家が住んでいたのだ。ラムフォードはカリフォルニア大学サンフランシスコ校で学んだ薬剤師で一九四八年に初当選した湾岸地域選出の最初の黒人議員だった。

当時、不動産業者たちはカリフォルニア州を住居地域の人種統合を巡る国内問題に決着をつける戦場とみなしていた。「いわゆる『リベラル』なカリフォルニア州でこの法案を破ることができれば、他の地域でも同様の法案を潰す機会は相当に高くなるはずだ」と思っていたのだ。のちにラムフォードがオーラル・ヒストリーでこう語っている。

「結果は僅差ではなかった」

リンドン・ジョンソンを圧倒的な数で大統領戦に勝利させ、州議事堂にウィリー・ブラウンを送り込んだその日、カリフォルニア州民は六五パーセント対三五パーセントの大差で提案一四号を承認した。州内の五八の郡のうち、五七の郡の有権者がこれに賛成していた。リベラルなサンフランシスコもその中に含まれていた。ハリス一家の暮らすアラメダ郡では、六〇パーセントの人々が承認に投票していた。

しかし、提案一四号は生き残れなかった。一九六六年にカリフォルニア州の最高裁が、これをすべての国民は平等を保護されるべきだとする合衆国憲法に違反するとしたのだ。一九六七年五月二九日には連邦最高裁がこれに同調し、提案一四号は合衆国憲法の修正一四条に違反すると判断した――五対四のきわどい票決だったが。

連邦最高裁判事のウィリアム・O・ダグラスは個人意見を発表し、こう書いた。「本件は人が自分の自転車や車、あるいは株券や丸太小屋などを自ら選んだ人になら誰にでも売る権利があると主張するような単純なものではない。黒人や中国人、日本人やロシア人、そしてカトリックやバプティストや青い目の人たちを対象から除いてよいというのだから」。提案には自分の居住地区を白人だけにしようとする「巧妙に隠された差別」が内在している、としたのだ。

さらにダグラスは、ジェイムズ・マディソン[2]を援用して、こう書いた。「提案一四号はカリフォルニア州民の意思を代弁しているという人たちに対しては、ただこう答えるだけだ。『どこであろうと実際の政治権力があるところには、つねに圧政の危険もある』と」

言い換えれば、合衆国憲法は、たとえ正当な理由があるにしても自制心を失った多数派の支配から少数派を守っている、ということだ。

それでも反対する人たちは州民の意思を強調した。裁判所は議会の思惑を忖度してはならない。そうした問題は州民が投票で決着をつけるべきなのだと。

数十年後、カリフォルニア州の司法長官になったカマラ・ハリスは、彼女が結婚の平等を推し進めるときにこの議論を巧みに援用した。しかし、何と言っても、彼女こそがこうした差別を根底においた人種を巡る大いなる対決の結果を直接経験していたのだ。

＊　＊　＊

バークレー地区の教育監督官だったニール・V・サリヴァンはハーバード大学の卒業生だったが、ニューハンプシャー州マンチェスター市のアイルランド人の貧しい住居地を脱出するのに必要な切符は教育だと理解していた母親に育てられた。彼は当然のように、公立学校の人種統合の代表的な推進者だった。

ケネディ政権に協力して、サリヴァンは一九六三年にはヴァージニア州のプリンス・エドワード郡で公立学校を再開するために活動していた。人種差別主義者たちがすべての公立学校を閉鎖することで、人種統合の命令を回避しようとしたからだった。白人の子供の親たちは自分の子供たちを特別な私立学校に送った。サリヴァンの仕事はきつかった。彼が借りて住んでいた家の入口の階段やベランダに町の人たちが定期的にごみを投げ捨てていった。爆弾の脅迫もあった。彼の家の窓にショットガンを撃ち込まれたこともあった。しかし、それでも彼は学校を再開した。ジョン・F・ケネディ大統領が暗殺された後の一九六四年、司法長官だった弟のロバート・F・ケネディがサリヴァンをプリンス・エドワード郡に訪ねたのだった。

「子供たちはすぐに彼を好きになった。子供たちが司法長官に彼が必要としていた心理的な立ち直りの機会を与えたのは明らかでした」とサリヴァンはのちに書いている。

サリヴァンは一九六四年九月にバークレーにやって来た。教育委員会の要請だった。当初、それは危険なことだった。教育委員会の委員たちは学校を人種統合しようとしたことでリコールの危機に直面していたのだ。だが、彼らは乗り切った。つまり、サリヴァンにとっては、自分の信念を貫けることになったわけだ。一九六七年五月にサリヴァンはバークレーの教育委員会にこう告げた。「一九六八年九月にはすべての学校を完全に統合させます。この日に我々は歴史を作るのです」

『ナウ・イズ・ザ・タイム』（『いまこそその時』未訳）という本のなかでサリヴァンはバーク

＊2　ジェイムズ・マディソン（一七五一～一八三六）　アメリカの第四代大統領。憲法の父とも言われる。一七八七年の憲法会議をリードした。

レーでの経験を書き綴った。本のタイトルは一九六三年の「ワシントン大行進」の折にマーティン・ルーサー・キングが使ったことばの援用だった。「いまこそ民主主義の約束を現実のものにする時なのです」

キング博士は友人となったサリヴァンのこの本の序文で「わが国の学校はこの壮大な努力によって前進しなければならないし、また前進できるものと信じています」と書いている。

一九六七年九月一日のことだ。

一九六八年、あの暗殺と人種暴動の年に、[*3] サリヴァンは自らの約束を果たした。バークレーの平坦地から丘の上の学校への通学バスに乗る黒人児童と逆に丘から平坦地の学校への通学バスに乗る白人児童――バークレーは公立学校の人種統合を実現した全米で最大の都市になったのだ。

「ある中規模の都市で、よくある頑迷な白人たちがヘイト文書などを多数郵送することが出来る状態にあるとすると、そう、その都市が白人でも黒人でも人種偏見に満ちた都市に囲まれていた場合、その都市が人種統合に成功するのは可能なのでしょうか？」

「バークレーでの答えは、轟きわたる『イエス』です」とサリヴァンは書いている。

一九六八年には、カマラ・ハリスはこうした通学バスに乗ってはいなかった。[*4] まだその年齢に達していなかったのだ。いや、一九六九年でも、乗っていなかったはずだ。この年に、彼女は幼稚園に入り、しかもそれはバークレーにあるモンテッソーリの私立幼稚園だった。

だが、一九七〇年の秋には、そのちっちゃな女の子は確かに通学バスに乗っていた。彼女の住むアパートから三キロ半ほど離れたサウザンド・オークス小学校の一年生だったから。

人種統合以前だと、この学校の児童のわずか一一パーセントが黒人にすぎなかったが、一九七〇年には四〇パーセント以上の児童が黒人になっていた。

「バークレーの子供たちは公平さが自分たちの生活様式となっていた社会で成長するだろう」とサリヴァンは書いた。このことばは、気高くもあり、憧れでもあるが、決して単純なものではない。

＊　＊　＊

五〇年後、大統領選挙の只中で、ハリスはアメリカ国民を歴史のこの時点（一九六〇年代後半）に連れ戻すこととした。フロリダ州マイアミ市にあるエイドリアン・アルシュト舞台芸術センターの大舞台で、検事から転じた政治家で、インド出身の母親とジャマイカ出身の父親の娘、カマラ・ハリス上院議員はもう黙っていられなかった。

「人種の問題について話したいと思います」と、カリフォルニア選出の、まだ第一期目の上院議員は言った。ドナルド・トランプ大統領を引きずり下ろすための選挙戦の民主党の最初の討論会

＊3　暗殺と人種暴動の年　一九六八年はマーティン・ルーサー・キング牧師、ロバート・ケネディ大統領候補が暗殺され、そのために全国の都市で大きな暴動が続発した。

＊4　ここで著者が触れていることは、この直後（本書三五ページ以下）に詳しく述べられているが、カマラ・ハリスの発言の内容が問題となる。彼女が通学バスに乗っていたとする時期には、バイデンはまだ上院議員になっていないからだ（議員就任は一九七三年）。ただ、ハリスは明確に年月を明らかにしてはいなかった。

だった。始まって、一時間近く、のらりくらりとしていた進行を打ち壊す発言だった。

司会者のひとりMSNBC（ニュース専門の放送局）のレイチェル・マドウが三〇秒だけしか持ち時間がないと告げた。ハリスは微笑むと、姿勢を正した。二〇一九年六月二七日のこの日、彼女の心の中にあったのは、三〇秒では語り切れない内容だった。

彼女は、元副大統領で、最有力候補者だったジョー・バイデンの方を向いた。彼女より二二歳も年上で、まさに別世界の男だ。ハリスは静かに始めた。そして言った。あなたが人種差別主義者だとは思いたくない、と。その一瞬、ひょっとしたら彼は人種差別主義者なのか、という空気が会場に流れた。そして彼女は議論を展開した。過去において、バイデンは自分の上院議員時代を懐かしむかのように美しく語っていた。当時の政治は穏やかだった、と。だけど、デラウエア州選出のリベラルだったはずのバイデンは、ミシシッピ州選出のジェイムズ・イーストランドやジョージア州選出のハーマン・E・タルマジという老練で、人種差別主義者の二人の議員と共に、ある法案を提出していたのだ、とハリスは指摘した。その法案は公立学校での人種統合を促進するための通学バスを廃止しようというものだった。ハリスは言った。それは「とってもつらいことでした」と。

「あのですね、カリフォルニア州に、自分の通う公立学校を人種統合するための二番目の組にちっちゃな女の子がいたんです。その子は毎日学校バスで通学していたんです。そして、そのちっちゃな女の子が私だったのです」。ハリスはこう言って、この日の討論会を締めくくった〔第33章参照――訳者〕。

その後数日間、ハリスの支持者も、彼女を批判する人々も、この大上段に構えた議論が政治的に賢かったのか、あるいはボクシングで言うベルトより下の反則攻撃になるのかの議論が盛んになった。ひどすぎると言う人もいれば、合衆国大統領を目指すひとりの候補者にとっては絶対に必要な突破口を開く瞬間だったと言う者もいた。ただ、少なくとも、カマラ・ハリスは自分が多文化社会アメリカを代表する存在であり、人種差別主義者たちが必死に潰そうとしていた「努力して勝ち取る人生」を守る政治から直接恩恵を受けた者なのだ、という自分の主張を堂々と突き出したのだ。この発言についての心配は別として、現実政治でのこのドラマは、それでも彼女が生まれた時期をあいまいにしたのだった。

この発言の瞬間はハリスを最有力候補者に押し上げ、特に黒人層という民主党の基盤に彼女を固定するはずだった。そして、その時点での最有力候補者バイデンをよろめかせるはずだった。たしかに、一瞬だけは効果があった。ハリスの選挙運動はこの瞬間を捕え、幼い少女時代のハリスの写真をツイッターに掲載した。その写真の彼女はリボンをつけたツインテールの髪型で、笑みはなく、何かしらしっかりした意思のある表情をしていた。バイデン陣営は守りに入った。ハリスの選挙運動チームはこの瞬間を金に換えようとした。ツインテールの少女の画像と「そのちっちゃな女の子が私でした」の言葉をプリントしたTシャツを売りに出したのだ。販売価格は二九・九九ドルから三二・九九ドルだった。

ハリスは勝つために大統領選挙に出馬した。そのためには、先頭を走る最有力候補を破らなければならなかった。彼女に足りなかったことがあるとすれば、それは彼女自身の失策と、彼女の力を越えたいくつかの要因のせいだった。しかし、最初の投票が実施される前に、彼女の選挙運動は躓き、そして止まってしまった。だが、ハリスは大きな印象を残した。いつも彼女の何かが道を切り開くのだ。

それがカマラ・ハリスの流儀なのだ。

第3章　教育、アパルトヘイト、虐殺——ハワード大からカリフォルニアへ

二〇一七年五月三日、ハワード大学が創立されて一五〇年、またハリスが卒業して三一年後、ハリス上院議員は母校に戻って来た。卒業記念の講演をするためだ。多くのハワード大卒業生同様、ハリスは母校に忠誠心を持っていて、そのことについて大いなる愛情をこめて話した。彼女は自分より先輩のハワード大卒業生について話をした。作家のトニー・モリソン、最高裁判事のサーグッド・マーシャルやその他大勢だ。彼女は講演でハワード大学のモットーである「Veritas et utilitas」——真実と奉仕——に言及した。名指しはしなかったものの、誰もがこれがドナルド・トランプへの批判を意味していたと疑わなかった。

「肌の色が黒か茶色というだけで、あり得ない割合で、大量投獄という壊れた制度に捕らえられているアメリカ人がいるときには、真実を語り、奉仕しなさい。男性や女性や子供たちがただ彼らが信仰する神のせいで、空港で押し留められているときは、真実を語り、奉仕しなさい。移民たちが、学校の前や裁判所の外で、自分の家族から引き離されているときに、真実を語り、奉仕しなさい」

ハワード大学はアメリカの歴史において特異な地位を占めている。ハリスの登場により、いまはさらに特異な地位となっている。この大学の名前は南北戦争の英雄、オリバー・O・ハワードに起源を持つ。彼は少将だったが、「難民・自由人・放棄された土地局」の局長だった。奴隷解放宣言と南北戦争によって自由になった四〇〇万人の人々が結婚する権利、土地を所有する権利、自立した生活をする権利、投票する権利、そして教育を受ける権利を持つことを保証するために尽力したのだ。ハワードは、以前奴隷にされていた人々が社会のなかで、自分たち自身の生活をしていくのを手助けできる教師などを教育するという重要な役割を果たしたのだ。

反黒人で、大酒飲みで、陰謀説にのめり込んでいたアンドリュー・ジョンソン大統領が一八六七年三月二日にハワード大学を創設する法案に署名した。これはジョンソンが署名を拒否した第一再建法を、議会が再採択した[*1]のと同じ日だった。また、下院が彼を弾劾する一年前だった。ハワード大学の歴史の中で、三〇年ほど在籍することになった歴史学教授のレイフォード・W・ローガンがこう書き残している。ジョンソン大統領の人種差別主義を考えると、この法に署名したこと自体は「おそらく利他的なことではない」はずだ。彼は続ける。多分、ジョンソンは自分が署名する法案の意味を理解していなかったのではないかと。

二〇二〇年一一月七日、ジョー・バイデンが長かった大統領選挙での勝利を宣言した日、副大統領に当選したカマラ・ハリスは演壇に上った。彼女は白いスーツを着て、女性に選挙権が認められて一〇〇年目を迎えたことを讃えたのだ。また紫色のイヤリングを着けていたが、これは「アルファ・カッパ・アルファ・ソロリティ」の活動を讃える意味があった。このアルファ・

カッパ・アルファはアメリカで最初の黒人女性による、黒人女性のための女性だけの団体だった。ハリスは自分よりも前に頑張った女性たちに敬意を払った——シャーリー・チザム、ヒラリー・クリントン、そしてその他の大勢の女性たち——そして、自らがひとつの約束と希望の生きている証となったのだ。それはどんな女の子でも、才能とやる気があり、そして多少の幸運に恵まれれば、自分がなりたいと強く願うものになることができるのだという希望の約束だ。彼女が副大統領に選出されたことは、彼女の所属団体である「アルファ・カッパ・アルファ」にとっては特に意味があった。この団体は一九〇八年に設立されたのだが、さらにこの団体のメンバーと他の団体が合体して「ディヴァイン・ナイン」を作った。黒人女性が中心で、バイデン＝ハリスの組み合わせを勢いづかせる役割を果たしていた。

「今夜、私は皆さんの努力と皆さんの決意、そしてこれまでの現実に囚われることのない新しい希望を見出す皆さんの力を十分に理解しました」とハリスはデラウエア州ウィルミントン市[*2]に集まった群衆に語った。もちろん、全国の、そして世界中でテレビを見ている人たちに。その人たちのなかには多くのハワード大学関係者がいた。

カレン・ギブスもワシントン郊外の自宅でこれを観ていた。彼女とハリスはハワード時代に隣

＊1　合衆国憲法では議会の両院が過半数の賛成で採択した法案を大統領が署名して法律となるのだが、大統領はこの署名を拒否できる。この場合は議会の両院がそれぞれ三分の二以上の賛成で署名なしで、法律を成立させることが可能になっている。カリフォルニア州憲法も知事と州議会の間の同様の手続きを規定している。

＊2　ウィルミントンはデラウエア州の港町として発展したが、ジョー・バイデンの住居がある地元として知られている。

り合わせの部屋で暮らしていた。当然、二人は親友だった。

「本当に活気があって、たくさんの誇りと感謝でいっぱいね」とギブスは言った。自分の子供たちの名付け親となってくれた女性をテレビで観ていた時に心に浮かんだことだった。「私はもう感動しちゃって」

ハワード大学はホワイトハウスから四キロもない所にある。この大学からは市長や上院議員や最高裁判事やノーベル賞受賞者が出ているのだが、今また、ホワイトハウスに席を持つ者がついに現れたのだ。この大学を選んだ大勢の人たちのように、ハリスもまた別の一流大学に行けるだけの力を持った高校生だった。だが、彼女は歴史的に黒人中心だった大学を選んだ。そこではきっと自分が自分であることで評価され、大切にされると思ったからだった。また、自分と同じ容姿の人たちと一緒にいることができるからだった。それは、生まれながらの外見とは関係のない真の人間として生活でき、また食事の席順での悶着の原因にもならないだろうと考えたからでもあった。「最後にはカマラのところに行くのさ。そう感じない訳にいかないんだ。だって、それだけ楽しいし、希望があるしね」。ハワード大学の著名な卒業生で弁護士であるロン・ウッドが話している。彼はハリスの副大統領就任演説をロサンゼルスの自宅で見守っていた。

＊　＊　＊

バークレーとオークランドで育ち、よちよち歩きの頃からデモに参加していたカマラ・ハリスは一九八〇年代半ばのハワード大学にぴったりだった。

大統領選挙運動用のビデオテープの中で「金曜日の夜にはダンスをして土曜日の午前中は抗議デモ」とハワード大学での日々についてカマラは語っている。すべての歴史ある黒人大学の卒業生に向けた、そして特に彼女が参加する、大卒の洗練された黒人女性の集まりである「アルファ・カッパ・アルファ・ソロリティ」に向けてのメッセージだった。彼女は自伝で次のように語っている。

いつの日も、大学の中央にある広い芝生の中に立つと、右手に若いダンサーたちがステップの練習をしたり、音楽専攻の学生が楽器の練習をしたりしているのが見えるのです。左を見ると、経営学部の建物からブリーフケースを持った学生が出てきたり、白衣を着た医学部の学生たちが研究室に戻っていくのが見えたりしました。一団の学生たちのグループが輪になって笑ったり、真面目な議論をし合ったりしていたのです。それこそがハワード大学の素晴らしい点でした。私たちは何者かになれる——若いし、才能があるし、黒人だし——私たちが成功するのを何物にも邪魔させてはならない、と構内のあらゆるものが教えてくれていました。

カマラ・ハリスは、政治学と経済学を専攻して一九八六年に卒業した。この年の大学の卒業アルバムによると、主要政党としては最初の黒人の大統領候補者としてシャーリー・チザムが特別栄誉賞を与えられている。トランペット奏者のウィントン・マルサリスとニューヨーク出身のヒップホップ・グループのＲｕｎ‐ＤＭＣが演奏を披露した。当時、一九八四年に合衆国の飲酒年齢が一八歳から二一歳に引き上げられたことで、若い学生たちは動揺していた。また、ハワード大学の学生たちも、まだ三〇〇〇ドルもしたパソコンを使い始めていた。また、白人支配の南アフリカと通商を始めたことで、学生たちはコカ・コーラのボイコット運動を展開していた。一九八六年一月二〇日に、合衆国は初めてマーティン・ルーサー・キング牧師の日を祝った。この日、ハワード大学でジェシー・ジャクソン牧師がキング牧師について講話した。

＊　＊　＊

カマラは学生寮で隣の部屋にいたカレン・ギブスと友人になっていた。一緒に買い物に行ったり、実家から送られてくる箱に入っているものは何でも分け合ったりした。日曜日にはワシントンでそれぞれが所属する異なった教会の礼拝に毎週交代で一緒に出かけて、一緒に料理もした。ギブスの話では、「カマラはいつも私の料理を馬鹿にしていたわ。私はただ黙って食べていたの」という。

カマラはデラウエア州にあるギブスの実家を訪ね、ギブスはオークランドのカマラの実家に行った。ギブスはハリスを自分の子供たちの名付け親にした。カマラはこれを非常な栄誉に感じている。ギブスはシャーマラから習ったレシピで料理するたびに彼女を思っている。バターとシナモンをつけて揚げた緑のリンゴがそれだった。

ハワード大学では、カマラとギブスは弁護士か検事になるという目標を達成することに集中していた。そして、二人共、その目的を達したのだ。ギブスは数十年後に、「あそこで私たちは大人になったの。自分たちが何者なのかを見つけたのね。もうすごいことだらけだったわ。若くて、才能があって、そして黒い肌の人たちが本当に大勢いたのよ」と語っている。

後に、上院議員となったカマラは、ブレット・カバノーの最高裁判事就任のための上院の司法委員会の公聴会〔第30章参照――訳者〕にギブスを招いた。この時のカマラの仕事ぶりは、彼女自身が証人に対して厳しい質問をするタイプだけに、ギブスには非常に参考になったという。カマラのカバノーへの質問は素晴らしかったとギブスは思っていたのだ。

＊　＊　＊

ハワード大に在学中にカマラはカリフォルニア州選出のアラン・クランストン上院議員の事務所でインターンとして働いたことがあった。最終的にはこのクランストンの議席をカマラが引き継ぐことになったのだが、同時にアパルトヘイトに反対してデモ行進にも参加していた。ロナルド・レーガン大統領が一九八四年に再選された直後に、南アフリカの黒人指導者デズモンド・M・ツツがハワード大学で講演をした時、南アフリカ政府が人種差別を永久化しようとしていることに協力しているとして、レーガン政権を批判した。八四年一一月七日にこれを報じたAPによると、ツツはレーガン政権の政策は「わが故郷の黒人たちにとっては紛れもない災難だ」と述べた。レーガンの政策によって、南アフリカ政府は「その抑圧を強め、妥協的な態度は取らなくなる」と言った。

カマラの故郷カリフォルニア州では権力を持つ者たちが南アフリカ政権を倒す行動を起こし出していた。一人の影響力を持つ共和党員がこの方向での役割を担うべく立ち上がっていた。

＊　＊　＊

数年の間、ロサンゼルス選出の州議会議員マクシン・ウォーターズが、南アフリカで事業展開する会社の保有財産を没収するようカリフォルニア州の膨大な公務員年金基金の管理者に要求する法案を提出し続けていたが、一度も成功はしていなかった。カリフォルニア州議会の下院議長だったウィリー・ブラウンもできる限り後押しをしていた。

一九八五年六月にブラウンはカリフォルニア州大学機構の理事会に対して、南アフリカにある大学の年金資金を引き揚げるよう要請した。ブラウンは絶頂期にあり、同時に大学資金を管理できる立場にあったのだが、大学の理事会はこれを拒否した。共和党の州知事ジョージ・デュークメジアンはこの大学側の決定に賛同していた。

アパルトヘイトへの学生たちの抗議が続くなか、ブラウンは知事との対決を決意した。州議事堂の地下にあるカフェテリアで昼食を取るデュークメジアンと同席したのだ。ブラウン自身はここを利用したことはなかった。もう少しましな食事を好んだからだ。デュークメジアンは食パンのツナサンドで満足していた。このツナもブラウンは好きではなかったが、ブラウンはこの日重要な問題のために、好みの食事を犠牲にしたのだ。彼は自著『本質的ブラウン』（未訳）の中で、次のように明かしている。

「この日の昼食時に多くのことを話した。一九一五年にトルコで起きたアルメニア人の虐殺――デュークメジアンの家族が巻き込まれ、ずっと彼の人生を苦しめてきた現実的な恐怖――などもその話題のひとつだった。私はあの時のアルメニア人の状況と今現在の南アフリカの黒人たちの状況は同じなのだと指摘した」

これでデュークメジアンの立場は変わった。彼の主任補佐官だったスティーヴ・マークサマーはカリフォルニア大学機構の理事長に電話を入れ、保有財産没収の件で知事は考え直していると伝えた。

デュークメジアンはさらに友人であるレーガン大統領に訴えた。レーガンが州知事だった時にデュークメジアンほど親しくした州議会議員はいなかった。レーガンへの書簡の中で、「南アフリカのアパルトヘイトに反対する圧力を強めるべきだ」と書いたのだ。この書簡には、「デュークメジアン」という署名が残っている。

一九八六年七月一六日に知事は大学の理事たちに書簡を送った。「いま目前の大きな危機にある南アフリカの黒人たちに背を向けてはならない。世界で第七位の経済力を持つカリフォルニア州が変革を起こすのだ。世界のどこの出来事であろうと、自由のために立ち上がり、人権への違反行為に抗議して立ち上がらなければならない」

その二日後、デュークメジアンの立ち合いの下で、大学の理事会はその立場を逆転した。南アフリカで事業を行う会社が保有する何十億ドルという年金基金を没収したのだ。

サクラメントでは、女性州議員のウォルターズが、その年、改めて法案を提出した。南アフリカで事業展開する会社の株を州の年金基金が強制的に手放すというものだった。デュークメジアンの主要な支持者だった大企業が法案に反対して猛烈な運動を展開した。しかし、州議会はこれを採択した。共和党側からも賛成票が投じられた。この法案に署名した日に、デュークメジアンは次の問いを投げかけた。「いま、皆さんは私が自分にした問いかけをしてほしい。つまり、もし我々の権利が、またもし我々個人の自由が否定されているときに、世界中が我々に背を向けたら、どう感じるだろうか?」と。

この時、カマラが故郷カリフォルニアで起きていた出来事に注目していたとすれば、サクラメントで取られた行動がいかに重要だったかに気づいていたはずだ。カリフォルニアは、ひとつの州が国全体に対してではないにしても、大きな動きを引き起こせるのだと証明したのだ。ネルソン・マンデラがそのことに気づいたひとりだったことはたしかだ。

一九八九年、南アフリカ政府は二七年間の刑務所生活からマンデラを解放した。翌年六月、カマラ・ハリスがアラメダ郡の検事として働き出した年に、マンデラはオークランド競技場《コロシアム》の六万人の観衆が「自由、自由」と叫ぶ中、凱旋の姿を現した。このときマンデラは、保有財産の没収という手段で南アフリカに圧力をかけてくれたカリフォルニア州の政治指導者たちを褒め讃えたのだった。

数年後、ウィリー・ブラウンはこう言っていた。「我々がしたことで、あれほど世界に衝撃を与えたことは他に何も思いつかない。我々は、ネルソン・マンデラのために、刑務所に彼の独房の鍵を持って行ったのだ」

＊　＊　＊

シャーマラ・ハリスはバークレーに研究員の職を得て、娘のマヤとオークランドに戻っていた。カマラも同じように戻る決意をした。彼女が次に向かったのはサンフランシスコ市にあるカリフォルニア大学のヘイスティングス・ロースクールだった。

一九八七年にカマラはこのロースクールに入学した。この年に、デュークメジアンが率いた運動によって、カリフォルニア州最高裁のリベラルな三人の判事が州民投票によって追い出された。デュークメジアンはこの三人の民主党の判事を保守派と入れ替えた。それによって共和党の判事が州最高裁で多数となり、これがその後三〇年間続くことになった。

カマラ・ハリスの学年からは後日大いに成功する多くの弁護士が出た。その中には名声を博した者もいた。その一人はマクレガー・スコットでジョージ・ブッシュ大統領とドナルド・トランプ大統領の下でサクラメントの連邦検事となった。もう一人はJ・クリストファー・スティーヴンスで合衆国の外交官となり、さらに二〇一二年にオバマ大統領によって駐リビア大使となった。二〇一二年九月一一日にテロリストがベンガジのアメリカ公邸を攻撃した際に殺害された。ハリスはヘイスティングス・ロースクールの学生会の会長になった。だが、当時の彼女を知る人たちによると、彼女は特に目立っていなかったという。彼女は卒業したが、とくに優秀な成績だったわけではなかった。

「将来いつか地方検事になると予測させるものは彼女には何もなかった」と同期生の友人で後にカマラの支援者となったサンフランシスコの弁護士マシュー・D・デイヴィスは語っている。

＊　＊　＊

一九八九年一月一七日に世界は新しい地獄を経験したのだが、その頃カマラ・ハリスはロースクールを終えようとしていた。

この日、人種偏見の憎悪に満ちた若者パトリック・パーディが戦闘服を着て、自動小銃AK-47を持って、カリフォルニア州ストックトンのクリーブランド小学校の校庭で遊ぶ子供たちに狙いをつけた。一〇六発の銃弾を撃ち終わるまでに、五人の子供が死亡し、他に二九人の子供とひとりの教員が負傷した。被害者の児童のほぼすべての親たちは東南アジアの紛争地区からアメリカで約束された自由を求めてやって来ていた。パーディは、自身の頭を撃ったが、合衆国で銃による大量殺人を実行したのは彼が最初ではなかった。子供たちを標的にするという彼の特異な邪悪さは、その後数十年のうちにさらに多くの学校で繰り返されたのだ。

ストックトンから北へ八〇キロほどのサクラメントでは、民主党の議員たちが長い間行き詰まっていた自動小銃を禁止する法案に息を吹き返させることで、これに対抗した。当時の州司法長官で、銃規制の推進派だったジョン・ヴァン・デカンプはこの法案を成立させるための特別委員会をすでに立ち上げていた。この委員会のメンバーの一人にアラメダ郡の地方検事の主任補佐官だったリチャード・イーグルハートがいた。彼はこの法案をまとめるのに尽力し、警察当局と協力して、この法案を支持することへの反発を恐れる政治家たちを支援した。「我々は新しいことにしっかりと取り組むことができるのだ」とイーグルハートは当時発言していた。

一九八二年デュークメジアン知事は選挙に勝ったが、これは少なくとも相手の民主党候補者、前ロサンゼルス市長のトム・ブラッドレーが、同年に、厳格な銃規制を実施する住民投票を支持していたからだった。従って、デュークメジアン知事は銃の規制法案に署名する立場にはなかった。しかし、任期が終わりに近づいたときに、ストックトンの虐殺事件が彼を大いに揺さぶることになった。

四つの言語で挙行された子供たちの合同葬儀で二〇〇〇人の人たちを前に「悲しんでいるのはひとりではありません」と彼は言った。その場には州下院議長のウィリー・ブラウンもいたが、知事の目に涙が満ちるのを見た。「ひとりの苦しみは我々皆の苦しみです。この恐ろしい悲劇はこの州の州民すべてに衝撃を与え、悲しみを与えているのです」

デュークメジアンは自動小銃は規制しなければならないと決めた。全米ライフル協会（NRA）とカリフォルニア州武器所有者連盟の猛烈な反対運動にも拘わらず、州議会は全国で初めて自動小銃を禁止する法案を採択したのだ。クリーブランド小学校での大量殺害の四か月後、デュークメジアンはこの法案に署名した。

「この法律によってストックトンの校庭で余りにも悲劇的に亡くなった五人の若く、美しい子供たちの命を取り戻せるものではありません。しかし、この法律と現在も検討中のその他の政策と合わせて、勇敢で勇気ある警察官たちの大いなる助けとなることを希求し、祈るものであります」

この新しい法律は必ずしも完璧なものではない。特定の武器を禁止したものだったので、武器製造者たちは小型で、別の形式の武器を製造し、販売し続けたのだ。しかし、カリフォルニア州では一九八九年の自動小銃の禁止が、銃所有の権利を主張する人たちの勢力衰退の始まりとなったのだ。二〇〇〇年には全米ライフル協会はカリフォルニア州で三七万三〇〇〇ドルを政治活動に費やした。カマラ・ハリスが州の司法長官に選出された二〇一〇年までには、その額はゼロとして報告されたのだ。カリフォルニア州の有権者の圧倒的多数が強力な銃規制を支持するようになっていた。

その後数年して、カリフォルニア州議会は法を強化し、一〇発以上の弾丸を装填できる速射可能な自動小銃を違法としたのだった。また、銃を購入する人物の背景調査の実施や格安な拳銃の販売禁止、飲酒や家庭内暴力での犯罪歴のある者への銃の販売禁止、大学構内での銃の所持・携行の禁止、特定期間での購入可能な銃の数の規制、そして銃所有を合法的に認可された者だけが銃弾を購入できるなど多くの措置が取られることになった。

カマラ・ハリスは人生の早い時期に、間違った人間の手にある銃による残忍な現実を学んだのだった。彼女は、検事のひとりとして、持つべきでない人々から銃を遠ざけるカリフォルニア州法を積極的に執行するようになったのだ。

第4章　政治の味——地方検事補と政治家との恋

　検事というものは、人生のより良い側を見るべきではないと分かっている。そうであっても、アラメダ郡の犯罪世界は突出していた。カマラ・ハリスがまだ新人検事としてアラメダ郡地方検事事務所に通っていた一九九〇年には、オークランド市を中心とするアラメダ郡の殺人事件数は年間一四六件に達し、前年の最多記録を超えていた。さらに一九九二年には増加して一六五件となった。その数年前だが、刑務所内で殺害された麻薬の帝王と呼ばれた男の葬儀では、彼の柩が馬に曳かれてオークランド市内をゆっくりと運ばれたのだが、その沿道には一〇〇〇人もの人々が列をなして別れを惜しんだ。

　ワイリー・W・マニュエル郡庁舎の周りを交通違反の手続きを待つ人々の行列が取り巻く朝があったものだ。この建物は実用本位に造られた見栄えのしない建物だが、カリフォルニア州で最初の州最高裁判所判事となったオークランド市出身の人物の名をつけていた。この建物は陸橋でオークランド市警察本部とアラメダ郡刑務所につながっている。この合同庁舎はサンフランシスコ湾の東岸を取り巻くフリーウェイのそばに威厳のある姿を示している。一九八九年一〇月一七日のロマ・プリータ地震によってぺしゃんこに潰れた二重構造のフリーウェイからさほど離れてもいない。この地震での死者六三人のうち四二人がこの潰れた高速道路で犠牲になっていた。

あの移民で志の高い知識人夫妻の二五歳の娘、地方検事補カマラ・ハリスが、極めて厳しいカリフォルニア州の司法試験を二度目の挑戦で合格した後で、働き始めたのが、この合同庁舎だった。

この時から三〇年後、大統領選挙の運動を始める演説の中で、ハリスは検事になるという自分の決断について、こう説明した。「国で悪徳連中の目標にされるのはたいてい、発言力のない、そして弱い者たちだと分かったからなのです」

ハリスは郡庁舎の扉を通って、二階に上がった。そこには地方検事の事務室が迷路のように造られていた。その気になった時には陪審員や被告、証人や弁護士などと共にエレベーターに乗った。警官たちは、証言の前に通常ほんの数分だけ仮眠した。五件ほどの審議が同時に進行していた。一九八八年、まだロースクールの学生だった時に、ハリスはアラメダ郡地方検事局で法務書記官として働いていた。法務書記官は法廷での経験も積めるし、給料ももらえるので非常に人気のある仕事だった。検事局は多くの野心ある若い法曹界志望者を引き付けていた。

カリフォルニア州知事の後に連邦最高裁の長官となったアール・ウォーレン[*1]もアラメダ郡の地方検事だった。またロナルド・レーガン大統領の下で司法長官となったエドウィン・ミーズ三世も同じ検事局の出身だった。またカリフォルニア州の最高裁判事ミン・チンやキャロル・コリガンも同様だった。昼には、ハリスは他の若い法律家たちと共に、茶色のカバンを持って図書館に行ったものだった。そこで先輩の検事たちが担当事件を説明し、裁判戦略に関しての指示を与えるからだ。

「彼女は他の人たちより少し抜きん出ていました。普通とは違う自信を持っていたんですよ」とアラメダ郡地方検事のナンシー・オマリーは語っている。オマリーは当時ハリスの監督官でもあった。「ハリスは活発で、難しい事件を進んで受け持とうとし、極めて正確に問題を理解し、成功への強い意識を持っていました。早くから、どこで必要な教育を受けられるか分かっていたのです。年長者が話をしているときには、彼女は真剣に聞いていました」

他の新人たち同様に、ハリスは酒や麻薬の影響による運転や喧嘩などの軽犯罪や重犯罪のごく初期の手続きなどを扱っていた。彼女は半年ずつ、フレモントとヘイワードの支局で勤務して、一九九一年にワイリー・マニュエル郡庁舎に戻った。この間に彼女は、のちに上院議員になった時に大いに役に立つことになる尋問時の技術を身につけたのだった。

一九九一年一〇月は、若い法律家にはワシントンで起きていることから目を離せなかった時だった。ジョー・バイデン上院議員が、最高裁判所判事に任命されたクラレンス・トマスの承認審理をする上院の司法委員会の委員長だったからだ。法学教授のアニタ・ヒルが全員白人で、全員男性の委員会に出席してこう証言した。トマスがかつて、自分がまだ教育省と雇用の機会平等委員会で彼の下で働いていた時に、デートを強要し、ポルノ映画について話をした、と。委員会の男性たちはヒルを侮辱するとともに彼女の証言の影響を最小限にしようと試みた。トマスはこの公聴会を「ハイテクなリンチだ」として非難した。

*1　アール・ウォーレン（一八九一～一九七四）　カリフォルニア州知事を経て、一九五三年から連邦最高裁長官となり、黒人の権利や個人の権利を支持する革新的な判決を主導した。一九六九年に退官。「ウォーレン法廷」の名を残した。

司法委員会は推薦なしの条件でトマスの件を上院本会議に送った。上院は五二対四八でトマスを承認した。バイデンは反対投票した。しかし、このバイデンの行動はアニタ・ヒルを信じる多くの女性たちの怒りを買うことになった。

その一年後の一九九二年一〇月に、ハリスは少年裁判所での仕事に就いた。非常に厳しい仕事だった。オークランドの学校は非常に質が悪く、五万三〇〇〇人もの生徒が標準テストで偏差値五〇点以下しか取れていなかった。学校のずる休みなどは当たり前だった。一九九〇年にはカリフォルニア州議会がオークランドの学校財政を監督するための理事を任命したのだが、この地域は破産一歩手前の状態だった。少年裁判所で扱う事由はすべて極秘扱いだった。ハリスの扱う事件も同様だった。だが、ハリスは子供たちが暴行を受け、また性的に搾取されていると自分が聞いたことをよく話した。後日、彼女自身が政策に影響力を持ち、法案を立案できる立場に就いたとき――つまり、彼女が公選による地位を念頭に置き出した時に、この時の経験を活かすことになった。

＊　＊　＊

一九九二年一一月七日の選挙日（大統領を決める選挙日）、ハリスは自分のカローラを運転してサンフランシスコ・ベイブリッジを渡り、ノブ・ヒルにあるフェアモント・ホテルに向かった。ここで民主党が祝賀会を開いていたからだ。民主党員には最高の夜だった。ビル・クリントンが大統領に当選し、バーバラ・ボクサーとダイアン・ファインスタインの二人がそれぞれ上院議員選挙で勝利していたのだ。バーバラ・ボクサーは二人のうちで、よりリベラルだったが、一九九一年にトマス判事の承認審議に関して上院の民主党員と話し合うために直接出かけて行った七人の民主党女性下院議員の一人だった。結局、彼女らは火曜日の上院の定期民主党議員集会には、「部外者お断り」を理由に入るのを拒まれるのだが、ボクサーはアニタ・ヒルの屈辱的処遇とトマス判事の承認の件を九二年の選挙で利用することで、うまく有権者を引き付けることに成功したのだった。この一九九二年は「女性の年」と呼ばれることになった。

このときのフェアモント・ホテルの満杯となった宴会場にいた人の中で、弱冠二七歳のカマラ・ハリスが二〇一六年の選挙でバーバラ・ボクサーの後を継ぐ上院議員になるなどと想像した者は誰もいなかった。しかも、上院司法委員会に席を持つようになるとは余計に想像しなかったはずだ。だが、その二七年後、サンフランシスコ郊外のメンロー・パークに住む心理学者のクリスティーン・ブレイシー・フォードが勇気をもって一歩踏み出し、トランプが任命した二人目の最高裁判事、ブレット・カバノーが十代の時に彼女に性的暴行を働いたと証言した場に、彼女は立ち会っていた。結局は、トマスの承認時と同じで、カバノーも承認された。

民主党員はロウ対ウェイド[*2]の一九七三年の人工妊娠中絶の権利に関する歴史的判決へのカバ

＊2　ロウ対ウェイド　一九七三年の画期的な判決で、六〇年代終盤以来紛糾していた人工妊娠中絶の問題に、ひとつの区切りをつけた。中絶を禁止していたそれまでの法律は違憲とし、一応条件つきだが、基本的に女性自身の身体に対する女性の権利を初めて認めた判決。

ノーの考えを引き出そうと努めたが、失敗だった。だが、ハリスは自分の持ち時間とアラメダ郡地方検事局で身に着けた技術を使って、委員会の混乱状態に切り込んだ。「政府に男性の肉体について決断を下す権利を与えている法律を何か思い起こせますか?」

カバノーはことばに詰まった。「あのぉー、いいえ――いいえ、いかなる法律も思いつきません、上院議員」

ハリスにとってこの公聴会からの道はホワイトハウスまで通じることになったのだ。

＊　＊　＊

ハリスの人生は一九九四年に大きく展開した。彼女がアメリカ国内でも最も有能な政治家のひとりとされていたカリフォルニア州議会の下院議長ウィリー・ブラウンと絡んだからだ。二人の関係は元々不釣り合いだった。二人には共通した特徴があったのはたしかだが――二人の持つ活力と知性、そして二人ともほとんど無の状態から多くを得るようになったことなどだ。ただし、ブラウンが歩んだ道は、黒人差別のジム・クロウ法があった時代のテキサスから移住してきたというだけに特に険しいものだった。

支配者の地位に上り詰めるためには、ブラウンは名前を売らなければならなかった。そのために、彼は『サンフランシスコ・クロニクル』紙（以下『クロニクル』紙と表記）の編集者だったハーブ・カーンと友好関係を結んだ。カーンは私にブラウン成功の秘密を漏らしてくれたことがあったのだ。サンフランシスコは著名人のいる街ではなかったので、彼は誰かを有名にしたかった。彼は五〇年もの間、サンフランシスコ市民なら「読まなければならない」とされていた評論を紙面に書き続けていたのだ。カーンは市自体の在り方を決め、市を代表する者となり、遠慮なく市を批判し、そして市を好きなように味付けをし、人びとを階級に分けた。彼が論じた世界の中で、彼の親友ウィリー・ブラウンほど大きな役割を果たした者はいなかった。二人は金曜日に必ずル・セントラル・ビストロで一緒に食事をし、パリに旅行もした。機知に富み、ウィルクス・バッシュフォードの背広と中折れ帽というファッションで、新車のフェラーリを乗りこなすブラウンは、新聞紙面でメイシーズの宣伝の隣に掲載される陽気な、お笑い的で、時に陰鬱で、また愉快で、退屈させることのない一千語の評論に定期的に現れる不可欠な人物だった。

一九九四年三月二二日にブラウンはカーンに重要な資料を渡した。その日彼は、六〇歳の誕生日をロン・バークルの邸宅で祝うことになっていた。バークルの邸宅はグリーンエイカーズとして知られる三二四〇平米（九八〇坪）の屋敷で、元はベネディクト・キャニオンにある緑豊かな六万七〇〇〇平米の土地にサイレント映画時代のスターだったハロルド・ロイドが建てたものだった。バークルとブラウンは友人関係にあり、しばらくの間、バークルはブラウンの弁護士を務めていた。一九九〇年代を通して、ビル・クリントン大統領をはじめとする著名な民主党政治家たちのための資金集めの催しをグリーンエイカーズで開いていた。『ロサンゼルス・タイムズ』紙によると、そこは資金集めのベルサイユ宮殿ということだ。カーンが報じているところでは、「バーバラ・ストライサンドがこの誕生日に来ていたし、クリントン・イーストウッドがブラウン議長の新しい恋人であるカマラ・ハリスにシャンパンをひっかけた」という。これによって、ブラウンとハリスの関係が公に知れ渡ることになったのだ。

この二人の関係が続く間、ブラウンはハリスに一台のBMWを与えている。また、パリにも一緒に旅行している。アカデミー賞の授賞式に一緒に参列し、一九九四年にはボストンへの飛行機で、ブラウンの取り巻きたちのひとりとなっていた。この時、まだボストンにいる間にブラウンはニューヨークの億万長者であるドナルド・トランプから電話をもらった。トランプはロサンゼルス市内に建設する予定のホテルの案件について話し合いたいという。ジェット機をボストンに向かわせるから、ハリスを含む友人たち共々ニューヨークに来てほしいというのだ。そのジェット機内部は金ピカで、壁には高価な絵画が掛けてあった。また当時の夫人からの数枚のメモがトランプのために置かれていた。ブラウンとトランプはプラザ・ホテルで昼食を取った。このロサンゼルスの計画は日の目を見ることはなかった。トランプとハリスはおそらくこの時には会っていなかったと思われるが、ハリスには忘れられないフライトだった。アラメダ郡の地方検事補佐ハリスはワイリー・マニュエル郡庁舎にはまだまだふさわしくなかったのだ。

＊　＊　＊

一九九四年、ウィリー・ブラウンは州議会議員としての任期切れに直面していた。任期自体は一九八六年に始まっており、この時、このジョージア生まれの事業家はエビの加工工場の建設を許可する法案を提出するよう州議会議員を説得して回っていた。もちろん、説得を円滑にするために大金を配った。この法案は州議会の上下両院を通過した。だが、エビの加工工場はできなかった。すべてが蜃気楼のようなもので、ＦＢＩの工作によるものだったのだ。

このスキャンダルは、ＦＢＩの捜査官が数人の議員の州議事堂内の事務室を調査していた一九八八年に明らかになった。この事件を担当していた他の記者たちと同じように、私もブラウンは標的にされたと考えていた。十数名の州議会議員とロビイストたちなどが、起訴されるか自ら有罪を認めていた。しかし、法律や規則に詳しかったために、ブラウンは一線を越えていなかったのだ。それでも実は別のもっと高い代償を支払うべき事態があった。このスキャンダルに乗じて、保守派が議員に任期制限を課す州民投票を実施するよう要求し始めたのだ。一九九〇年のことだ。自分のことを「州議会のアヤトーラ（イスラム教の指導者）」と呼ぶブラウンは当然その標的だった。人におもねることのない様子のブラウンの写真を使って、彼らは州の保守的な地域の有権者に郵便物を送った。サンフランシスコの有権者たちは圧倒的にこれに反対だった。しかし、州民投票の結果、五二パーセント対四八パーセントで、この提案は賛同されたのだ。そのために、一九九四年の選挙がブラウンにとっては州議会議員最後の選挙となった。自分が思っていた以上に早く終わりがやって来た訳だ。

一九九四年、あのパット・ブラウンの娘で、ジェリー・ブラウンの妹だった州の財務長官キャサリン・ブラウンと戦って、現職知事のピート・ウィルソンが再選を勝ち取った。彼の主張には死刑を肯定し、提案一八七号という非合法移民に反対する提案を認め、提案一八四号の単純に厳しい「三振」条項に同意することが含まれていた。これは二回の前科がある者が、三回目の有罪判決を受けると通常よりも重い罰を与えるというものだ。カリフォルニア矯正平和役員協会や全米ライフル協会からの資金援助を受けて、カリフォルニアの「三振法」は万引きで起訴された多くの人々に終身刑を言い渡すことになっていた。カリフォルニア州は将来的に洪水のように押し寄せる一〇万人の罪人を収容するために新たに二五の刑務所を必要とするようになるとの分析もあった。

全国的には、ニュート・ギングリッチ[*3]が率いた共和党が連邦議会の下院を制していた。カリフォルニア州でもこの二五年間で初めて共和党が州議会下院を支配していた。四一対三九というわずかな議席数差だったが、そのためにウィリー・ブラウンは一二月に議会が開会されるときには、どのみち議長職を放棄しなければならないことを意味していた。いや、そう思われていた。

一九九四年にハリスはアラメダ郡の検事補佐官の仕事を休職した。失業手当を拒否された人々からの訴えを取り上げるための州委員会に配属されたためだ。この任務はブラウンが実権を握る期間を終える一九九五年一月一日までだった。そのために、一一月下旬に、ブラウンは彼女を別の非常設委員会の委員にした。カリフォルニア州のメディカルマネージメント契約を監視、監督する委員会だったが、これによってカマラは州議会議員と同じ年額七万二〇〇〇ドルの給与を得ることになった。彼女はこの職務に一九九八年まで留まることになるのだが、その時にはブラウンとの関係は終わっていた。私がハリスを記事として取り上げた最初が、この職務を彼女が得たときだった。彼女はインタビューを拒否し、ブラウンの事務所は私の電話に出なかった。共和党は反発したが、この任命を阻止する力はなかった。

「必ずしも必要のない任命だと言ってもいいだろう」とブラウンを下院議長として引き継ぐ立場にいた共和党の州下院院内総務のジム・ブラルトは当時こう語っていた。

＊　＊　＊

ブラウンは議長職を穏やかには手渡さなかった。一九九四年一二月五日、次の議長を選出する日に、私は州下院の記者席にいた。投票は個別の発声投票だった。職員がロサンゼルスの東にある町から選出されている共和党の陣笠議員ポール・ホーチャーの所に来ると、彼は拳で机を叩いて、「ブラウン」と叫んだのだ。これによって投票は四〇対四〇の同数となった。議場は混乱に陥った。ブラウンは一年をかけて共和党員の中に自分の仲間を作って支配権を維持しようとしていたのだ。当然起こるべきことは一九九六年に起きた。この年、共和党は何とか議長職を取りたいと画策した。だが、この年の選挙で、共和党は敗れて、これ以後、ずっと敗者であり続けている。しかし、この年にはすでにブラウンは政界から引退していた。

＊3　ニュート・ギングリッチ（一九四三〜）　ジョージア州選出の共和党下院議員で、レーガン政権で保守化が始まったアメリカの潮流を率いて、保守化運動を導いた。とくに『アメリカとの契約』を出版して運動の目標を明確に示したことで、一九九四年の選挙で連邦下院の多数を四二年ぶりに民主党から取り戻す功績を上げた。のち、下院議長を務める。一九九九年に政界を引退した。

一九九五年、三一年間サンフランシスコを代表して州議会議員をしていたブラウンは、サンフランシスコの愛想のよい警察署長から現職の市長となって、二期目を狙っていたフランク・ジョーダンに挑戦することにした。市長選挙ではハリスは頻繁にブラウンの傍らにいた。ハリスは資金集めのパーティに出席し、選挙の戦略会議に出席して選挙運動を展開する方法を学んでいた。ジョーダンは必勝を期していたのだろうが、全く説明もつかない悪ふざけをしてしまった。ロサンゼルスの二人のディスク・ジョッキーと一緒に服を脱ぎ、裸でシャワーを浴びたのだ。そして市長とディスク・ジョッキーの三人の男たちが真っ裸でいる写真が『サンフランシスコ・エグザミナー』紙の第一面に掲載されたのだ。選挙のわずか五日前のことだった。ジョーダンはこれを笑い飛ばし、俺は完璧なほどクリーンだと言い、ブラウンの方にこそ隠しているものがあるのではないかと挑発したのだが、全く効果はなかった。

ブラウンは勝利のパーティをサンフランシスコの有名な観光地であるフィッシャーマンズ・ワーフ近くの集会場で開いた。喜びの選挙結果が確定したところで、ハリスはブラウンに近づき、金糸で「Da Mayor」と刺繍された野球帽を手渡した。二人は顔を輝かした。一九九五年一二月一二日のことだった。二日後の一四日に、ハーブ・カーンはハリスを「次の新しいファーストレディ」と表現したのだったが、結局はそうはならなかった。

数年前からブラウンは、妻であり子供たちの母親であったブランチとは別居生活をしていた。そして彼は他の女性たちとデートしていることを秘密にはしなかったのだ。しかし、ブラウンとブランチは離婚しなかったし、することもないだろう。明らかになったことはハリスとブラウンが別れたことだった。

二人のことは、始まった時と同じように、終わりもハーブ・カーンの記事だった。一九九五年のクリスマスの翌日、その年最後の評論だった。

「すべて終わった」とカーンは『クロニクル』紙に書いた。「このことばで市長に選出されたブラウンはアラメダ郡の地方検事補佐官のカマラ・ハリスとの長い関係が終わったことを知らせたのだ」

本来、表に出たがらないハリスにとっては、カーンの記事に自分の個人生活が暴露されたのは相当に苦痛だったに違いない。だが、二人の関係は始めから不安定なものだった。ブラウンはありとあらゆる権力を保持していた。彼はその一部をハリスのために、その初期の経歴の扉を開くことに使用した。保護者として、任命権保有者として政治の世界では伝統となっていることである。自力で這い上がれる者などいない。若い時のウィリー・ブラウンを助けたのはフィル・バートンだった。だが、ハリスとしては一度早い時期にこうした扉が開かれた後では、自分で道を切り開いていかなければならなかった。彼女は突き進んだ。二〇一四年に結婚もし、公の席ではブラウンについてはとっくに語らなくなっていた。自伝でも彼にはまったく触れていない。あるラジオのインタビューで、「彼は私ほどには真剣でなかった」と語っただけだ。ブラウンはすべて自分だけのためだったとして、「本物の恋愛だった。俺は俺を愛し、彼女は俺を愛してくれた」と言った。

＊　＊　＊

一九九六年一月八日、サンフランシスコのマーティン・ルーサー・キング二世の記念碑の前の広場に集まった七五〇〇人の前で、ブラウンの市長就任式が行われた。式典のための演壇に特設されていた電話機が鳴った。交換台の女性は、受話器を取ったブラウンにそのまま切らないように言った。ブラウンはいたずらだと決めて、自席に戻った。敬愛されているサンフランシスコ市の聖職者であり、公民権運動の指導者でもあるセシル・ウィリアムズ牧師はごく短く式を進行した。

そして二度目の電話が鳴った。電話の主は総司令官、つまり大統領だった。

「ウィリーかい？」

「いいえ、セシル・ウィリアムズです、大統領」

この会話で、ブラウンは自席を飛び出すと、電話台に行き、受話器を取った。

「ここにいらっしゃるべきでした。すばらしいですよ。雪もないし、共和党員もいないのですから」。ブラウンは古い友人でもある大統領のビル・クリントンにこう言った。

クリントンはこの頃、共和党主導によるアメリカ政府機関閉鎖という事態を巡って、下院議長のニュート・ギングリッチと歴史的な戦いの真っ最中だった。

「そこの人たちには私の声が聞こえるのかい？」と大統領が聞いた。もちろん、大きくそしてはっきりと聞こえていた。クリントンは要点に入った。彼はブラウンを褒め讃えた。「忍耐強さ、決意、決してあきらめない態度、それに今直面している最大の問題だと私が思うことと、将来には地域社会の全員が参加しなければならないという、君が持っている世界観」を讃えたのだ。「サンフランシスコ市は各地区の人たちに密着しているよね。多様性がわが国の力であり、アメリカが持つべき力だと望んでいるのだ……」

「いまワシントンで戦っている大きな戦いは財政均衡の問題ではないのだ。アメリカは勝者がすべてを獲得する国になるのか、あるいは誰にでも勝つ機会がある国になるのかという問題なのだ」

クリントンの声には温かみがあり、情感がこもっていた。その言葉は多くのサンフランシスコ市民が思っていることを投影していた。まだ、ツイッター、グーグル、ウーバー、フェイスブック、ジュールや、その他何百という新興会社が出てくる以前のことだ。これらの会社によってサンフランシスコの富はかなり増大し、持てる者と持たざる者たちの間の溝を深めることになった。市内の住宅価格はこの数十年で最高になり、二〇〇〇年には天井知らずの状態だった。ハーブ・カーンが知っていた町は、警察官や教員、雰囲気の良いレストランで上質の食事を運ぶウェイターやウェイトレス、そして市内のハイテク産業のお偉いさんたちを目的地に連れて行くウーバーやリフトの運転手たちには全く手が出せないほど物価の高い街になっていた。ブラウン市長やその後の市長たちは高くそびえるビルが次々と建設されるのを傍観していたのだが、その間に市内のホームレスの人口は危機的な割合にまで増加していったのだ。

それはそれで、まだ先のことだった。その日、ブラウンは特別な一団を演壇の上に集めた。三人の成人した子供たちと一人の孫だ。彼は手を挙げて市長就任の宣誓をした。その手をずっと昔、まだテキサス州ミネオラにいたころに母親が持っていた聖書の上に置いて——。その聖書を支えていたのは彼の妻ブランチだった。

＊　＊　＊

一九九五年にハリスはアラメダ郡の地方検事の職場に戻ることにした。二〇年前にブラック・パンサー党のヒューイ・ニュートンを告訴したトム・オーロフが地方検事になっていた。彼はハリスの帰任を歓迎した。

「彼女は非常に賢く、容姿もいい」とオーロフは言った。「陪審員たちにも好まれた。彼女には非常に優れた検事になる素質があった。当時一五〇人ほどの検事がいたけれど、彼女はその中でも特に優れた者のひとりだった」。ハリスは重罪で訴えられた者たちを起訴するのに躍起だった。男性を撃ち殺した男の起訴を勝ち取ったことがあった。その男は今も刑務所の中にいる。別の件では、武器を持って十数件の強盗を働いた三人を起訴した。犯罪を繰り返す者たちには、カリフォルニア州の新しい「三振法」を使って、かなり長期にわたる収監を求めたりした。彼女が扱った事件はマスコミの注目を集めることはなかったが、ひとつだけ例外があった。メチルアルコールとラム酒で相当に酔った男がギンス・ナイフで女友達の頭皮を一〇センチ四方切り取ったことがあった。それ以前にも一度彼は同じことを試みていたのだが、この時にはうまくいかなかった。ナイフの刃が十分に研げていなかったからだ。いま彼は、終身刑で服役している。

この判決の後、ハリスは「自業自得よ」と言った。一九九六年に、『クロニクル』紙が彼女のことばを次のように報じている。「この犯罪は信じられないくらいサディスティックだった」と。

現在の地方検事のナンシー・オマリーは性的暴行を受けた若い被害者を扱うのに特に優れていたのがハリスだと言う。彼女は女性たちを落ち着かせ、そしてこう信じさせるのだ。事件が片付けば、きっと良い人に出会える、と。女性たちが経験したことを、ハリスは十分に分かっていると信じさせるのだ。

ハリスとオマリーは若い検事たちの処遇についても話し合っていた。彼女には野心があった。アラメダ郡の古いボスで自動小銃の禁止のために働いたリチャード・イーグルハートは、サンフランシスコの地方検事テレンス・ハリナンの下で働いていたのだが、彼はハリスのために職を与えた。一九九八年のことだったが、これには意味があった。

政治の味を知った彼女は、もっと多くを望んでいたのだ。

第5章　目標を決めて——サンフランシスコ市の検事局へ

一九九八年の始まりと共に、カマラ・ハリスは低層ビルにあるアラメダ郡の地方検事局を去った。ベイ・ブリッジを渡って西へ二〇キロ車を走らせて、サンフランシスコの刑事司法の本部での仕事場に到着した。仲間内で「ホール」と呼んでいる建物には、地方検事局、警察署、裁判所、検視局、保安官事務所や他の多くの部局が入っていた。この建物のすぐ裏手、ちょうど駐車場を挟んだ反対側には刑務所があった。

刑事や検事や被告人の弁護士たちが互いの利益のため、または相手を追い詰めるために何かを画策していたとすると、同じ建物の中で、対立し合うという共通の苦悩を一緒に味わうことになった。ダーティ・ハリーの映画のセットやその他の有名無名の数々の映画でよく知られている建物だが、この司法の「ホール」は電気系統が暴発するトイレで悪名が高かった。電灯がチラついたり、エレベーターが停止したりして、犯罪人も警察官も次に来る〝大物〟に怯えていた。

街の中心からサウス・ビーチまでは巨大な住宅用の高層ビルや新しいマンションが建ち、弁護士や財界人たちが住んでいた。そして、以前は砂だらけだった区画一面をアメリカ国内で最も眺めの良いサンフランシスコ・ジャイアンツの野球場が占めていた。しかし、ブライアント通りや「ホール」の周りの景色はそうではなかった。今日まで、そこには自動車修理工場や保釈金保証業者の事務所や落書きの壁があった。だが、その風景にはシェアオフィスや巧妙に麻薬を売る店が紛れ込んでいた。

以前アラメダ郡のボスだったイーグルハートがハリスを監督官として選んだのだ。司法当局全体を支援するよう依頼した。法外な要求だった。そのときの責任者は地方検事のテレンス・ハリナンだったのだが、彼は伸るか反るかの厳しい局面に立たされていた。

ハリナンは、一九九五年ウィリー・ブラウンがサンフランシスコ市長に選出された年にちょうどサンフランシスコの監督官としての任期満了を迎えていた。そこで彼は、強力なライバルと見られる三期務めていた現職の地方検事アルロ・スミスを追放し、さらに二〇年間地方検事局にいた元検事のビル・ファジオとの選挙戦に勝利していた。勝つためには、自分を「雇われ政治家」と呼び、さらに一〇年ほど前に、弁護士としての彼の依頼人だった客室乗務員の女性から実父確定訴訟を起こされていたことを暴露した『クロニクル』紙の反対意見を抑え込む必要があった。ただ子供が彼の子だと証明された時点で、ハリナンは責任を取って認知していた。

ハリナンは一九五二年に進歩党から大統領選挙に立候補した湾岸地区の象徴的な左翼であるヴィンセント・ハリナンの過激な息子だった。新聞発行者のシャルロット・バスという黒人女性が彼の副大統領候補だった。このヴィンセント・ハリナンは、自分の子供たちが過激な思想を持つのなら、喧嘩ができるようにならなければならないと考えていた。テレンスはこの父の膝元で、あるいはおそらくは父の握りこぶしで、様々な多くのことを学んだのだ。それによって、彼の喧嘩の能力と好戦性に対する賛辞として「ＫＯ」というあだ名をもらうことになった。彼はまた父親のもつ正義感を引き継いだ。一九六三年、ハリスが生まれる前の年、ミシシッピ州で黒人の有権者登録を支援する運動に参加していたときに、挙動不審とゴミをばら撒いた容疑で逮捕されたことがあった。容疑はすぐに晴れたものの、人種差別反対運動のためにその後何度も逮捕されていた。

ハリナンはカリフォルニア州立大学のヘイスティングス・ロースクールを卒業し、司法試験にも合格した。しかし、州の弁護士協会は、彼の犯罪歴と喧嘩好きの傾向を理由に、弁護士としての許可証を発行するのを拒んだ。一九六六年のことだった。この時、二人の若い州議会議員が彼の人柄の良さの証人となっていた。ウィリー・ブラウンとジョン・バートンだった。カリフォルニア州最高裁は弁護士協会の決定を覆した。これによってハリナンは弁護士として開業し、麻薬常習者（六〇年代、七〇年代のサンフランシスコでは多発した）や左翼運動家、また連続殺人犯のファン・コロナの弁護をしたのだった。

被告弁護人から地方検事へのハリナンの経歴がいかに厳しいものであったかを詳細に報じた『ワシントン・ポスト』紙によると、ハリナンはロック歌手のジャニス・ジョプリンに麻薬を過剰摂取させられ、危篤状態にされたことがあったというジャニスがその自伝、『パール』で述べている出来事を強く否定しているという。だが、この否定は政治家特有の巧妙な「否定にならない否定」だった。

＊　＊　＊

ハリナンは地方検事としてサンフランシスコ市の検事の頂点に立ったのだが、自分の過去の生き方をごまかすことはなかった。彼は殺人事件での死刑求刑を拒み、彼の前任者が起訴した男の刑の執行を阻み、合法化される以前に医療でのマリワナ使用を支持し、カリフォルニア州の「三振法」による終身刑の求刑をしなかったのだ。これらはサンフランシスコ市では全く問題視されなかった。有権者たちは彼に投票した時点でどうなるのかは十分に分かっていた。しかし、彼が自分の事務所内で引き起こした混乱は大きな問題になったのだった。

一つは二人の検事が事務所内で不正な性行為の最中に捕まったことだ。彼は男性の方は解雇したのだが、女性は咎めなかった。そのため、後日男性検事から不当解雇で訴えられることになった。

ハリナンは、就任直後に簡潔な文言の覚書を一四名の検事たちに渡していた。その中で彼らの職務に謝意を述べ、そのうえで全員の解雇を伝えたのだ。そのうちの一人が、当時二六歳の新人検事のキンバリー・ギルフォイルだった。この時に解雇された人たちのなかにはハリナンに対抗したファジオの選挙に献金していた者が数名いたが、ハリナンはファジオとの選挙はこの決定に無関係だと主張した。ただ、自分のチームを組みたかっただけだった、と。

ハリナンと解雇された弁護士の友人のひとりとの間に喧嘩が起きた。ウィリー・ブラウンの政治顧問だったジャック・デイヴィスの誕生パーティの場だった。『クロニクル』紙の政治記者のフィル・マタイアーとアンディ・ロスはハリナンが拳を振り上げなければならなかった理由を本人の説明として「選択の余地はなかったんだ。だけど引き下がれはしなかった。俺は地方検事だぜ」と書いた。マタイアーとロスは相手の男の年齢と背丈、体重、そして手の長さをこの話に冗談として付け加え、そしてこう書いた。「まず左手で狙いをつけて、でも右手で攻めると、後で数票確保できるのだ」と。

仕事の出来る仲間が必要だと考えたハリナンはアラメダ郡の検事局に目をつけた。そしてリチャード・イーグルハートを三番目の主任補佐官として雇った。イーグルハートは超一流の検事でカリフォルニア州の自動小銃禁止法を採択させるのに優れた証言をしていた。しかも、「三振法」に関する専門家として広く尊敬されていた。そのイーグルハートが、ハリスを雇ったのだ。「ハリスはすばらしい検事で、しかも非常に評判がよかった」とハリナンは『クロニクル』紙に述べている。

ハリスは、サンフランシスコでの第一日目から誰も真似の出来ないような仕事ぶりの印象を残した。一九九五年の選挙でハリナンに敗れて地方検事を辞め、弁護士として仕事をしていたファジオはオークランド時代からハリスを知っていた。たまに彼女や他の刑事局の友人たちと食事をしたりしていた。サンフランシスコの殺人課の友人がかなり早い時期に、湾の反対側から新しい補佐官が来たという話をしていた。

「この友人が、大きな殺人事件を扱っていたんだけれど、そのためにある週末事務局に行ったという。まだ裁判が始まる前のことだったそうだ。で、彼が事務室に入ると、そこにハリスもいたというんだよ。何かの重要な事件を調べていたようだ。彼女には会ったことがなかったので、自己紹介をしたそうだ。すると、彼女は雇われたばかりだが、裁判の準備のために来たと言ったそうなんだ」。ファジオの話だ。

ハリナンは、ハリスがサンフランシスコ市に来てすぐに刑事事件部の主任補佐官に昇格させた。その時、ファジオはある依頼人の弁護をしていた。窃盗で長い刑期に直面していた男だった。この依頼人は麻薬常習者で「デランシー通り」送りになるのが分かっていた。そこは麻薬常習者たちのための治療施設がある所としてサンフランシスコではよく知られていた場所だ。

「そこで私はカマラとハリナンと二人に会うことにしたんだ。カマラは地方検事で保護観察官ではなかったし、ソーシャル・ワーカーでもなかった。彼女は人を起訴して刑務所に送り込む検事だったんだ」

ハリナンはその場でハリスにどう思うか尋ねた。「すると、彼女はこう言ったんだ。『この男はデランシーに送るべきではないと思います。強盗を働いたんです。彼の行くべき場所は州刑務所です』とね」。ファジオの依頼人は結局六年の収監となった。

カマラ・ハリスはハリナンの一九九九年の再選を支持した。だが、二〇〇〇年の一月に、グレイ・デイヴィス州知事がハリスの上役のイーグルハートを州の最高裁判事に任命した。すると、ハリナンは当然昇格するべきハリスではなく、ダレル・ソロモンという全く検事職の経験のない弁護士をイーグルハートの後に据えた。カマラ・ハリスはこの選択に反対する活動を率いたのだが、結局は無駄だった。

ソロモンは最初の仕事として、キンバリー・ギルフォイルを雇用した。彼女はサンフランシスコ出身で、市の民主党内で影響力を持つ男の娘だった。ギルフォイルは当時サンフランシスコの監督官だったギャビン・ニューサムのガールフレンドだった。後日、彼女はサンフランシスコ市長となったニューサムの妻となり、フォックス・ニュース社のコメンテイターになった。その後ニューサムと別れた彼女は、ドナルド・トランプ二世のガールフレンドになり、その後、トランプ大統領の主要な代弁者と資金提供者になった。ソロモンが盤石であると見たハリスは、さらに別の道を行く決意をしたのだった。

＊　＊　＊

サンフランシスコ市では、検事局は幼児虐待とか里親養育という家族問題も取り扱っている。検事局の担当者たちは、このことを「お子ちゃま法部局」と嘲って呼んでいた。だが市の検事長のルイス・レンはこの「家族と子供のための事業部門」として格上げしたいと願って、ハリスにその管理と運営を任せたのだった。

この部門で扱うことほど個人的で、同時に感情的なものはない。家族に関わる事件を扱うには特殊な弁護士が必要なのだ。心理療法士でもあり、ソーシャル・ワーカーでもあり、そしてその上で、法律を理解している必要がある。レンはハリスにそれらを認めた。「とても知的な弁護士で、相手を思いやる心を持っている」と。ある日、ハリスはレンの部屋に飛び込んだ。相手にはテディベアを持っていた。子供たちが養子縁組されようとしている法廷に一緒に来てほしいというのだ。そこでは二人の女性がテディベアを子供たちの重要な日の思い出の品として渡していた。

カリフォルニア大学へイスティングス・ロースクール時代の友人だったマシュー・D・デイヴィスは、時々ハリスと連絡を取り合っていた。二〇〇〇年にはハリスがサンフランシスコ市の検事局に勤め出したときに、また親しくするようになっていた。ハリスの行動にデイヴィスは驚かされた。

「突然、彼女はすっごい人物になっていたんです。成長し続けていたんですよ。ロースクールの後でも、猛烈な速さで。以前よりずっと洗練されて、明確な目標を持つようになっていたんです」とデイヴィスは語っている。彼はいまやハリスの政治的支持者になっている。

ハリスは市の検事局に長くは留まらなかった。選挙を目指していたのだ。

第6章　太字になって——新聞に載り、有力者との関係を築く

一九九〇年代の終わりから二〇〇〇年代の初めにかけて、カマラ・ハリスの名前は新聞の社会面でごく当たり前の名前となっていた。それ以前に彼女の名前が書かれるのは、主に容疑者の起訴を告げる記事の中だった。

アラメダ郡の地方検事補のハリスは一九九六年に評判の高いサンフランシスコ近代美術館の理事になった。ウィリー・ブラウンは自伝『ベイシック・ブラウン』の中で野心的な政治家たちに助言を呈している。

「男性だろうが女性だろうが、黒人が政治家として成功するには、白人社会に一線を越えて入り込むことが出来なければならない」。彼は黒人女性に特に忠告した。「交響楽団でも、美術館でも、病院でも、何らかの社会的、文化的、慈善的な施設の理事会で活発に活動することだ」と。

ハリスは正に理事としての地位を利用して、影響力のある人々と接触した。しかし、同時に彼女は社会的意義のあることをするためにも、この機会を利用した。ウェスト・オークランドのヴィクトリア調の家の中の小さな部屋からマルカス・フォースター教育研究所を運営してい

たリビー・シャーフを訪ねた。彼女は現在オークランド市長を務めている。この教育研究所は一九七三年一一月六日に過激派組織のシンビオネーゼ解放軍に無情にも暗殺されたオークランド市の教育監督官の名前を冠している。その使命はオークランド市立学校の子供たちの教育を改善することにある。ハリスはシャーフに依頼した。近代美術館にオークランド市内の高校生のための教育制度を創るのに協力してほしい、と。

後にシャーフが語っているが、「彼女は我々のようなエリートの研究所はただ実地見学を主宰するだけでなく、オークランド市のもっと深い部分に入り込むべきだと強く思っていたのです」

この目的のために、ハリスはまたジャッキー・フィリップスも訪ねた。オークランド市の演劇や視覚技術に関心を持つ若者たちの「マグネット・スクール」[*1]となっているコール・スクールの校長だったフィリップスはハリスのことを輝いた目を持った高校生として記憶していた。モントリオールからオークランドの間を行ったり来たりしていたとき、フィリップスの娘、テリーの送り迎えのためにハリスの自宅に白いクライスラーのオープンカーでやって来ていたからだ。二人はいつも楽しんでいた。その頃から、フィリップスはハリスが人より抜きん出たいという強い意志を持っていたと分かっていたのだ。

美術館の理事として、ハリスは高校生を集めてほしいと嘆願した。フィリップスはこれに協力した。ある時には子供たちを俳優のダニー・グローバーと会わせた。また別の時には監督でもあ

＊1　マグネット・スクールは科学、芸術などの分野で才能のある子供たちを行政区域の枠を超えて集めて教育する学校。人種統合を目的として、連邦補助も受ける公立学校である。

り、俳優でもあるロバート・レッドフォードにも会わせた。

「皆、まるで小さな王様や女王様のように扱われていたわ」とフィリップスは語った。コール・スクールからは芸術専攻で大学に進学する者も出た。この事業は今日もなお続いている。この機会に恵まれなかったら、それに出会うこともなかった子供たちに、文化・芸術のさまざまな姿を紹介しているのだ。

＊　＊　＊

一九九八年にハリスはサンフランシスコにやって来た。大した金もなく、知り合いもなかった。しかし、彼女は新聞などで太字で扱われるようになっていた。一九九九年、ナパ・ヴァリーでのヴァネッサ・ジャーマンと石油の相続者ビリー・ゲッティの結婚式では素敵なロング・ドレスを着て、グラスを手にした写真を撮られもした。花嫁は横向きに馬に乗り、州の控訴裁判所の判事を退職していたウィリアム・ニューサムと現職州知事の父親の二人が司祭役を務めた。

二〇〇一年、『ハーパーズ・バザー』誌のサンフランシスコの文化についての記事で、キンバリー・ギルフォイルなどの女性たちと共にハリスが特集されている。この雑誌の社会欄担当の記者はカマラ・ハリスがリタ・モレノ主演の「ヴァギナ・モノローグス」の二〇〇二年二月の公演を見に行ったことに注目した。この公演はV・デイ運動[*2]の一環として上演されたもので、女性に対する暴力行為を止めさせるための資金集めが目的だった。カマラはまた九月にはアメリカ・

ユダヤ人諮問委員会が主催した夕食会に参加した。これはサンフランシスコ市内の不動産所有者で、政治家への後援者でもあったウォルターとダグラス・ショーレンスタインの功績を讃える会だった。さらに一〇月にはエルトン・ジョンのガラ公演に出かけた。

これは彼がエイズ撲滅の資金を集めるためのもので、映画監督のジョージ・ルーカスや女優のシャロン・ストーン、そして湾岸地域の著名人たちが協力していた。さらに、一人の警察副署長の退職祝いの会にも出席した。これはノース・ビーチのイタリア料理店で開かれたのだが、警察官や市の多くの政治家や社会的成功者が参加していた。彼女が警察との関係を深めたことは、時期的にも重要で、大事なメッセージを伝えていた。

このノース・ビーチでの送別会は、ちょうどハリナンのサンフランシスコ市警察との関係が、元々それほど良好ではなかったが、かなりもつれたときに開かれていた。それは市内の新聞が「ファヒータ・ゲート」と揶揄した事件が発端だった。非番の警官たちが一人の男性に彼のファヒータ*3をよこせと要求した。当然、その男性は拒否して、喧嘩となった。ハリナンは当該警官たちとその上司を起訴した。上司の容疑は事件のもみ消しを図ったことだった。この起訴手続きは失敗に終わったが、同時にハリナンは警察の支持を失うことにもなったのだ。

ゴシップ欄でも、ハリスの男性との浮ついた話が載ることはなかった。自分の私生活に関して

＊2　V・デイ運動　劇作家イヴ・エンスラーが一九九八年二月一四日に始めた運動で、バレンタインデーを女性や少女に対する暴力行為に反対し、これを無くす日にしようという運動。

＊3　ファヒータ　メキシコ発生の料理の名。タコスの一種。

は秘密にしていたからだ。だが、『ジェット・マガジン』誌が、彼女がテレビのトーク番組の司会者モンテル・ウィリアムズと一緒にいる写真を載せたことがある。これに対して、カマラ・ハリスは『クロニクル』紙にこう語った。自分の私生活に関して、類推だけで語るのを止めさせる意図だった。「たしかに、その場にはいましたよ。彼の両腕が私の腰の辺りにあったのも事実よ」。それ以上は記事に書かれていない。ただ、ウィリアムズは、その後も彼女の選挙運動には献金し続けているのだ。

＊　＊　＊

二〇〇〇年までには、ハリスが公職選挙に出るのではないかという憶測が広がっていた。現職のルイース・レネが再出馬しないので市の検事職か、あるいはより可能性の高いのは地方検事かという憶測だった。ハリナンはますます困難な状況に追い込まれていた。ひとつにはブラウン市長が公に彼に反目していたし、また街頭での麻薬売人を取り締まっていないと批判されていた。二〇〇〇年の八月には『クロニクル』紙が社説でハリナンを「尊敬に値しない人物」と評し、さらに「ごまかしと、余りにも突飛な判断を積み重ねてきている」と続けたのだ。同じ社説はハリナンがダレル・ソロモンを主任補佐官にした時の混乱を取り上げた。この混乱が「尊敬に値するベテラン検事たち」や「最高で、最も賢明な法の専門家たち」が辞める原因になったと書いている。この辞めた人たちの中にカマラ・ハリスも含まれていたのだ。ハリスが自分の機会が巡ってきたと考えても特に驚くことではなかった。

＊　＊　＊

サンフランシスコ市では上流階級と民主党とが一体になっている。ハリスはこの湾岸地区民主党の候補者たちへの現金支払機という価値ある評判を受けている人たちと親しくなっていった。彼女は二〇〇〇年に「ウィメン・カウント」の理事会に加わった。女性の投票数を増やすことに力を注ぐサンフランシスコ市内に本部を置く活発な組織だった。この団体は全国的な規模での集金力を強めてきている。教育委員会、市議会、州知事、合衆国副大統領などなどに挑戦する女性たちのための集金だ。二〇〇二年には、ハリスはまた別の団体と関係を持った。「エマージ・カリフォルニア」という公職に挑戦する女性たちに、実際にどうしたらよいのかを体験学習させる組織だ。「ウィメン・カウント」と「エマージ・カリフォルニア」両方の組織作りに関わった政治的事業家だったアンドレア・デュー・スティールは二〇〇二年の秋にハリスから電話をもらったという。

「私、準備ができています。どうしたらいいでしょうか？」

スティールはヘイト通りとアシュベリー通りの角に近い自分のアパートに彼女を招いた。階段で四階の部屋だ。ワインとチーズを取りながら、ハリスの経歴を検討した。スティールはハリスの支援者たちについて聞いた。彼女の選挙運動の基盤となるボランティアや献金者たちのことである。彼女はそれらをファイロファックスのシステム手帳に書き入れていった。この手帳は二〇〇二年当時は紙のノートの大きさだった。時間が経つにつれて、このシステム手帳はパームパイロットのデジタル手帳に入れ替えなければならなくなった。

真剣な候補者であることを示すために、ハリスは資金を集める必要があった。スティールはそれが可能な人々を知っていた。彼女はひとりの典型的なカリフォルニアで成功した女性、スージー・トンプキンス・ビューエルの政治顧問をしていた。ビューエルは、ヒッチハイクをしていたダッグ・トンプキンスを車に乗せたとき、まだ二一歳で、タホ湖のカジノで働いていた。二人はハリスの生まれた年、一九六四年に結婚し、有名になったノースフェイスとエスプリというブランドの衣料品会社を立ち上げた。だが、一九八九年に二人は離婚した。スージー・トンプキンスは特に政治に興味があったわけではなかったが、ビル・クリントンという若い大統領候補の噂を聞いたときに、タホからサンフランシスコまでのドライブの途中でサクラメントに立ち寄ることにした。そして、このアーカンソー州知事の資金集めのパーティに参加したのである。不動産開発業者だったアンジェロ・ツァコプロスが主催していたパーティだった。『ロサンゼルス・タイムズ』紙によると、選挙運動で訪問した所で見た貧困を撲滅すると語るクリントンに大いに感動したという。ロナルド・レーガン、そしてジョージ・H・W・ブッシュをホワイトハウスの主にした一二年間の後で、聡明な民主党政権ならどれぐらいのことが出来るのかをクリントンが演説した。彼女はその翌日、一〇万ドルの小切手を切った。ビル・クリントンを通じて、彼女はヒラリー・クリントンと知り合い、二人は親友になった。スージー・トンプソンは、高校時代からの友人だったマーク・ビューエルとよりを戻し、一九九六年に結婚した。スージー・トンプソン・ビューエルは「ウィメン・カウント」を立ち上げ、さらに最初の一万ドルを「エマージ・カリフォルニア」に寄付していた。

スティールの資金調達のための最初の指令は、ハリスにマーク・ビューエルと話をさせることだった。ビューエルは不動産会社の経営者で、サンフランシスコの政治に長いこと関わっていたが、ハリナンのことは嫌悪していた。後に記者に語っているところでは、マーク・ビューエルは以前ハリスを「法曹博士号を持つ社交界の花形」と見ていたという。しかし、ハリスは初めての会談をしたギャビン・ニューサムが持つレストランのひとつバルボア・カフェで、ハンバーガーを食べながら、明確な理想を持った真面目な検察官であるとマークを納得させたのだ。

「カマラが本物だと一旦確信した私は、『君の財務委員会のメンバーになるだけでなく、委員長になるよ』と言ったんだ」とマークは後に語っている。

マーク・ビューエルは二〇〇三年二月に妻と二人で暮らすパシフィック・ハイツのマンションの一室で会議を開いた。ハリスと彼女の妹、マヤ・ハリス・ウェストとその夫トニー・ウェスト、そしてあと数名が出席した。場所はサンフランシスコの一般的な美しさと比較しても特に素晴らしい所だった。湾側の窓からは金門橋が見えたし、マリン・ヘッドランズや太平洋が見えた。別の窓からはサンフランシスコ市の高層建築群、ベイ・ブリッジ、バークレー校のサザー・タワーの鐘楼が見え、また南の方にはサンフランシスコ国際空港が見えたのだ。ビューエル夫妻の住居は民主党政治の一角を占めていた。上院議員や知事、また連邦議会の下院議長のナンシー・ペロシ、クリントン夫妻や上院議員に選出される前のバラク・オバマなどが二人の一二階建てのビルの最上階にやって来たのだった。
　この一連の政治家たちのように、ハリスもまたこの部屋からの景色を堪能した。だが、彼女はただ街の明かりを眺め、湾に浮かぶヨットを見るために、ここにいたわけではなかった。

第7章 〝首を刎ねる〟――元上司と地方検事選挙を争う

二〇〇三年の秋に予定されていたサンフランシスコの地方検事の選挙に、カリフォルニア州民が注目していたわけではなかった。彼らは、カリフォルニア州だけの問題、つまりグレイ・デイヴィス知事のリコール運動により強い関心を持っていたのだ。デイヴィスが優位だったわけではなかった。知事の後任として最も有力だった候補者にすべての目が注がれていた。それはアーノルド・シュワルツェネッガーだった。このかつての「ミスター・ユニバース」で国際的な映画スターが、ジェイ・レノの「トゥナイト・ショー」で立候補を宣言していたのだ。

リコールの訴えは通常知事には不利だった。リコールと州民投票を承認した一九一一年の州憲法の改正条項で認められた州民の権利だったからだ。自分たちの政府に対して最終発言をすることを目的とし、金《かね》がものを言わせる利益集団の力を抑制しようという意図で採用された進歩党時代[*1]の遺産だった。グレイ・デイヴィスは特に問題となる不正行為をしたわけではなかった。ただ、

*1　二〇世紀初頭に起きた改革運動。第三政党としての進歩党が婦人参政権の要求など民主化のために活動した時代。

州は財政危機のただ中にあって、二〇〇〇年から二〇〇一年にかけてイラつくほど繰り返す停電に州民はじっと耐え忍んでいたのだ。当然のように、いやそれどころか、不当なまでにデイヴィスに非難が集中していたのだ。

州全体の選挙をするとなるとその費用は優に七桁を超える。自動車の盗難警告器でひと儲けしたサンディエゴ郡の共和党下院議員、ダレル・イッサが知事職を強く望んでいた。だが、リコール請求を正当化するために必要な何十万人もの署名を有権者から集めるのに一八七万ドルを費やした後で、イッサはどのみちシュワルツェネッガーには勝てないと分かった。彼は涙をこらえながら選挙戦からの撤退を表明した。

しかし、他の一三五人は選挙戦に留まった。その中には多くの万年候補たちやポルノ・スター、ほとんど無名のカリフォルニア州の副知事（民主党）や、日和見主義の共和党政治家で以前も知事選に出馬したことがあったトム・マックリントックや子役として名を馳せたものの、もうとうに終わっていた昔のスターや、のちニュースサイトの「ハフィントン・ポスト」を創設したアリアナ・ハフィントンらがいた。

シュワルツェネッガーは『ロサンゼルス・タイムズ』紙の第一面に掲載された、数名の女性たちが彼に体をまさぐられたことがあったと明かした記事にも拘らず、二〇〇三年一〇月七日にデイヴィスを破って政界の中心を占めることになった。

＊　＊　＊

二〇〇二年にカマラ・ハリスは上司だった検事のルイース・ルネを昼食に誘った。

「私、地方検事に立候補しようかと思っているのだけど」

「いいじゃない。やりなさいよ」とルネが答えた。

ルネはどんなことでも出来ることは何でも助けると約束した。ただ彼女は、現職は皆、相当に強いと警告した。特に、ハリスが落とすことを狙っている元の上司、サンフランシスコの地方検事テレンス・ハリナンは、その名前が伝説的であるがゆえに特に厳しい、と。ハリスはこの年の終わり、三八歳で初めて公職に立候補する宣言をした。

彼女のホームページには、「今日の正義の声」という文字があった。

ハリナンに代わる人物としてなぜ自分が理想的なのかを説明していた。自分は有能な管理者になれる。そして、州全体の平均よりもはるかに低い現在のサンフランシスコ市の有罪判決の率を上げる、と。ハリナンはクラックとかヘロインという重大な麻薬取引を検挙しなかったのだが、彼女は「麻薬事件を徹底的に取り上げて街を浄化する」と公約した。

「おそらく、いま現在、警察と地方検事局の間での不安定な対立状態が最も危険なことなのです。本来は、お互いに反目するのではなく、犯罪と戦うために互いに協力しなければならないのです」

ハリスが自覚していたように、すべての公約を守ることは実に難しい。特に、地方検事局と警察の対立を終わらせるのは実に困難な問題だった。

だが、それよりもまず、彼女は選挙に勝たなければならなかった。

資金集めの委員長だったマーク・ビューエルがそこにいた。

「彼女は演説をすればいい。俺が金を無心する」

彼女を売り込むのはそれほど難しくはなかった。ハリスは魅力的で、活力あふれる候補者だった。行動も早く、政治的な変革を必要としていた街にふさわしい、新しい世代の指導者だった。人と話をするときには、彼女は相手の目をまっすぐに見ていた。集まった人たちに他に話をすべき重要な人物がいるのではないだろうかと見回すようなことはさせなかった。その部屋の中でハリスは話をする相手は、自分が最も重要な人間なのだと感じさせてしまうのだった。

「彼女はすばらしい政治家だよ。どんな状況でもさっと対応してしまう方法を知っているのだから」とマーク・ビューエルは語る。

二〇〇二年の最後の六週間で、多くの集会と資金調達と電話攻勢とで、ハリスは一〇万五六〇ドルを集めた。選挙資金の規制を順守して、個人献金は一人五〇〇ドルまでに限っていた。これは初めて挑戦した候補者としては印象的な額で、彼女が極めて強力な挑戦者であることを早々と証明するのに十分だった。同時にまた、ひとつにまとまった家族の成果でもあった。彼女の妹のマヤ・ハリス、その夫のトニー・ウェスト、そして、もちろん母親シャーマラのそれぞれが五〇〇ドルを献金していた。初期の献金者にはこれまでに社交的な集まりで彼女が出会った多くの人々がいた。たとえば、ハイアット・ホテル・チェーンから富を得ているプリツカー家の家族たち、ゲッティ家の家族たち、投資会社を所有するチャールズ・シュワブやアパレル企業のギャップで知られるフィッシャー家などだ。ハリナンとの関係を断ち切った検察官や法曹関係者からも多額の献金があった。

「古い連中がサンフランシスコを動かすのに飽き飽きしていたんだ。彼女は全く新しい顔だったんだよ」とサンフランシスコで最も成功した法廷弁護士のジョン・ケカーは私にこう話してくれた。一九八九年にケカーはイラン・コントラの事件で海兵隊のオリヴァー・ノースを訴追に導いたことがあった。ニカラグァの左派政権と戦う右派のコントラの資金援助のためにイランに武器を売ったとされるレーガン政権下での、あの事件だ。「カマラは上品さと同情とを発散しているんだ。一瞬にして部屋全体を自分に向けさせてしまうんだ。つまり、彼女は人々とすぐにひとつになれるのだ」

ハリスは、パシフィック・ハイツやこじゃれた繁華街出身の弁護士ではないということを十分に分かっていただけに、最大限法の執行を望む人々に正直に目を向けた。自分の選挙本部を問題の多いベイヴュー地区の真ん中に置いたのだ。この地区は弁護士や金融業者の住むけばけばしい高層マンションなどやパシフィック・ハイツの一千万ドルの景色からはかけ離れた地区だった。選挙事務所の壁にボランティアがペンキで次のようなスローガンを書いていた。「正義のための新しい声」、「今こそわれらの時代」、「変化の時」。ハリスは家庭内暴力に対する告発を強化することと人身売買される子供たちを守ることを公約にした。

「私たちは地方検事局のイメージを作り直そうとしていたのよ」と、ハリスの古い友人で、最初の選挙運動員であり、選挙運動の広報担当でもあったデビー・メスローは語っている。

ハリスはしばしば夜明け前に選挙本部に来た。母親のシャーマラもまた常に本部にいた。必要な時には代理を務めた。マヤ・ハリスとトニー・ウェストもいた。ノーマン・ロックウェルの絵にあるような家族の一大事業にあって、ハリスもボランティアも家にあるアイロン台を持ち出して、バス停や歩道や食料品屋の店先などで広げて即席の机にし、そこに「ハリスを地方検事に」と印刷したビラを置いた。ハリスはボランティアを惹き付けるだけの熱意と魅力とカリスマ性を持っていた。それが彼らが最善を尽くす理由だった。

候補者のひとりとして出演した最初のテレビのインタビューで、ハリスはヒンドゥー教の女神カリへの敬愛について話をした。悪を退治して弱い者たちを守った神話上の戦いの女神だ。伝説では、カリは刎《は》ねた鬼の頭を手に持って、切り落とした頭を連ねた首飾りをし、血だらけの腕を束ねたスカートをはいている。ハリスは同時に、カリはまさに母親なのだと語ったのだ。

ハリスの日常的な資金調達者だったローラ・タルマスはハリスの母親としての一面を目撃していた。土曜日の午前中には、タルマスは娘リリと共にボランティアとして本部に来た。

リリは九歳だったがひときわ背が高かった。彼女は賢く、感受性も高く、早熟で、読書家であり、よく笑う子だった。ただ彼女はアペール症候群を患っていた。これは遺伝子の異常のために顔と頭の形をいびつにしてしまう難病だ。ハリスはリリと会うと、しっかりと目を見つめ、そして学校での毎日がどうかを尋ね、手伝ってくれることを感謝した。

リリと母親は自分たちのアイロン台と選挙用のビラを持って、ノブ・ヒルのケーブルカーの線路のあるハイド通りの反対側のスーパーマーケットの前に出かけたものだった。リリがビラを配りたくない日には母子は本部に残って、シャーマラと共に封筒に選挙ビラを詰めたり、シャーマラがその都度頼んだ仕事をしていた。

「カマラが来ると、リリは顔を真っ赤にしていました」とタルマスは思い出している。

＊　＊　＊

二〇〇三年二月にハリスは立候補者訓練キャンプを経験した最初の女性のグループに講演した。このキャンプは「エマージ・カリフォルニア」を通して彼女とデュー・スティールの援助で、スージー・トンプキンス・ビューエルが最終的に立ち上げていた。このキャンプでの訓練はあらゆる公選による職務への候補者のためのものだったが、『クロニクル』紙によると、同時に「いつの日か大統領を目指す女性たち」のものでもあった。ただサンフランシスコ市にはそれまで地方検事にひとりの女性も選出されていないという事実があった。

「あなた方は気づく必要があると思うのですが、絶対的なダブル・スタンダードが存在しているのです」とハリスは語った。「魅力的だと思われる女性であることが、それ自体で意味があるのです。人々は女性は大して重要ではないと思っています。できるだけ大勢の人たちに話しかけることが重要なのです。そして、自分が思うことを伝え続けていくのです」

さらに、こう言った。「一歩政治の世界に飛び込んだら、周りは敵だらけです。だからと言って、それで世界が終わるわけではありません。時には、それは喜ぶべきことなのです。女性こそが公選職にふさわしいと思うべきです。我々こそが政策決定の地位にあるべきなのです」

この時の選挙の大半で、ハリスは男たち、つまり現職のハリナンや検事として二〇年間の経験のあったビル・ファジオに先行されていた。しかも、この二人よりも保守的だと思われていたし、二人の男たちはブラウン市長とハリスの親密な関係を取り上げていた。

ハリスは自分の弱点を分かっていた。ウィリー・ブラウンの支持グループに飽き飽きしていた有権者たちがいた。ブラウンは余りにも多くの職を自分の取り巻きたちに与え過ぎていた。その中には一九九四年に党派を超えてブラウンを議長にする一票を投じた共和党の州下院議員ポール・ホーチャーもいた。『クロニクル』紙によると、ブラウン市長時代の市庁舎をＦＢＩが調査しているということだった。この調査から起訴に至ったことはほとんどなかったものの、改革を公約している候補者であり、役人たちの腐敗に焦点を当てていたグループを率いていたハリスはブラウンとの距離を保つ努力をした。ブラウンとの過去八年間に及ぶ関係は今や「重荷」でしかない、と彼女は『サンフランシスコ・ウィークリー』紙に語っていた。

私たちの関係が終わっていることを少しでも疑うなら、とハリスはこの『ウィークリー』紙に明白に言った。「自分が独立しているように見せかけるためにウィリー・ブラウンを非難するような選挙運動は絶対にしません。私と彼とは全く関係がないことは確かです――また、確かだと思いますけれど、今頃は、彼のほうが私を従わせられないので恐れを抱いていることでしょう。

彼の政治生命は終っています。私は生きているのです。これから先四〇年も活き活きと過ごすのです。何ひとつ彼に感じる恩などありません」

ハリスがその差を詰めてきていることに気づいたビル・ファジオはウィリー・ブラウンのカードを切り続けた。特に女性に送ったメールで。選挙日である「一一月の最初の月曜日の後の最初の火曜日」の数日前のハロウィーンの週末だった。

「ウィリー・ブラウンがカマラ・ハリスの元ボーイフレンドだったかどうかには関心がありません。でも、最も気になるのは、カマラがウィリー・ブラウンから二つの職務に任命されていることです。それも高給で、非常勤で――彼女が何も経験のない職務にまで」とある女性を名乗るメールが送られたのだった。

ハリスはすぐに自動音声メッセージを利用して反論した。有権者たちが受け取っているメールは「謀略」だと警告し、自分は指摘された職務で、同性愛者の利益を促進し、病院を開設する手伝いをしたと説明したのだ。政治という戦いの場での汚い手口に耳をふさいでいただけだったのだ。その結果、ハリスはファジオと第二位の地位を逆転し、一二月の決戦投票でハリナンと一騎打ちの勝負に直面することになった。

＊　＊　＊

サンフランシスコ市は、よその世界ではおそらく繁栄する中華街、ノース・ビーチのコーヒー・ハウス、金門橋、そしてケーブルカーなどで最もよく知られていることだろう。あるいは、歩道以外に寝る場所を持たないホームレスや高架の高速道路や空き地などでも知られているかもしれない。いずれにせよ、それらすべてがサンフランシスコなのだ。だが、市内に住む人たちはサンフランシスコが派手な見栄えのよい政治を演出しているのを知っているのだ。サンフランシスコで実際に政治に関わっている政治家は勝利するにはどうしたらよいのか分かっているのだ。それゆえに、全国レベルでの過去および現在の政治家たち、ナンシー・ペロシ下院議長、ウィリー・ブラウン、ダイアン・ファインスタイン上院議員、ギャビン・ニューサム州知事、ジョンとフィリップ・バートン、バーバラ・ボクサー上院議員、そしてカマラ・ハリスなどが皆サンフランシスコにその根を持っているのは決して偶然ではない。

激しい肘鉄の応酬がなければサンフランシスコの選挙戦は終わらない。ハリスとハリナンが激しく選挙を戦っていたとき、市長候補者だったギャビン・ニューサムと当時結婚していて、地方検事局を休職していたキンバリー・ギルフォイルがハリスに一撃を加えた。二〇〇〇年に彼女が検事局に復帰するのをハリスが邪魔しようとしたと『クロニクル』紙に流したのだ。

「ハリスが単に私を検事局に欲しくなかったことが根っこにあったのよ」と、ギルフォイルは語っている。ひとりの法と秩序の有能な検事の出世をハリスが邪魔したのだと彼女は言いたかったのだろう。実際には、二〇〇一年にハリスが検事局を去った後になって、ギルフォイルは二人の弁護士を相手とした厄介な事件に関わった二人の検事のひとりとして、悪評を得ていた。この事件は二人の弁護士がベインとヘラという名前の二匹の四五キロを少し越えるドゴ・カナリオ犬を飼っていたのだが、この犬たちの実際の持ち主は当時刑務所に収監されていた。この犬の所有者が二人の弁護士の依頼人でもあり、同時に彼らの養子でもあったのだが、アーリアン・ブラザーフッド（全米の刑務所内を本拠とするギャング）のメンバーでコーンフェドという名で知られていた。

コーンフェドは二匹の犬を自分の覚醒剤工場を守るために飼っていたが、かなり獰猛な犬たちだった。弁護士のひとりが犬たちを綱でつないでおいたのだが、犬たちはこれを外して、ある大学のラクロスのコーチの女性が住むマンションの入り口で、彼女に襲い掛かり、殺してしまったのだ。ギルフォイルは、もうひとりの担当官と共に、この事件で有罪判決を勝ち取って名を上げ、ケーブル・ニュースで注目を浴びた。だが、このことで彼女はフォックス・ニュースの保守的な世界に入り込み、ギャビン・ニューサムと離婚した。そしてすぐにドナルド・トランプ二世との関係が明らかになった。裁判での勝利のあと、このようなことになったのだ。

そうこうしているうちに、ハリスはギルフォイルの言いがかりをはねのけていた。逆に、ハリスはギルフォイルを援助しようとしたのだと言った。しかし、彼女が連絡してこなかったのだと説明したのだ。ハリスはこうして見事に乗り切ったのだった。

サンフランシスコ市では、選挙に勝てそうな候補者が右寄りになることはない。それは勝利に向けての戦略ではない。ただ、時に相手ほど左がかっていないと微妙に示す場合もある。ハリスはこの方法を選んだ。ハリナンとの決戦投票で、ハリスは改革を約束しながらも、同時に対立候補だったファジオの支持者を取り込んだのだ。その多くは保守派とは言えないまでも、少なくともハリナンの支持者ほどには過度なリベラルではない人たちだった。『クロニクル』紙は「ハリス　法と秩序」という見出しをつけて、彼女の支持を表明した。

ハリスはどの選挙用文書でもウィリー・ブラウンが彼女を支持していることには一切触れなかった。ただ、旧友思いで、有能な黒人候補者を助けたいブラウンは舞台裏でハリスを支援していた。自分の影響力を使ってハリスのために扉を開けてくれていたのだ。自分に献金してくれていた人たちへの道を開いたこともそのひとつだ。しかし、そのようにして自分を「売る」のを止めるのはハリス自身の仕事だった。

彼女にいま献金してくれている人たちの多くはハリナンを前には支持していた人たちだった。しかし、政治状況はハリスに向いていたのだ。ハリナンの集金力はかなりの勢いで衰えていた。選挙戦を続けるためだけに五万ドルの自腹を切っていた。投票日までに、ハリスはハリナンのおよそ三倍の資金を集めていたのだ。この初めての選挙で一〇〇万ドルを集めたのだ。その大部分は五〇〇ドルの寄付の積み重ねによるものだった。それだけ大勢の人たちからの献金だったが、その人たちは今日もハリスへの献金を続けている。

ブラウンはハリスの勝利祝賀会に少しの間だけ顔を出した。「明らかに女性の勝利であり、明らかに黒人の勝利だ。だが、テレンス・ハリナンを破ったのはハリス自身の能力だ」と彼は語った。

ハリスは五六対四四パーセントの差で勝利した。この日同時に戦った他の選挙におけるどの候補者、たとえば市長選挙に勝利したギャビン・ニューサムなどよりも多くの票を獲得したのだ。

二〇〇四年初め、開票も終わり、当選した者たちが職務に就いた後で、『クロニクル』紙が次のことを報じたのだ。それはウィリー・ブラウンの子分のモハメド・ヌルが市からの財政援助を受けているサンフランシスコ・リーグ・オブ・アーバン・ガードナーズ（SLUG）の街頭清掃に当たる組合員に、ニューサムへの投票を要求したという内容だった。ヌルは、自分の自由時間にニューサムとハリスの選挙運動を手伝ったことは認めたのだが、誰に対しても投票を要求したことはないと記者団に語った。この種の不正行為はサンフランシスコ市では何も新しいことではなかった。ただ当選した新市長も新検事も街の浄化を公約していた。サンフランシスコ市検事とカリフォルニア州司法長官、そして新しい地方検事であるハリスらはこの告発を調べると言った。だが、結局、何も出てこなかった。

ハリスはこの泥沼の、背後から刃物を突き刺すようなサンフランシスコの政治から、多少の傷を負って抜け出した。ハリスは、ヒンドゥー教の女神カリのように、一つ二つの首を、もちろん比喩だが、どうやって刎ねるかを学んだのだった。彼女の腕前とカリスマ性、知力と根性、さらに負けずに戦う意欲が際立っていたのだ。その後、カリフォルニア州はそれをさらに目にすることになるのだった。

第8章　巡査が撃たれた――死刑反対を貫いて

二〇〇三年のサンフランシスコ地方検事の選挙戦で、カマラ・ハリスは、どれほど極悪非道な犯罪であっても死刑を求刑しないと有権者に約束していた。彼女が就任して三か月後にこの公約への最初の試練が訪れた。この時の彼女の決定は、その後の数年間の彼女の活動に影響を与えることになるのだった。

二〇〇四年四月一〇日の午後九時三〇分頃、サンフランシスコ市警の巡査バリー・パーカーは運転していた覆面パトカーの灰色のクラウン・ヴィクトリアのスピードを緩めた。ベイヴュー地区の三番通りとニューカム街の交差点の角にあるビールやワインを格安で売る酒屋を過ぎた辺りだった。彼の相棒だったアイザック・エスピノーザが助手席にいた。

「ウー、ウー」とひとりの見張り役が叫んだ。周辺で非合法な仕事をしている仲間たちに、警察が来たことを知らせたのだ。

ベイヴュー＝ハンターズ・ポイント地区にはケーブルカーは通っていなかった。ここは旅行者やパシフィック・ハイツで高級な暮らしをしている人々が見るサンフランシスコの街とは全く異なった地区だった。ここは、ギャングたちが多くの通りを支配しているので、人々が「戦場」と呼ぶようになった地区だった。

近づいたクラウン・ヴィクトリアに、歩道を歩いていた二人の若者は驚いたようだった。そのひとりはピー・コートを着ていた。その夜はいつもより暖かかったのだが。エスピノーザ巡査が、パトカーの助手席からこの男の顔を懐中電灯で照らした。だが、その男は歩き続けた。巡査は二人とも私服だったが、車を止めて、降りた。

「おい、話があるんだ」とエスピノーザが言った。

「止まれ、警察だ」と彼は二度言った。二メートルほど後ろからだった。男は振り向くと同時に、コートの下に隠し持っていた自動小銃を取り出した。五秒もしない間に、彼は一一発以上の銃弾を発射した。腹部と腿を撃たれたエスピノーザ巡査は自分の銃を抜く暇もなかった。

「巡査が撃たれた」と足首に銃弾を受けたパーカーが無線連絡した。

二九歳で三歳の女児の父親だったエスピノーザ巡査は八年間勤めていて、ギャング取締り班に自発的に加わっていた。午後一〇時に、アイザック・エスピノーザ巡査は出血多量で息を引き取った。妻レナタ・エスピノーザとの七回目の結婚記念日の二日前の出来事だった。

二ブロックほど離れたところで、夜警の警官がＡＫ47を発見した。さらに一ブロック先に脱ぎ捨てられたピー・コートを発見した。ポケットにマリワナとデイヴィッド・リー・ヒルという二一歳の男の身分証明書が入っていた。

この事件のあと、ヒルの友人のひとりが湾を渡ったオークランドまで彼を車で送り、サン・ラモンのイースト・ベイ郊外にあるひとりの男のアパートに連れて行った。この男がヒルに銃を渡していたのだ。この男はヒルに病院の救急室に行くよう促し、そして警察に情報を流した。病院でのヒルは怪我はしていなかった。だが、奇妙な行為を始めた。訳の分からないことを口走り、額をドアに叩きつけ、小便をもらした。射撃残渣の検査をし、サンフランシスコ刑務所に連行した。

警察は彼がギャングのウェスト・モブのメンバーで敵対するビッグ・ブロック・ギャングの誰かを撃とうとしていたと考えた。二月に起きていた殺人事件の報復をするつもりだったのだと結論したのだ。ヒルの弁護士、マーティン・アントニオ・サベリは後日、ヒルはマリワナを買おうとして通りを歩いていただけで、自動小銃を持っていたのは護身用だった、そしてエスピノーザとパーカーの二人が警察官だったことは知らなかったと論述した。

「躊躇したら死ぬんです。ギャングの組員として躊躇は死を意味するんです。特に夜間、ベイヴュー地区の相手の陣地にいるギャングの組員が躊躇したら死ぬのです」。二〇〇七年の裁判でサベリはこう陪審員に語ったのだった。

＊　＊　＊

二〇〇四年の復活祭の日曜日、エスピノーザ巡査が撃たれた場所に警察官たちが花を置いた。近所の子供たちが歩道の上にパトカーの絵を描いた。このことを『クロニクル』紙が次の見出しで報じた。「わがサンフランシスコ市警に良いことがありますように／最高の巡査たち／愛をこめて、ヴィクター、リチャード、マシュー、ルーシー、サム」。その一月、地方検事のハリスと同じ日に就任した新市長のギャビン・ニューサムは同性カップルに結婚許可証を発行したことで最も注目を集めていた。だが、同時に、市内の重大犯罪の増加にも注意を払っていた。

二〇〇四年にはサンフランシスコ市内で八八件の殺人事件があり、前の年よりも一九件増えていた。この街はカリフォルニア州で一番の殺人事件数を誇ることになった。

「(事件は) 全く必要がなかったことだ。私の心は亡くなった巡査の家族と共にある」と、この復活祭の日、犯行現場で市長は言った。

＊　＊　＊

カリフォルニア州法では、警官殺しは死刑の対象になるはずだった。だが、エスピノーザの死の三日後、そしてまだ葬儀の前に、サンフランシスコの新しい地方検事になっていたハリスは容疑者ヒルに対して死刑を求刑しないと宣言して、自分の選挙公約を守ろうとした。彼女はこの事件が極刑に相当するかどうかさえ調べていなかった。また、せめて葬儀の終わるまで待つという、より適切な配慮もしなかった。彼女は始めから自分の公約を絶対に守るという前提をはっきりとさせたのだった。しかし、これに対してハリスは大きな代償を払うことになった。

サンフランシスコ市と湾岸地区の警察官たちは怒りまくった。署長のヘザー・フォッグはハリスの決断を批判した。「所管の上級職員は殺人事件は最大限訴追されるべきだし、有罪確定と共に死刑も考慮されるべきだと考えている。法律がそれを許しているのだということを最も強い言葉で表明したいと思う」

『クロニクル』紙によると、警官殺しの事件で、検事が死刑を求刑しなかったことは一度もないという。州都サクラメントでは、八〇人の州下院議員のうち数名の民主党議員を含む四三名が州司法長官ビル・ロックヤーと連邦検事に対して、この件を調査し、必要なら介入するべきだと要求する決議案を提出した。だが、この決議案は結局は本会議に上程されなかった。

下院公安委員会でも公聴会すら開かれることはなかった。この委員会はハリスの友人で同じサンフランシスコの民主党員であるマーク・レノが委員長をしていたからだった。これによってハリスは少し救われたのだが、ロックヤー自身は当時まだ死刑を支持していたのと、二〇〇六年の知事選挙の出馬を考えていたこともあって、この件に関しては自分の権力を行使するかどうか思案中だとハリスには報せたのだった。しかし、彼は最終的に何もしなかった。

エスピノーザ巡査の葬儀には州内各地からの警察官がオートバイでサンフランシスコに乗り込んできた。市内中心部にある聖母マリア・カテドラルに数千人が押し寄せたのだ。

数年の間選挙のたびに警察官組合から支援を受けていたダイアン・ファインスタイン上院議員は、ミサの始まる直前に互いに気まずい思いでハリスと挨拶を交わした。ハリスは最前列の席に座った。エスピノーザ巡査の未亡人レナタも、他の著名人たちと一緒に彼女の近くに席を取った。

サンフランシスコ警察官組合は候補者ハリスを支援していた。当然、彼女が死刑反対論者であることは承知のうえだった。だが、組合委員長のゲイリー・デラグネスは葬儀で「アイザック・エスピノーザは最大の代価を払ったのだ……彼を殺した人間も同様に最大の代価を払うべきだという私の仲間たちに私も加わりたいと思う」と述べたのだ。これはハリスの胸に突き刺さったと思われる。しかし、ファインスタインが立ち上がって話すと、状況はもっと悪くなった。

ファインスタインは、十代の時からまた成人してからも演劇の道を考えていた。政治の世界に入るために演劇は諦めたものの、芝居への勘は保っていたのだ。ここ聖母マリア・カテドラルで、カリフォルニア州選出の上院議員は自分が用意していた追悼文を投げ捨てたのだ。『クロニクル』紙が報じたところでは、「この事件は単に悲劇をどう定義するかではないのです。法に規定された死刑条項によって求められている特別な状況でもあるのです」と熱く参列者に訴えた。サンフランシスコ出身の一人の民主党員が、もうひとりの民主党員が最も苦しい時に襲いかかったのだ。それもカトリック教会の中で。これはサンフランシスコの激しい政界の基準でも余りにも異常で残忍な処し方だった。

「ショックでしたよ。それ以外表現しようがありませんでした」。参列者の中にいた州司法長官ロックヤーはこの時を思い出して言った。

参列者の中の多くは、特に警察官たちは立ち上がって、ファインスタインを讃えた。ハリスはじっと座ったままだった。葬儀ミサが終わると、ファインスタインは記者団にハリスが死刑に反対だと知っていたら、彼女を地方検事として応援しなかっただろうと語っていた。ハリスが自分の立場を隠していたとは言わなかったけれど。

ファインスタインには死刑に関して彼女なりの経験があって、ハリスとは全く違う対応をしていたのだ。一九九〇年に知事選挙に立候補していたとき、ファインスタインはカリフォルニア州民主党大会に登場した。決定的にリベラルな人たちの前で、彼女は死刑支持を宣言したのだ。この時、彼女はこの問題は「逃げたり、隠れたりできる問題ではない」と言った。会場はブーイングで埋まった。だが、当時はカリフォルニア州民の大多数がまだ死刑を支持していると分かっていたので、ファインスタインと運動員たちはこの時の話を利用して、彼女を強く、逞しい女性として描いた選挙公報を作った。しかも、彼女の民主党の競争相手であった州司法長官のジョン・ヴァン・デ・カンプが死刑に反対していることを明確に批判したのだ。この時の選挙公報は、党大会でのブーイングのように役に立った。彼女は民主党の予備選挙を勝ったのだ。だが、法と秩序をスローガンにした共和党のピート・ウィルソンには一一月の本選挙で敗れてしまったのだ。彼女は一九九二年の上院議員選挙に勝ち、その後二〇一八年を含んで五回の当選を果たしている。しかし、この二〇一八年の選挙では、ますますリベラルな傾向を強めたカリフォルニア州での左派からの挑戦に直面して、彼女はもうこれ以上死刑を支持しないと宣言していた。

ハリスに対するこの日の攻撃も、そしてその後数日間の攻撃も、自分の決断のために彼女が耐えなければならなかった出来事の終わりではなかった。数か月の間、警察官たちは市庁舎でハリスを見かけると背を向け続けていた。ハリスはこの問題で逃げも隠れもしないと明白にしていた。そしてエスピノーザ巡査の殺害の二週間後に『クロニクル』紙の評論欄で自分の決断を説明したのだ。

「この容疑者を死刑にすることを求める人たちに対して、次のことだけを言わせて下さい。原則に例外はないのだと。私が死刑に反対していることはサンフランシスコの皆様に明らかにしていました。この事件は激しい感情を引き起こしましたが、自分が発言したことを守りたいと思います。私は死刑を求刑するべきという願いを注意深く考えてきました。私はその人たちの苦しみは理解していますし、共有してもいます。しかし、私の決断は下されましたし、それがすべてです」

＊　＊　＊

ハリスが地方検事に当選したとき、古くからの知り合いだったハリー・ドーフマンに市内の殺人事件を担当するよう依頼していた。現在州最高裁の判事になっているドーフマンは噂になったギャング組織ＭＳ13のメンバーだったエドウィン・ラモスの有罪を勝ち取っていた。ラモスは四八歳の男性とその二人の息子たちをエクセルシア地区で殺害した三件の罪で終身刑を言い渡されていた。ハリスはこの件でも死刑の求刑を拒んでいた。ドーフマンはクリフトン・テレル・ジュニアにも第一級殺人で有罪判決を獲得していた。テレルはハンター・マクファーソンに対する強盗殺人の容疑者だった。殺されたハンター・マクファーソンは『サンタクルーズ・センティネル』の前編集長で、カリフォルニア州議会上院議員で、後にアーノルド・シュワルツェネッガー知事によって州司法長官に指名されたブルース・マクファーソンの息子だった。

ドーフマンはエスピノーザ巡査殺害のディヴィッド・ヒルの起訴に関わることになった。ドーフマンはこの事件で検事局が単なる手続き上の決定をすることを拒んだ。彼を死刑に値するとして起訴したとしても、サンフランシスコの陪審員たちがヒルに死刑宣告するかどうか誰にも分からなかったからだ。陪審員たちは、おそらく死刑には反対するだろう。ヒルはまだ若く、銃犯罪の記録もなかった。サンフランシスコ市民は長いこと死刑に反対してきていたのだ。

二〇〇七年にサンフランシスコの陪審員は第二級殺人でヒルを有罪とした。死刑には相当しない罪状だった。陪審員たちの判断はヒルは分かっていながら警察官を撃ったということだった。それでヒルは保釈なしの終身刑を言い渡されたのだ。二〇一一年に州の控訴裁判所はこの判決を支持した。ヒルは現在サクラメントの東にあるニュー・フォルサム刑務所で服役している。三七歳になっている。ヒルがエスピノーザを殺害したときの被害者の年齢よりも八歳年長になった。

第9章　犯罪に「賢く」なる――〝温床〟を取り除く試み

大都会の地方検事局を管理するのは楽な仕事ではない。一九九〇年代のサンフランシスコでは特に厳しかった。陪審員たちは権力当局に懐疑的な多くの人々から選抜されてくるし、司法制度そのものが基本的な規則さえ守ろうとしていなかったのだ。ハリスの在職中に、科捜研の技術者たちが容疑者から押収したコカインに手を出していたことが分かったために、検事たちは何百という事案を却下しなければならなかった。弁護人たちはハリスの検事局が法を順守していないと気づいたのだ。法は検事に被告を無罪にするかもしれない証拠を被告側に手渡すように要求していた。

検事局は混乱していたかもしれないけれど、ハリスは自分が問題を明らかにする以前は警察当局に無視されることの多かった人々に、しっかりと焦点を当て続けたのだ。たとえば、サニーデール住宅計画だが、サンフランシスコの息を飲むような素晴らしい眺望や魅力ある住宅街とはかけ離れた場所のこの計画は、彼女が成し遂げたことを理解するには最適な場所だ。何十年にもわたって、この場所サニーデールは街で最も危険な所とされていた。そんな所に計画された住宅建設だった。特にカマラ・ハリスが地方検事でいた頃には最も悪名の高い場所だった。

「時にハリスが単に『デール』と呼んだり、『沼』と呼んだりしていたこのサニーデールは投げ捨てられたガラス瓶とゴミでいっぱいだった」と『クロニクル』紙に掲載された二〇〇八年の特集記事でレズリー・フルブライトが書いている。「庭というにはほど遠く、伸びすぎた草と雑草の山にすぎなかった。木には汚れたおむつが引っ掛かり、ゴキブリやネズミが家の中を走り回っていた。流しなども古臭く、カビで真っ黒のものもあった」

七八五戸の家の壁は落書きで覆われ、そのうちの何軒かは貸しに出されていた。その上、住居の不法占拠がいくつもあった。

この無法状態を正さないと、計画は進められない。だが、サニーデールはストリート・ギャングたちに支配されていた。これを取り締まるのに、市検事局は反ギャング取締法によって対応し、連邦政府は地域の指導者をＲＩＣＯ法（組織犯罪に関わる組織を取り締まるための連邦法。ラッカティ法と呼ばれる）を適用して対応した。

地方検事としてハリスはわが道を行った。彼女は犯罪に厳しいとか、甘いという評価を繰り返し拒否して、「犯罪に対して賢明」なのだと主張した。彼女の所に警察から上がってきた事件を起訴することに加えて、自ら調査に参加したのだった。夜間に危険を冒してまでも自分でサニーデールに乗り込んだのも、一度や二度ではなかった。当然、暴力団取締り班のベテランやサンフランシスコ・ジェネラル病院の救急担当医師や警官たちが同行してはいたが。

まさに、「聖なる直行型」対処法だった。

犯罪防止の集会は地区集会所で一五人ほどの「危険な状態の」男たちを集めて行われた。まずハリスが開会の短い挨拶をしたあとで、医者たちが腹部を銃で撃たれた被害者が、救急室に担ぎ込まれるときの様子を示した。次にハリスの部下の検事たちが、死体の写真を示して、逮捕されて有罪判決を受け、刑務所で何年間か過ごした後で、何が待っているのかを参加者に説明した。「私がここにいるのは、皆さんがどうすればこれらのことを避けられるかを伝えるためなのです」とハリスは声高に言った。

ハリスはまた非暴力の初犯者を犯罪生活から抜け出させる政策を打ち出した。それは彼女が「バック・トゥ・トラック計画」とよぶ職業訓練に積極的に参加させることだった。『ロサンゼルス・タイムズ』紙は二〇〇八年にこの訓練計画に参加したひとりの男を詳しく報じている。この男はＳＵＶ車を使って、歩いている女性に近寄り、ハンドバッグをひったくったのだ。更正を目指していた彼は非合法移民だった。ハリスは引き下がらずを得なかった。なぜなら、アメリカで本来合法的に働く資格のない者はこのプログラムの適用から除外するとすでに公言していたからだ。被害者の女性は命に別状はなかったが、男はプログラムから追放され、同時に強盗容疑で裁かれたのだ。

＊　＊　＊

ハリスには決して公にならなかった完全に私的な時間もあった。ハリスのロースクールからの友人だったマシュー・デイヴィスが語るところでは、彼の近所に住んでいたナオミ・グレイという高齢の黒人女性が、長いこと市の政治に関わってきただけに、ハリスが二〇〇三年に地方検事に当選したときには「有頂天」になっていたという。ナオミは卒中を起こし、ラグーナ・ホンダという市が運営する看護ホームに収容された。ある雨の降る夜、デイヴィスはナオミがどれほど寂しがっていることかと思い、ハリスに電話したという。電話に出たハリスに、ナオミを知っているかどうか尋ねた。

「もちろん、知っているわよ」がハリスの答えだった。

デイヴィスはお見舞いのカードでも一枚送ってくれたらナオミは大いに喜ぶと思うと言った。

「あなたは今何をしているの？」と聞かれたデイヴィスは驚いた。

二人は相談の上、三〇分後にナオミのいる介護施設で落ち合うことにした。デイヴィスはハリスをナオミの部屋に連れて行った。ハリスはベッド脇に座るとナオミの手を取った。デイヴィスは部屋の外に出たという。若い地方検事と年老いた女性とを二人だけにしておきたかったからだ。

二〇分ほどしてハリスが出てきたという。

「そこには大勢の有権者などはいなかった。ただ静かな廊下に僕一人だった」とデイヴィスは語った。「『お休み』って言って、カマラが集会だかイベントだかに急いで向かって行くのを見送ったのさ。ナオミはその数日後に亡くなったんだ」

ジョー・バイデンがカマラ・ハリスを副大統領候補に選んだとき、ドナルド・トランプが彼女のことを口汚く罵り、嘲った。それを見たデイヴィスはこのナオミのことをフェイスブックに書き込んでやろうと強く思ったという。特に誰も見ていないところでも、ハリスはこうした行動を取ることが出来るのだ。それがハリスなのだ、と。

＊　＊　＊

ハリスは自分の地方検事としての立場を利用して州の政策に影響を与えた。二〇〇四年、彼女は子供の性的搾取に対する服役期間を延長する法案を支持すると表明した。この法案はサンフランシスコの民主党州上院議員のランド・イーによって提出されたもので、売春の定義を見直すものだった。まず、売買されただけの子供たちを売春という範疇から外すことを定めていた。彼らを新しくそれにふさわしく呼ぶべきだとしたのだ。つまり、売買された被害者と。万引きなどの子供たちをジョンだとかピンプ（ポン引き）だとかと呼ぶのを止めにする。この法案は一票の「ノー」もなしに採択された。アーノルド・シュワルツェネッガー知事はすぐに署名して、新しい法にした。「大人はもう子供たちを性のために買えないというのは、結局黒か白かで決められたのよ」とハリスはその時語っていた。

ランド・イー議員の政治生命は二〇一五年に恥ずべき終わりを迎えた。連邦政府により不正行為の容疑で起訴され、有罪を認めたからだ。銃の密売と選挙での献金の代わりに議会での票の約束をした容疑だった。この事件には、チャイナ・タウンのロバート・チョウも関わっていた。チョウはあだ名で「シュリンプ・ボーイ」とも呼ばれていたし、同時に国際的な秘密結社の「竜頭」でもあった。彼は五年の刑に服した。この男がハリスが求めていたイーの法案の陰で何らかの取引をしていたという形跡はなかったけれど、イーに対する調査で明らかになったのは、市の政治が時にはっきりとしない方向に向きを変えることがあるということだった。地方検事のハリスは公職関係者の腐敗を叩き潰すと公約していたけれど、結局彼女の任期中に大きな摘発はなかった。

その代わり、「犯罪に対して賢い」方法の一部として、ハリスは小学校のずる休みという誰も思ってもいなかった問題に目を向けた。ハリスは殺人事件の被害者の大多数が二五歳以下の若者で、しかも高校の中途退学者（ドロップ・アウト）だという統計を示した。また、刑務所に収監されている者のほとんどが高校中退だった。彼女は、問題の核心は小学校にあると結論した。年間七〇日から八〇日も欠席していた者たちがいたのだ。彼女は、これに対処するために、ひとりの判事と協力してサンフランシスコに「ずる休み対応法廷」というのを設置した。ハリスは実際にはアラメダ郡の地方検事が始めたことを手本にしただけなのだが、実際に権力を行使するのはまれだった。しかし、両親が市庁舎にやって来たときには、誰か検事が待っていて、ずる休みを放置する親を罰するという制裁は嘘ではないことを明らかにしていた。二〇〇五年から二〇〇九年の間で、小学校での習慣的なずる休みはほぼ半分になったと、ハリスと学校関係者が語っている。

二〇一〇年、彼女が州の司法長官に立候補していたとき、ハリスはこの問題を州全体のものとして取り上げた。彼女の古い友人で味方でもある、サンフランシスコ選出の州上院議員マーク・レオに頼んで、小学校や中学校に通う年齢の子供がきちんと授業に出席しているかどうかチェックし、ずる休みが続く場合には両親を刑法で罰するという法案を成立させようというのだ。刑罰は二〇〇〇ドルの罰金かまたは一年の実刑だった。

ハリスは記者たちに語った。「国民の安全と公教育には直接の関係があるのです。小学校の児童をきちんと学校に通わせることに勢力を注ぐ方が、殺人事件を摘発するよりも安上がりなのです」

この考えは左派にはしっくりしなかった。市民の自由を主張する人々や被告人弁護士たちがこれに反対した。彼らの言うことにはある意味で筋が通っていた。両親が刑務所に入ってしまったら、その子供たちが授業に出席するのはもっと困難になるではないか。また、この法案が本当にずる休みの根本原因の解消につながるのか、というものだった。

だが、何はともあれ、この法案は採択され、知事の署名によって法律となった。「ただ、この子たちに学校に行って欲しかっただけなの。私はいつだって悪者になるわ」とハリスは言った。

後に州司法長官として、ハリスはこの問題に関する詳しい年次報告を始めた。最初の年の報告には小学校児童の二九パーセントに習慣的ずる休みがあった。彼女が最後の報告を提出した時にはこの数字が二五パーセントにまで下がっていた。郡のなかには、実際に両親を刑務所に送ったところもあった。二〇一九年の大統領選挙の選挙運動で、ハリスはこの法律に反対する左派陣営からの激しい非難に直面した。そのとき、彼女はこの法律の負の側面に関して少し妥協した。そして言った。刑務所送りとなった両親がいたことには後悔している、と。ハリスの後継者となったザビエル・ベッセラは司法長官に就任するとすぐにこのずる休み報告を密かに中止した。しかし、カリフォルニア州法はいまもなおずる休みで犯罪と関わった児童の両親を訴追することを司法当局に許しているのだ。

第10章　ハリスとオバマ――似たもの同士の出会い

二〇〇四年九月、サンフランシスコ地方検事としての最初の年、カマラ・ハリスは常に政治的な展望を少しでも良くしようとしていた。そのひとつが、フォアシーズンズ・ホテルでの資金集めのパーティの共同主催者になったことだった。このパーティは、自分と同じような渡り鳥で、シカゴ市のサウス・サイド出身であり、イリノイ州の州上院議員で、小さな法律事務所で働いたこともあり、シカゴ大学で合衆国憲法を講義していた男性のためのものだった。その男の名はバラク・オバマだった。

オバマがサンフランシスコ市に来ることは分かっていた。常に上を目指す民主党政治家にとってこの街は重要な拠点だった。一年前、ハリスの資金調達責任者だったスージーとマークのビューエル夫妻がオバマの集会を主催していた。その時に、ハリスとオバマの顔合わせが補佐官たちの間で確認されていたのだ。この二〇〇四年の集会こそが、二人の上昇気流に乗った政治家が互いに助け合うことになる、その後の様々な出来事の最初だった。当時、オバマはイリノイの連邦上院議員の議席を勝ち取るのが確実視されていた。この年の民主党全国大会での演説で全国を沸かせたために、彼は大いなる当たりくじになっていた。この演説の中で、彼は「リベラルなアメリカも、保守的なアメリカもありません。ただ統一されたアメリカ、つまりアメリカ合衆国があるだけなのです。黒人のアメリカも白人のアメリカもラテン系のアメリカも、アジア系のアメリカもありません。ただアメリカ合衆国、ひとつのアメリカがあるだけなのです」と語りかけた。

翌年の三月、オバマのためにハリスが指揮を執った資金集めに代わって、新しく上院議員に当選したオバマがハリスのために資金集めの陣頭指揮をした。この会はビューエルのパシフィック・ハイツのアパートで開かれることになっていたのだが、余りにも多くの人々が参加を希望したためにノース・ビーチのビンボーという名のナイトクラブに場所を移さなければならなくなったのだ。しかも場所は大きくなったのに、人々はすし詰め状態で立ったままだった。

ハリスとオバマの類似点は、皮相的かもしれないけれど間違いようがない。黒人であるが、奴隷制の時代に続く血統の黒人ではない。二人とも賢明で、魅力的である。二人とも業績のある弁護士で、二人ともまだ全国的ではなかったかもしれないけれど、民主党の新しい顔を代表していた。『エボニー』誌は二〇〇六年五月号で二人を最も影響力のある一〇〇人の黒人の中に数えている。ハリスは第五位、オバマは第六七位だった。

＊　　＊　　＊

二〇〇七年の二月に、ハリス地方検事はサンフランシスコ市を離れて、イリノイ州の凍てつくスプリングフィールド市に向かった。オバマが大統領選挙戦を打ち上げるからだ。三月には彼女はカリフォルニア州でオバマを支持する最も著名な政治家のひとりになっていた。「当時はまだ政治的には正しい選択だとは思えなかった」と、オバマのカリフォルニアでの選挙運動の責任者だったバッフィー・ウィックスが言っていた。ウィックスはオバマに付いてホワイトハウスのスタッフになり、現在はカリフォルニア州議会の議員になっている。なぜ、こうした意見があったかというと、カリフォルニア州はヒラリー・クリントンの牙城だったからだ。前のファースト・レディで、前国務長官だったヒラリーは早々に大口献金者を取り込んでいたのだ。サンフランシスコ市長のガヴィン・ニューサム、ロサンゼルス市長のアントニオ・ヴィジャライゴサ、ダイアン・ファインスタイン上院議員などを引き入れていたのだ。

オバマがカリフォルニアで初めて選挙戦を展開したのは三月だったが、オークランド市庁舎前に一万二〇〇〇人の人を集めた。この場所は二〇一九年になって、ハリスが上院議員として彼女自身の大統領選挙への立候補を表明した場所だった。オバマの演説会場で一番前にいたハリス地方検事は、当時『クロニクル』紙の記者だったカーラ・マリヌチにこう言った。「私、もう夢中だわ。集まった人々の活力と多様性と……皆興奮しているわ。ただバラクのことだけじゃないわ。自分たち自身のことなのよ」

その夜、サンフランシスコ市内のマーク・ホプキンス・ホテルでの資金パーティの主催者のひとりとしてハリスの名があった。この夜だけで、一〇〇万ドルを集めたのだ。オバマは資金調達の順風に押されていた。二〇〇七年の最初の三か月だけで驚愕すべき二五七〇万ドルを集めていたのだ。クリントンの総額に匹敵するもので、彼が立候補したのはただ単に様子見的なものでないことをはっきりとさせていた。しかし、オバマはカリフォルニアでクリントンには勝てそうになかった。それでもハリスはオバマの代理人として活動する役を引き受けたのだ。ハリスはオバマのために演説をして歩いた。州の北から南まで。一二月初めの週末をサリナスに留まり、模擬投票を実施し、オバマが「私たちが知っている大統領選挙戦で最も異例な選挙戦を展開している」と地域住民に告げたのだった。この模擬投票でオバマは勝っていた。

＊　＊　＊

サンフランシスコ市内では、ハリスは例のアイザック・エスピノーザ巡査の殺害を巡る論争を乗り越え、二〇〇七年一一月の再選を戦っていたが、対立候補はいなかった。何らの障害もなく、ハリスは地方検事に再選された。一二月の寒い日々をアイオワ州デモインまで出かけ、オバマのために家を一軒一軒訪ね回った。アイオワ州の党員集会のためだったが、結局大晦日もそこで過ごすことになった。二〇〇八年一月三日、アイオワ州の党員集会の夜、デモインのハイ－ヴィ・ホールでハリスの近くに立っていた私は「いまより分裂のない、よりひとつになった国」を約束するオバマの演説を一緒に聞いていた。

一か月後のカリフォルニア州の予備選挙で、オバマはサンフランシスコでは勝利したものの、州全体では五一・五パーセント対四三・二パーセントでヒラリーに敗れた。だが、その後数か月に渡って競争が続くことは確かだった。クリントンのカリフォルニア州での選挙管理担当者はエース・スミスだったのだが、後に彼はハリスが上院議員選挙に出馬した時の選挙参謀になり、さらに大統領選挙戦を戦う彼女のチームには不可欠の存在になっていた。大統領選に立候補したハリスに記者がオバマの遺産を継続するのかと聞いたことがあった。

ハリスの答えは、「私には私自身の遺産がある」というものだった。

第11章　がむしゃらなダッシュ——州司法長官の予備選挙

二〇〇八年一一月四日の夜、カマラ・ハリスはシカゴのグラント・パークに詰めかけた幸せいっぱいの数十万人の人々の中にいた。彼女の友人の歴史的な勝利を祝うためだった。大統領に当選したばかりのオバマは、「変化がアメリカにやって来たのです」とシカゴの群衆とテレビやインターネットで見守っている数百万の人々に叫んだ。

オバマがハリスにワシントンでの役職を何か与えるのではないかという憶測が広まっていた。だが、ハリスは次の動きを考えていた。二〇〇八年一一月一二日、オバマが大統領に当選した八日後で、彼女がサンフランシスコ地方検事としての二期目に入ってちょうど七か月後に、彼女は決意した。オバマ勝利に湧く民主党の幸福ムードに乗って、彼女は二〇一〇年のカリフォルニア州司法長官の選挙に出馬することを公表したのだ。その日、私は、こう記事に書いた。「司法長官に出馬することはハリスが長い間、考えてきたことだ。この州の法の最高責任者の地位はその次の知事職への踏み石のひとつなのだ」と。

サンフランシスコ地方検事のハリスは、選挙参謀のエース・スミスを従えて、この発表の日をロサンゼルスのテレビ局の記者のインタビューを受けて過ごした。この中で彼女は出馬の理由を説明している。この日の終わりに、二人はゲティ・ハウスに市長のアントニオ・ヴィジャライゴサを訪ねた。ロサンゼルス市の中心部からそう遠くないハンコックパークの近くにある市長公邸だ。二人は長居をしすぎた。スミスが時計をチェックすると、バーバンクのボブ・ホープ空港に行くのに時間がないことに気づいた。運転手は速度を上げ、他の車を縫うようにして走った。空港に着くと、ハリスはハイヒールを脱いで、ダッシュでセキュリティを通り抜け、ほとんど閉まりそうな扉を抜けた。席につくやいなや、スミスはハリスに笑いながら言った。「今のがまさに選挙運動だよ」。二人はがむしゃらに走った。でも、ダメかもしれないと思った瞬間、さらにスピードを上げた。そして、ほんのわずかな時間差ですり抜けたのだ。彼女はこれで学んだ。選挙は相当に大変なことになる。

ハリスには幸運なことだったが、スミスは州司法長官職に特別な識見を持っていた。二〇〇六年にジェリー・ブラウンの選挙を総括していた経験があったからだ。しかし、別のもっと深い意味もあった。副司法長官だった彼の父親アーロ・スミスが特別な任務に任命されたとき、彼はまだ幼かった。父親に与えられた任務とは、一九六〇年に死刑執行された、いわゆる「赤い光盗賊」のキャリル・チェスマン[*1]をめぐる騒ぎを終わらせることだった。チェスマンはロサンゼルス市内の恋人たちが集まる場所で女性たちを誘拐し、さらにレイプした容疑で有罪判決を受けたのだ。サン・クエンティン州立刑務所で死刑を待つ間に、彼は数冊の回想録を書き、死刑廃止を求める運動の中心人物になっていた。アーロ・スミスは一九九五年にテレンス・ハリナンに選挙で負けるまで、サンフランシスコの地方検事として三期務めた。一九九〇年には、息子のエースは父親が州司法長官を目指した選挙運動を手伝った。このとき、父親のアーロは共和党のダン・ラングレンに二万八九〇六票差で負けたのだった。この時の総投票数は七〇〇万票を越えていた。

ハリスが選挙の二年も前に出馬表明したことが彼女の選挙の戦い方だった。早い時期に、それも大々的に出馬すれば、民主党の予備選挙に出てきそうな敵陣営を抑え込むことができる。二〇〇八年のハリスの出馬表明の一か月間、カリフォルニアの共和党指導者たちはハリス攻撃の計画を必死に練っていた。AG・ラピッド・レスポンス・チーム（対地方検事即応チーム）などと呼ぶ組織を立ち上げていた。インターネットのメールから判断すると、彼らは犯罪の犠牲者や共和党の地方検事、ハリスに挑戦可能な民主党員、そして警官たちを集めようとしていたようだ。警官の組合は通常民主党支持だった。しかし、ハリスは相変わらず、アイザック・エスピノーザ巡査射殺の犯人に死刑を求刑しないという決断に対して政治的な代価を支払い続けていた。二〇〇九年の初め、サンフランシスコの警察組合指導者たちは、いかなる状況でも、ハリスを支持することはないと伝えていた。サンフランシスコの警察官と連帯して、あのエスピノーザ巡査を追悼して、すべての警察関係の組合も反ハリスの勢力に入っていた。

＊1　キャリル・チェスマン（一九二一〜一九六〇）は犯罪と収監を何度か繰り返した後、一九四八年に犯した犯罪で逮捕され、一七の件で有罪となった。当時、誘拐が死刑に相当するとされていたために死刑判決を受けた。収監中に四冊の本を書いたが、その中の一冊『セル2455死刑囚』（セルは独房のこと。一九五五年刊）は話題になり、映画化もされ、死刑反対論が盛り上がる要因となった。

二〇一〇年の選挙では、共和党員たちは司法長官職は自分たちのものだと信じていた。選挙対策を練り上げるための組織には前カリフォルニア州共和党委員長のジョージ・「ダフ」・サンドハイムとか、ピート・ウィルソン州知事の側近のひとりで、後にウィルソンと共に会社を立ち上げたシーン・ウォルシュなどがいた。

ウィルソン州知事は三三歳で政界に入った。一九六六年の選挙でサンディエゴから州議会に選出されたのだ。この年はロナルド・レーガンが州知事に当選した年だった。海軍と海兵隊の街であるサンディエゴは大きな国防関係の工場があり、当時は基本的に共和党の街だった。ウィルソンは元海兵隊員の弁護士で、一九七一年から八三年まで三期に及んでサンディエゴの市長を務めていた。そしてレーガンが大統領になった一九八三年に連邦議会の上院議員になっていた。一九九〇年に、彼は元サンフランシスコ市長のファインスタインを破って知事に当選した。もうひとりの共和党員ジョージ・デュークメジアンの後任となった。これはまだカリフォルニア州がスウィング州[*2]であったときのことだ。だが、ウィルソンの政治の影響もあって、今日では様子は変わっている。

二〇〇三年にアーノルド・シュワルツェネッガー知事が、共和党員として右寄りの政権を始めた。だが、二〇〇六年の再選の時には、彼は中道路線に転換していた。そして、代替エネルギーに賛成し、気候変動への対策を推進しようとしていた。シュワルツェネッガーは二〇〇七年のカリフォルニア州共和党大会でインディアン・ウェルズという砂漠のリゾート地の悲惨な真実を語っている。

「映画用語だと、我々はチケット売り場でもう死んでいるということです。映画館内の椅子に座ることさえできません」

この場に同席した記者たちは参加者からの反応はほとんどなかったと報じた。かつてリチャード・ニクソン、ロナルド・レーガン、ジョージ・デュークメジアン、ピート・ウィルソンを送り出した共和党は、銃規制、環境破壊、人工妊娠中絶、同性結婚、そして特に移民問題で、カリフォルニア州の有権者とは足並みが合わなくなっていたのだ。ラティーノと呼ばれるスペイン語やポルトガル語を母国語とする中南米諸国からの人々がカリフォルニア州の人口の大きな部分を急速に占めるようになっていた。しかも、彼らはウィルソンが不法移民排除を目的とする一八七号提案の支持者になって一九九四年の再選を果たした後、反共和党になっていたのだ。この住民投票の提案は、政府が資金提供するあらゆる住民サービスを非合法移民には適用しないことを提案し、それは公立学校や介護施設まで含んでいるのだ。まさにこの提案は、その核心部分で、新しいアメリカ人やその家族に対する攻撃だったのだ。カリフォルニア州の共和党はそれ以後、坂道を下っていた。二〇一〇年にはもう錆ついた状態だった。州民のわずか三一パーセントが共和党員として登録していたに過ぎなかった。この数字は、ドナルド・トランプの党となり下がった現在では、二五パーセントに達しない数になってしまっている。

＊2　スウィング州　大統領選挙で共和党・民主党の候補者を交替に勝たせる州。結果として大統領選挙そのものの最終結果に大きな影響を与えることになる。ちなみに、カリフォルニア州は一九六八年から八八年まで共和党、九二年から現在までは民主党の大統領候補が勝利している。六八年以前は頻繁に入れ替わっていた。

党をなんとか活性化しようと試みたウィルソンは二〇一〇年の選挙のために、全州的な候補者を探し出していた。若い黒人男性を州の州務長官候補に、ラティーノを副知事候補に、そしてシリコン・バレーの億万長者メグ・ホイットマンをシュワルツェネッガーの後任知事候補にしたのだ。メグ・ホイットマンは自分の個人的な資金で一億五九〇〇万ドルを費やしたようだった。また、州の司法長官候補にスティーヴ・クーリーを選んだ。クーリーはロサンゼルス郡の地方検事を三期務めていた。

選挙戦の戦い方でも、物腰でも、そしてもちろん容姿でも、カマラ・ハリスとスティーヴ・クーリーとでは全く異なっていた。サンフランシスコの地方検事だったハリスは、二〇一〇年に自分が司法長官に選出されたら、刑事司法制度を改善し、改革すると公約した。彼女は環境保全と消費者保護と結婚の平等とを弁護した。いまや四六歳のハリスはできる限り上に昇り詰めるつもりだった。ロサンゼルス郡の地方検事クーリーは六三歳で、おそらくは人生で最後の公職への挑戦だった。破るのは難しい相手だったが、彼はまず予備選挙を通過しなければならなかった。

＊　＊　＊

選挙戦が開始されると、カマラ・ハリスは難しい局面を一つ一つ通り抜けることになった。当時はそのどれひとつとして公になっていなかったのだが。彼女とマヤは二人の母親シャーマラが化学療法の治療をうまく乗り越えると確信していた。二〇一八年に書いた『ニューヨーク・タイムズ』紙の評論欄で、カマラは母親が入院した時の出来事に触れている。

私が記憶している限りでは、母はニュースを観るのと新聞を読むのを楽しみにしていました。マヤと私が幼かった頃、毎晩夕食前にテレビの前に座って、ウォルター・クロンカイトの番組を見るよう私たちに求めました。でも、突然、母は興味を失くしました。母の力にあふれていた脳がもう十分だと告げたのです。

でも、まだ私たちのためのすき間は持っていました。私がカリフォルニア州司法長官の選挙戦に突入すると、彼女はどんな様子かを聞いてきました。

「マミー。あの男どもは私に罰を与えてやるって言っているのよ」

彼女は寝返りを打つと、私を見て、素晴らしい笑顔を見せたのです。自分が育てた娘をよく分かっていたのです。自分の闘争心がまだ残っていることが、そして、それが私の中にしっかりと生きていることが分かっていたのです。

二〇〇九年二月一一日に、家族を支えた堅固な岩であり、癌を研究し、その治療法を探し求めた科学者であり、誰でもない、二人の強く才能あふれる女性を育て上げた女性は、オークランド市で癌のために亡くなった。その後、何か月も何年も、誰かが彼女の母親のことを話すと、どんな大事な場面でもハリスの目には涙があふれてくるのを友人たちは気づいていた。

地方検事のハリスは検事としての経験を選挙戦では自分の有利になるように使ってきた。しかし、サンフランシスコ市での彼女の実績はなかなか複雑だった。二〇一〇年に彼女が司法長官に立候補した早い時期にビヤライゴーサ市長はその応援演説で、こう言っていた。「カマラは法廷での検事として、その職業生活のすべてを最前線で過ごしてきました。それによって、彼女の担当地区の有罪確定率を過去一五年間で最高のレベルに引き上げたのです」

当時、『SF　ウィークリー』紙に寄稿していたジャーナリストのピーター・ジャミソンは、このサンフランシスコ地方検事の統計を検討し、ハリスが自分の説明を被告側との間で成立した司法取引を基準にしていると気付いたのだった。被告が有罪を認める代わりに、軽減した刑を求刑するこの司法取引は、刑事司法制度上重要な部分だ。しかし、ハリスとその部下たちが重大犯罪を法廷に持ち込んだ場合に、実際に有罪を確定する判決が出された確率は、州平均よりもずっと低かったのだ。

＊　＊　＊

サンフランシスコ司法庁舎の検事たちは二〇一〇年二月九日に特に厳しい一日を迎えた。陪審員が一人の男に誤って有罪評決を下したのだ。また五か月間続いていた裁判で、別の陪審員がたった一日の審議で三人の暴力団員を無罪にしたのだ。この三人は二人の仲間を殺害していた。ハリスがこの二つの件に関わっていた訳ではなかった。だが、どちらも彼女の監督の下で起きたのだった。

無罪評決となった裁判では、被告の弁護士がDNA鑑定の証拠が別の殺人事件のものと間違って取り扱われたこと、また重要証人の証言がいい加減であることを主張したのだ。被告の一人は右腕をギブスで固定していたのに、現場から逃走するときにフェンスを飛び越えたというのだ。しかも、この男は右利きだったのに、銃を撃ったとされていたのだ。この短時間での無罪の評決は起訴した検察側の判断に疑問を抱かせたのだった。

三人の被告を弁護した弁護士ケイト・チャットフィールドは、「検察は合理的な疑いを越えて証明できると、倫理的に信じる事件だけを扱うべきだ」と言った。

その同じ日、別の陪審はジャマル・トルラヴに対する有罪評決を言い渡した。二〇〇七年に友人のセウ・クカを撃ち殺した罪だった。事件の場所は市の南端のサニーデールの住宅建設地だった。トルラヴは票決が読み上げられている間、涙を流していた。それは、あとで分かったことだったが、それなりの十分な理由があったのだった。

トルラヴは野心的なラッパーで、ニューヨーク市のケーブルテレビ局のVH1のリアリティ番組のシリーズ、「アイ・ラヴ・ニューヨーク2」に出演したことがあった。ひとりの女性視聴者によると、彼が犯罪を犯していたと一〇〇パーセント確信があったという。この女性は、報復される危険性があったのに証言したと主任検事が説明していた。

彼女の住居を変えさせ、その費用も払ってあげていた。ハリス地方検事はこの件を訴追しなかった。だが、彼女の部下の意見を繰り返し、「大勢の中から前に出て来てくれた勇気ある証人」

を褒め讃えた。裁判官はトルラヴを刑務所に五〇年収監する判決を下した。このトルラヴへの判決はひとつの統計値として重要だろう。というのは、重罪判決を増やしたというハリスの主張を裏付けることになるからだ。だが、数年後、真実が明らかになった。

トルラヴの弁護人は彼の無実を信じていた。ハリスが司法長官になっていた二〇一四年一月に、州の控訴裁判所はトルラヴの有罪判決を覆し、サンフランシスコ市の「検事は非常に偏見に満ちた職権乱用をした」と結論し、さらに命の危険にもかかわらず証言した証人に関する話は「根も葉もない作り話」だとしたのだ。ハリス司法長官が合衆国上院に立候補した二か月後の二〇一五年三月に、サンフランシスコの新しく選出された陪審員はトルラヴのすべての容疑を無罪放免とした。それでも問題は終わらなかった。八年間を塀の中で過ごしたトルラヴは市と警察を訴えたのだ。しかし、ハリスのことは訴えなかった。トルラヴの主張は、彼を容疑者にしようとした巡査たちが彼を嵌めたというものだった。連邦の陪審員は二〇一八年に一四五〇万ドルの賠償金を受け取ることをトルラヴに認めた。二〇一九年三月、ハリス上院議員が大統領選挙を戦っているときに、サンフランシスコ市の監督委員会はトルラヴに一三一〇万ドルを支払うことで、この事件を解決したのだ。

トルラヴの弁護人だったマーク・ジルバースミットは、「カマラ・ハリスは進歩的であろうとした。私はそのことを大いに感謝している」と語った。さらに、「犯罪に対して進歩的な立場を取ることが非常に難しい時に、彼女は新しい考えを実行してくれた。彼女だったら、もっと多くのことを成し遂げられたはずだ」と言った。

より高次の職務に上っていくときに、ハリスはひとりの検事としての経験とその成功に触れたものだ。それは正に彼女の名刺だった。だが、この仕事は表裏両面を持つものだ。ジャマル・トルラヴの間違った起訴はサンフランシスコ地方検事だった期間、ハリスを悩ませたのだ。

＊　＊　＊

ハリスは、予備選挙では、最終的に全員男性の五人の民主党員と対決することになった。男性が多ければ多いだけ、選挙戦での唯一の女性には幸せな結果の可能性がそれだけ高くなる。五人の男たちは互いの支持者たちに食い込もうとするので、ハリスはそれだけ有利になる。二〇一〇年初めの段階で出馬を考えていることを公にしていた女性がいた。ジャッキー・スピアーだった。彼女はサンフランシスコ市の南にあるヒルズボロ選出の連邦下院議員だ。一九七八年、下院議員レオン・ライアンの若い補佐官として、ライアン議員と共にジム・ジョーンズと彼の主宰するカルト集団、人民寺院[*3]の人権蹂躙問題を調査するために南米のガイアナに行ったことがあった。こ

＊3　人民寺院は一九五五年にジム・ジョーンズが創設した宗教団体で、一九六〇年代にサンフランシスコに本部を持った。一九七七年に「社会主義の楽園」を作るというジョーンズの主張で南米のガイアナに移住し、ジョーンズ・タウンというコミュニティを作った。だが、ここでの生活に人権侵害があるという情報で、ライアン議員らの一団が調査に向かった。一九七八年一一月一八日、ガイアナの空港で人民寺院のメンバーによる銃撃があり、その後、九一八人の信者が集団で自殺または殺された。

の調査旅行の最中に、ライアンが暗殺され、スピアーも五発の銃弾を受け重傷を負った。この事件はカルト集団内の九〇〇人以上の犠牲者を出した集団自殺と大量殺人に繋がる恐ろしい出来事だった。スピアーの体内にはこの時の銃撃による銃弾の鉛がまだ残っている。カリフォルニア州の州議会と連邦議会で、スピアーは金利や消費者のプライバシー保護の問題で銀行に立ち向かった一匹狼としての評判を得ていた。彼女の立場は二〇〇八年の株式市場の暴落や大不況、また住宅抵当流れなどに関わっていた。これらの事態はカリフォルニア州を特に強く襲っていた。だが、スピアーの名前が候補者として浮上するとすぐに、ハリスの選挙運動本部は司法長官の選挙戦のためにすでに二二〇億ドルを集めたと公表した。この額はこれから出馬しようとする候補者には非常に厳しい数字だった。スピアーは下院議員を続けることにした。

どの選挙戦でも金《かね》は重要だ。特に注目度の低い選挙では、重要だ。知事や連邦上院議員の選挙のように報道陣や有権者の関心を呼ばない選挙では。ハリスには特別に独立した資金源はなかった。母親の質素な資産も受け継いでいなかった。彼女が予備選挙で最も恐れた相手は自己資産を持つフェイスブックの元弁護士のクリス・ケリーだった。ケリーは、初めての選挙だったが、六月の予備選挙を通して一二〇〇万ドルも使っていた。ハリスが使った金額の二倍だった。

ハリスには有利な点もあった。サンフランシスコ政治に独特の肉を引き割くような選挙を過去二度に渡って戦っていたし、湾岸地区ではその名前は十分に知られていたのだ。彼女は夕方のテレビニュースに定期的に出演していたし、『クロニクル』紙の紙面でも常連だった。しかも六人の民主党候補者の中でただひとりの検事だった。

重要なことだが、ハリス陣営が行った世論調査では、州民の態度に変化が現れていた。一九九四年にあの厳格な「三振法」を支持した有権者たちがピート・ウィルソンの「奴らを務所に」の姿勢に背を向けだしていたのだ。それだけでなく、その代案を受け入れる準備が整っていたのだった。社会の多様性を認め、教育と麻薬常習者の治療と社会復帰とを重視する態度を自著『犯罪に賢く』の中で明確に主張していたのがハリスだったので、彼女は刑事司法制度改革を期待できる人物としてより多くの注目を集めるようになっていた。

「州民は現在の刑務所の在り方を回転扉と見ていたのです。刑務所に入っても、何も変わらない」と。ハリスの選挙参謀エース・スミスは述べている。「刑事司法制度改革を公約にする候補者が出た、おそらく初めての大きな選挙だったのです」

二〇〇九年一〇月にハリスは大きな追い風を得た。クーリーの本拠地の郡の、刑事司法制度改革志向で非常に人気のあったロサンゼルス警察署長のウィリアム・ブラトンが、ハリスの支援を表明したのだ。これは警察関係者から彼女が受けた最も重要な支援だった。彼女の検事としての信頼性を一気に高めるものだった。

だが、この良い知らせの後に、悲しい知らせが待っていた。

アペール症候群[*4]のために早熟気味だった少女リリ・スミスは、ハリスの最初の地方検事の選挙のときに封入作業をしたり、ビラ配りをしたりして手伝いをしていたのだが、もう一五歳になっ

＊4　アペール症候群　複数の骨の集合体である頭蓋骨や顔面骨の縫合が早期に癒合し、頭蓋や顔面の形成異常が引き起こされる疾患のこと。頭蓋が歪んだ形（頭の前後径が幅に対して短くなる短頭蓋、後頭部の平坦化など）が症状として見られる（本書九二頁）。

ていて、その容姿や適合性などがかなり重要になっていた。彼女が通っていたマリン郡の学校では、彼女にいたずらしたり、からかったりする者はいなかった。しかし、現実には無視されていたので、彼女は学校内では実質孤立していたのだった。両親のエース・スミスとローラ・タルマスはアイオワ州ウェスト・ブランチという田舎の寄宿舎学校への転校を試みた。そこで、彼女は自分が受け入れられていることを知り、また仲間の一員となっていることを知って、大いに成長したのだった。

彼女は前のイギリス首相だったトニー・ブレア夫人のチェリー・ブレアの自伝を読んでいた。その前には全米農業労働者組合の創始者だったドロレス・ウエルタの伝記も読み終えていた。一〇月九日に彼女は母親に電話をしたものの、明朝にかけ直すとの伝言を残していた。だが、その日の夜、彼女は発作を起こし、亡くなってしまったのだ。

スミスの同僚のひとりダン・ニューマンからリリの死亡について知らせを受けたハリスは、すぐに選挙運動をキャンセルした。エース・スミスもローラ・タルマスもハリスの政治運動には欠かせない人たちだった。と同時に、二人はハリスのごく親しい友人たちでもあった。彼女はすぐにサンフランシスコ行きの飛行機に乗った。マリン郡のリリの両親の家で共に過ごすために。

子供を失うことほど辛いことはない。しかし、ローラもエースも慈善団体を組織することで、その悲しみを良い方向に変えようとしていた。この慈善団体「ビヨンド・ディファレンス（違いを乗り越えて）」は、社会からの孤立と戦うのを援助するために、全国の学校で使える教育プログラムを開発することを目指している。また、二人はハリスから他人を思いやる術を学んでいた。

リリの死後毎年、ハリスは親子の誕生日や母の日には必ず電話をかけていた。また、リリの名前で「ビヨンド・ディファレンス」に資金の提供を続けていたのだ。

二〇一〇年六月八日の予備選挙投票日の夜、ハリスはサンフランシスコ市とアラメダ郡で大量に得票し、ロサンゼルス市でも勝利した。州全体では二位になった相手に二対一の差をつけていた。クリス・ケリーは三位に終わった。

共和党のスティーヴ・クーリーの予備選挙はずっと厳しかった。

彼の最大の挑戦者はオレゴン郡にあるチャップマン大学のデール・E・ファウラー・ロースクールの学長だったジョン・C・イーストマンだった。彼はまた連邦最高裁判所判事クラレンス・トーマスの下で法務事務員として勤めた経験もあった。イーストマンの選挙参謀だったフランク・シュバートはかつて「提案八号に賛成」運動を監督していたことがあった。これは二〇〇八年の同性結婚を禁止しようとする運動だった。彼はこの禁止提案を支持していた。その後、彼は最高裁に報告書を提出した弁護士の一人となっていた。この報告書は最高裁に対して、いわゆる伝統的な結婚形態こそが合憲なのだということを宣言するよう求めるものだった。そして、さらに「結婚のための全米機構」の委員長となった。これは同性結婚を終わらせるためだけに活動する組織だ。

＊5　ティーパーティ　オバマ政権誕生後に生じた保守的な運動だが、インターネットによる情報拡散という意味でその後の政治運動の始まりと言える。オバマ大統領が黒人であることから、彼の政策には何でも反対という運動となり、その後の今日に至る極端な人種偏見を助長した。

カリフォルニア州でのティーパーティ[*5]を支持していたイーストマンはクーリーを公的年金の受領に関して攻撃した。ロサンゼルス郡での三六年間に及ぶ公職経験によって、彼が年額二九万二〇〇〇ドルの年金を受け取っているという報道があったのだ。もしここでクーリーが勝利すると、その額は四二万五〇〇〇ドルに跳ね上がることになる。年金の問題は当時、それも特に南部カリフォルニア州では、人々の怒りの対象となる問題だった。ロサンゼルス郡の、主に移民たちが住む人口三万七〇〇〇のベルという街に当局の捜査が入っていた。街の指導者が市の財政を横領している疑いだった。ベル市の役人たちは年間で七八万七六三七ドルの給与を受け取っていたのだ。それは同時に高額の年金を受け取る資格も意味していた。このベル市のスキャンダルは新聞紙上でトップニュースとして扱われていた。クーリー自身は何も悪いことをしてはいなかったし、彼の事務所はベル市の腐敗調査を監督指導していたのだった。イーストマンは結局は大敗したのだが、クーリーの年金問題が注目されないままでは済まされなかった。

第12章　カリフォルニア州に変化来る——予想を超える初ものづくしの勝利

地方検事を省略するとAG（Attorney General）となる。だがこの地位に就きたいと思う人なら誰でもこのAGが「さらに上を狙う知事」（aspiring governor）を意味するという真実も分かっている。サンフランシスコ地方検事のカマラ・ハリスは間違いなく司法長官よりも上の地位を目指す選挙運動に強い関心を持っていた——当然それは、州知事か連邦上院議員だ。だが、ロサンゼルス郡の地方検事だったスティーヴ・クーリーは司法長官以外の何かのために選挙運動をすることには全く興味がなかった。

FBI捜査官の息子であるクーリーは悲しげな眼をした白髪の男性で、自分はあらゆることを見てきたというような風情をしていた。少なくとも、彼は人間が他人にこれほどまでのことが出来るのかというほどの恐ろしい出来事を多く知っていた。それはいくつかの統計にも表れている残酷な現実だった。彼がロサンゼルスの地方検事になった二〇〇〇年から司法長官に立候補した二〇一〇年までの期間に、クーリーの部局は五九人の男性と三人の女性の死刑判決をもぎ取っていた。同じ期間のカリフォルニア州全体で下された死刑判決の半数以上だ。だが、サンフランシスコでは死刑判決がされなくなってすでに二〇年以上が経っていた。

一般州民やマスコミの記者たちにとって、クーリーは身体の芯まで正統派の検事だった。彼はカリフォルニアの極端な「三振法」を改めるべきだと主張して、進歩的な立場に立ったこともあった。また、政治家らしく支持政党なしというような態度も取ったりした。また彼は、うすぼやけた南部カリフォルニアの政治家たちに対する「公共の腐敗」容疑を持ち出してたびたびニュースの中心にもなっていた。この問題はマスコミの編集者が喜ぶ問題だった。そのため、私が所属していた『サクラメント・ビー』紙をはじめ、州内の新聞のほとんどはハリスではなくクーリーを支持していたのだ。

「他のどの候補も抑えて、ハリスなら容易に我々の支持を獲得するだろう」。私が主体となって書いた原稿を『ビー』紙は評論欄に掲載した。「だが、警察関係者の中ではハリスのこれまでの立ち位置によって、クーリーの方が、カリフォルニア州の裁判での判決制度を全面的に改革したり、州民の信頼を損ねている公務員に対して大胆な行動を取ったりするのに必要な、潜在的な力を持っていると思われる」

クーリーはアイザック・エスピノーザ巡査射殺の犯人への死刑求刑を拒み続けるハリスに言及して、自分は死刑に賛成であることとハリスの立場に反対であることを強調した。特に、エスピノーザ巡査の両親も夫人もクーリー支持を表明していた。また、警察官組合はクーリーのために一五〇〇万ドルを投資していた。

クーリーの死刑支持とハリスの死刑反対は、州内の場所によっては大きな関心を引き起こしていた。しかし、ハリスが特に強かった湾岸地区ではそうではなかった。ハリスは、自分は個人的な意見ではなく、法を執行するのだと言ってクーリー側からの攻撃の矛先を鈍らせた。この彼女の主張は死刑には個人的に反対しながら、それでも死刑を求刑してきたカリフォルニアの検事たちの長い伝統と合致していた。例えば、国選弁護人から一九八〇年代に司法長官を務めていたジョン・ヴァン・デ・カンプの場合だが、彼は死刑に道徳的に反対していた。だが、彼の部下の検事たちは州の最高裁で死刑判決を支持し、また死刑そのものも擁護していたのだ。

クーリーは有利に選挙戦を展開していた。また学識経験者と言われる人たちも彼の勝利を予測していた。この頃、最も著名で成功を収めていた選挙請負人だったギャリー・サウスなどは、カリフォルニア大学アーバイン校での講演会で、ハリスの負けを予告して、こう説明していた。「だいたいが少数派の女で、反死刑派の女で、しかもあの奇妙なサンフランシスコの地方検事の女がいること自体よく考えてみなさいよ」

これは四つ目の空振りだった。しかし、これが昔からの考えだった。

その後の出来事はクーリーに有利な展開になっていった。九月にはロサンゼルス郡の保安官たちがベル市役所の八人の職員を逮捕した。クーリーが最初にこの件を告発した本人だった。そこで彼は『ロサンゼルス・タイムズ』紙にこう言った。「言うまでもないことだが、この件はごく普通の腐敗だよ」。この時点で、民主党員で、前の司法長官だったビル・ロックヤーでさえ、ハリスを支援していたし、献金もしていたのにハリスの負けを予告した。

クーリーは六月の予備選挙と一一月にあるはずの本選挙の間で、ハリスを追い抜く資金を集めていた。五〇万ドル以上も差をつけていたし、カリフォルニア州以外からの献金者からさらに多くを受け取っていた。このことは選挙戦がより幅広い大きな意味を帯びつつあることを示唆していたのだ。

＊　＊　＊

クーリーはハリスを軽く見すぎていたのかもしれない。しかし有能な共和党の選挙関係者たちはそうではなかった。一〇月にバージニア州を基盤とする共和党州指導者委員会（ＲＳＬＣ）が関与したことで、突然このカリフォルニア州司法長官の選挙が全国的に知れ渡った。この委員会の委員長エド・ギレスピーはジョージ・Ｗ・ブッシュ大統領の主任選挙参謀で、前の共和党全国委員会の委員長を務めたことがあった。この委員会は州全土に放送されるテレビのコマーシャルに一〇〇万ドルを使って、エスピノーザ巡査夫人のレナタ・エスピノーザに、夫を殺した犯人に死刑を求刑しないハリスを非難させた。

このコマーシャルの内容は、これが放映された意図とは全く関係がなかった。共和党の選挙関係者たちによると、党はハリスを将来の全国的な候補者と考えていて、彼女が全国レベルに登場する前に潰してしまおうと考えていたのだという。同時に、カリフォルニアで新しく共和党の司法長官が生まれれば、それはオバマ政権に対する防波堤になると考えていたという。

次の司法長官は確かに医療保険法、つまりオバマ大統領肝入りの国内政策への立場を明確にする必要があっただろう。この法を無効にするために訴訟を起こすか、法廷でこれを守り抜くかのどちらかだ。ＲＳＬＣはこの年三〇〇〇万ドル以上を集めたが、その大半は健康保険業界か医療保険法に反対する団体からのものだった。ハリスはこの別名「オバマケア」で知られるオバマの医療保険法を守るためにはできる限りのことをすると約束した。クーリーは沈黙を守った。

この後、テキサス州やその他共和党の強い州の共和党所属の司法長官たちが医療保険法を無効にする訴訟を次々に起こした。この保険法は実際には四〇〇〇万人のアメリカ国民をその保険の対象にしていた。ハリスと彼女の後任となったザビエル・ベッセラの下で、カリフォルニア州はこの法を守るために民主党の強い州を率いていた。ＲＳＬＣに対抗するために、オバマはカリフォルニアまでやって来て、ハリスを応援して、この選挙の関心をさらに高めていた。オバマはハリスは彼の「大切な、大切な友人」だとロサンゼルスの聴衆に向かって言った。そしてサンフランシスコの南にあるアサートン市の裕福な人々の中で、彼女のためにパーティを開き資金を集めたりした。二〇一〇年の全国で行われた各種選挙で、オバマ大統領自身が資金集めに協力したのはハリスだけだった。

本選挙の日が近づいた頃、メグ・ホイットマンと他の共和党員たちは慄き出した。明確に勝つ機会のある共和党員はクーリーだけになっていたからだ。この唯一になりそうな勝利を確実なものにするために、クーリーのサンディエゴ地区の選挙参謀だったケヴィン・スピレインは共和党の賢人のひとりとされるジョー・シューメイトに助けを求めた。シューメイトは選挙参謀としてピート・ウィルソンやジョン・マケイン、アーノルド・シュワルツェネッガーや、ロシアの大統領ボリス・エリツィンなどを助けていた。このエリツィンの場合は映画『スピニング・ボリス』の中で生き生きと描かれている（やせた男優のリーヴ・シュライバーが演じたのがシューメイトで、特に大きな人物だった）。シューメイトは特定のテレビ局の番組を見る視聴者を対象にした広告を打つ計画を立てた。一〇月一日までには、時間が不足し始めていた。シューメイトは電話にも出なくなったが、珍しいことだった。スピレインは次第に用心深くなり、シューメイトの様子を探るよう友人に頼んだりした。シューメイトはサクラメントの彼のマンションにいたのだが、心臓麻痺で亡くなっていた。彼が考案したコマーシャルは一度も放映されなかった。

＊　＊　＊

カリフォルニア州の政治には一つの真実がある。ほとんどのカリフォルニア州民は南部カリフォルニアに住んでいるのだが、北部カリフォルニア州民の方が政治にずっと通じているし、投票率もずっと高いということだ。これはハリスには有利だった。しかも、ハリスもその選挙応援チームも相手を一発で倒す方法を知っていたのだ。それはこれまで何度も見せてきたことだった。「腐敗と戦う闘士　多くのギフトを受け取る」という見出しで、『クロニクル』紙はクーリーがこれまでに受け取った贈り物の詳細を公表した。スコッチ・ウィスキー、ワイン、シガー、レイカーズの観戦チケットなどがそこにあった。この一連の贈り物はクーリー攻撃の絶好の宣伝になった。しかし、大きな一撃はそれだけではなかった。

クーリーは二〇一〇年一〇月五日にカリフォルニア大学デイヴィス・ロースクールで開かれるハリスとの討論会に合意した。二人の候補者は自分たちがいかに賢く、反応も素早く、仕事上手だが、お互いにいかに違っているのかを示した。

ハリスはカリフォルニア州憲法修正提案八号を擁護することを明確に否定した。同性結婚を禁止した法律で二〇〇八年一一月に採択され、州と連邦最高裁判所での論争にまで発展した法律のことだ。司法長官としてジェリー・ブラウンはこの擁護を拒否していた。シュワルツェネッガー知事も同様だった。それでこの法律に賛成する側は自分たちの弁護士を雇い、これを守った。二〇一〇年八月四日、連邦地方裁判所の判事ボーン・ウォーカーはこの法律に無効判決を下した。「憲法の平等の保護条項の下でのいかなる調査にも耐えられない」としたのだ。司法長官に選出されれば、自分もこれを擁護しない、とハリスは言明した。

「提案八号が連邦地方裁判所の判事によって憲法違反とされた現在、我々はこの違憲な法律を守るために、カリフォルニア州の貴重な資源を使うべきではありません。私はこの判決に心から賛成し、支持します」とハリスは一〇月五日の討論会で発言した。

クーリーは反発した。州の有権者が声を上げたのだ。そして彼らの意思こそが「カリフォルニア州の司法長官によって、それも長官自らが賛成であっても反対であっても、守られなければならないのだ」。シュワルツェネッガーもジェリー・ブラウン司法長官も州を守ることを拒否して「自分たちの責任を放棄したのだ」と。

二人は環境問題でも正面からぶつかった。二〇〇六年にシュワルツェネッガーが気候変動と戦う記念碑的法案に署名した。それはカリフォルニア州民に温室効果ガスを大幅に減らすことを要求していた。他の州はまだ同様の措置を取っていなかった。この法は近いうちに石油精製業者や食料加工業者、そしてすべての工場、ガソリンなどに増税し、州民に代りになるものを見出すよう納得させるのが目標だった。二〇一〇年には石油会社と石炭採掘業者が中心となって一〇〇〇万ドルの資金を集めていた。カリフォルニア州共和党の提案を支持する運動を展開するためだった。この提案はこの法を実効に移す期日を延長して、気候変動に立ち向かう手段を妨害しようというのだ。クーリーはこれに明確な態度を取らなかった。ハリスは反対の先頭に立っていた。それどころか、彼女は態度を明確にしないクーリーを攻撃したのだ。

「自分たちが政治的リスクと言う意味でどれだけの代償を支払う必要があるのかを覚悟しないで、どのような意見を言うべきかなどと選んでいることはできないと思います」。ハリスは討論会で言った。クーリーの方を向いて、さらに言った。「少しはリスクを覚悟しなさいよ。そのぐらい出来るでしょ」

その後、ハリスは彼女自身の補佐官たちの意見に従わなかった。事務所に戻った彼女はこの件でどう投票するかを明らかにするのを拒んだのだ。だが、二〇一〇年には、彼女が選挙民の味方だったのは明らかだった。石油と石炭業者の試みは失敗に終わった。彼らは三九パーセント以下の票しか得られなかった。

結婚の平等、気候変動、そして死刑に関する相違は別にして、討論会の最高の場面は、質問者のひとりで『ロサンゼルス・タイムズ』紙のジャック・レオナードがクーリーに質問した時に訪れた。それは、二〇一〇年一一月二日の選挙に勝ったら、司法長官としての手当てとロサンゼルス郡の年金の両方を「二重取り」するつもりかどうか、というものだった。政治的リスクの大きな質問だった。クーリーはこの質問があることは予測しておくべきだった。イーストマンが予備選挙でこれを取り上げていたし、彼の検事局がベル市の市職員を捜査していたからだ。答えに急ぎすぎたとは言えないまでも、クーリーは真っ正直だった。「三八年間の公職で、私自身が手に入れたものだ。どのようなものであろうと年金の権利は確かに私自身が手に入れたのだ。当然ながら非常に安い、いや、おそらくは信じられないくらいに安い州司法長官としての給料を補うためにその年金に頼っているし、頼ることになるだろう」

ハリスはこの答えを大失敗と見た。さらに「スティーヴ、持っていけ！」とか「やったぜ！」という言葉と共に笑い声を聞いて、彼女はこう付け加えた。「あなたが手に入れたのね。そう、間違いないわ」

ハリスはロサンゼルスでクーリーの支持基盤を奪うために多くの時間を費やしてきていた。ロンドン・ブリードという黒人青年と市内中を運動して回った。そのブリードは現在サンフランシスコ市長になっている。選挙まで一か月もない時に、ハリスはロサンゼルスのテレビ局のコマーシャルに残金の大部分を注ぎ込んだ。広告のテーマはもちろん、年金問題へのクーリーの返答だった。攻撃は色あせていくが、その意図した効果は絶大だった。

＊　＊　＊

ティーパーティの活動が盛んだった二〇一〇年には共和党が全国で怒涛の勢いだった。各州議会や連邦の下院で歴史的な数の議席を獲得したのだ。だが、この勢いもシェラ・ネヴァダ山脈の東側までだった。州知事選では民主党のジェリー・ブラウンが億万長者のメグ・ホイットマンを容易に破ったのだ。ただ、ハリス対クーリーの対決の決着だけが不明だった。投票日の夜、クーリーは勝利宣言をした。『クロニクル』紙はオンライン版の見出しに「クーリーが勝った」と載せたために、まさにあの有名な「デューイ　トルーマンを破る」[*1]を再現したのだ。クーリーは「司法長官クーリー」と書いた襟章まで配っていた。だが、カリフォルニアの州務長官は郵便投票や事前投票を数え終わるのに数週間が必要だと語っていた。湾岸地区の人口の多い六つの郡では、ハリスがほぼ二対一の割合の五三万三五〇〇票の差でクーリーに勝っていた。クーリーの地盤でもあるロサンゼルス郡でも、三一万五〇〇〇票の差で、クーリーは負けていた。

九六〇〇万を超えるすべての票を数え終わったのは一一月下旬だった。ハリスが七万四一五七票の差で勝利したのだ。カリフォルニア州の警察機構で最初の女性、最初の黒人、そして最初のインド人の血統を持つ司法長官となったのだ。変化がカリフォルニア州にやって来たのだ。

＊5　一九四八年の大統領選挙で現職のトルーマンと共和党候補のトマス・デューイ・ニューヨーク州知事が大接戦を演じた結果、『シカゴ・デイリー・トリビューン』紙が開票翌日の第一面にデューイの勝利の見出しで記事を掲載した。だが、結果はトルーマンの勝利だった。トルーマンがこの新聞を笑顔で掲げた写真が話題になった。

第13章　カリフォルニア州司法長官ハリス——改革は目指すが明確な態度は？

サクラメント市にあるカリフォルニア州司法省本部の一七階角部屋で司法長官ハリスはレセプションを開いた。就任してすぐのことだ。カメラと報道陣の立ち入りは禁じられ、彼女と職員たちだけだった。それにクッキーとポンチ（飲み物、パンチとも）だ。ベテランの検事たち、司法省役人、保護観察官とカフェテリアの従業員がいた。大勢の職員がこの角部屋に集まり、司法長官と握手するのは初めての出来事だった。希望溢れる、友好的な、そして仕事仲間の集まる瞬間だった。この三〇年間で初めて、司法省は重要な法廷経験を持つ弁護士によって導かれるのだ。彼女はまず自分の名前の正しい発音「カマーラ」[*1]、を伝授した。そしてかつてアール・ウォーレンがいた部屋にいられることがどれほど名誉なことなのかを語った。彼女は同種のレセプションをサンディエゴ市とロサンゼルス市とサンフランシスコ市の各支部でも執り行った。

彼女が指揮するカリフォルニア州司法省は四九九六人の職員と七億三二〇〇万ドルの予算を

＊1　「カマーラ」　本人が言うので、これが正しい発音なのだろうが、本書では、ごく一般的に報道などで使われている「カマラ」で表記している。

持っていた。州内のどの法律事務所よりもずっと大きく、他の州の司法省よりもはるかに大きなものだった。規模としては連邦の司法省に次ぐものだ。この州司法省は全米第一の警察組織を持ち、科学捜査班は全米で最も高度な犯罪研究所を持っていた。

通常、ＤＡＧと呼ばれる古くからの司法長官補佐たちは疑い深い一団だった。彼らは司法長官が入れ替わり出たり入ったりするのを目にしてきた。しかも、その多くは州知事に立候補するために出て行ったのだ。次から次へとやって来る司法長官たちは自分がいま就いている職務よりも、これから就きたいと願う職務により多くの関心を持っているようだった。彼らはみな司法長官の職務が次への飛び石のひとつなのだと思っていた。たしかに、ハリスにも野心があった。そのことは悪いことではないだろう。だが、彼女はこの職務に没頭するはずだった。

彼女はたしかに没頭した。いや、同時に、そうでもなかった。

司法長官としてハリスは革新的であると同時に、非常に用心深かった。問題に応じて、彼女は大胆にもなり、また、熱意を抑えたりもした。当時の重要な刑事司法の問題に果敢に立ち向かったかと思うと、沈黙を守ったりした。先頭に立ったかと思うと、後ろに引き下がっていたりした。別の意味では、彼女は先駆者だった。彼女のやり方としては、ベテランの検事たちは彼女から個人的な指示を受け取った記憶がないというのだ。彼女はサクラメントの司法省本部内で余り見かけられていなかった。サンフランシスコの自宅近くにある支部にいることを好んだためだ。それが後にはロサンゼルスの支部になってもいた。有権者が集中し、同時に献金者も多く住んでいた二つの都市だった。

最終的には、彼女はカリフォルニア州で名を残すことになるし、全米でも知られるようになった。それは彼女が学生たちから金を巻き上げるだけの利益追求の大学や銀行と対決し、さらに人身売買の犠牲者となった子供たちのために立ち上がったからだった。彼女は勝つのが難しい事件には検事としての分別を使い、名前を売るだけのような事件には関わろうとしなかった。たとえば、後々、トランプ政権で財務長官になることになったスティーブン・ムニューシンが所有していた「ワンウェスト銀行」を訴えた抵当権法違反とされる事件は調査しなかった。二〇一七年に『インターセプト』誌が詳細に報じたところでは、彼女の部下の検事たちは二〇一三年にこの件を調査するべきだと懇願していたという。しかし、ハリスはこの件には起訴するのに十分な証拠がないと結論したというのだ。こうした未完の事件を後継者に残すことになった。

政治家にはよくあることだが、彼女の采配を超えた状況が、結果として彼女の手を抑えつけていたのだ。

新たに州知事に選ばれたジェリー・ブラウンが彼女の前任者だったが、彼は三〇年前にも二期に渡って州知事を務めていた。それで州の複雑なことを現存するどの政治家よりもよく分かっていた。一番良い時代には、ブラウンは金に厳しかった。だが、今はあまり良い時ではなかった。景気の大後退のなかで、百万人以上のカリフォルニア州民が職を失い、またそれ以上の人たちが住宅ローン危機のなかで持ち家を失い、貯蓄も失っていた。州全体の失業率は一二・六パーセントまで上がり、しかもセントラル・バレー地区や州内の広大な農業地区では状況はさらに悪かったのだ。一九三八年以来初めて、カリフォルニア州民の総収入が実質減ったのだ。サクラメント市の税収入は二四パーセントも落ち込んでいた。紙幣を印刷できる連邦政府とは異なり、カリフォルニア州は、他州同様、毎年予算を均衡させなければならなかった。二〇一一年には州は二七〇億ドルの赤字に直面していた。一二七〇億ドルの予算を何とかやりくりするために、知事のブラウンと州議会は支出を減らし、州政府の制度改革をするしか選択はなかった。ハリスが後任となった司法省から移ってきたためにブラウン知事は司法省に必要なものが何で、なくてもやっていけるのは何か分かっていた。彼は最初の年の予算で司法長官の部局から三七〇〇万ドルを削り、二年目の予算で七五〇〇万ドルを削ったのだ。二〇一〇年の知事選挙でブラウンの対抗馬を支援した公務員組合に最も大きな打撃を与えた削減だった。油断していたハリスは懸命に仕事を守りつつ、削減に対応した。仕事の範囲を拡大するだけの資金はなかった。重要な考えを実施するのは待たなければならなかった。いずれ実施しなければならなかったが。

カリフォルニア州の司法省には法執行局がある。そこの係官は大きな犯罪や犯罪組織、全米規模のギャング集団、そして大きな麻薬集団と戦っている。省の検事たちには消費者の権利を守り、環境を保全し、独占禁止法を推し進める責任がある。省の仕事の多くは単調なものだった。係官は提訴された件に関して州を弁護し、無数の理事会や委員会の相談にのるのだ。犯罪対策部門の検事たちは郡の地方検事たちが持ち込んだ起訴を、州や連邦の裁判所で守るのだ。優秀なベテラン検事たちは死刑の求刑も守り抜かなければならなかった。

デイン・ギレットはもう四〇年もこの部局で働いていた。平検事から死刑関連の事件の調整役になり、さらに今は刑事犯罪部門の主任になっていた。フレスコ市とかマデラ市というセントラル・バレー地区で主に育ったギレットは共和党員の両親と祖父母の影響で共和党員となっていた。しかし、トランプ大統領の共和党に幻滅して、「支持政党無し」と自分の有権者登録を変えていた。死刑調整役としてギレットは一九九二年から二〇〇六年までの間にカリフォルニアで執行された一三の死刑執行に立ち会っていた。死刑に対するハリスの態度はよく知られていた。だがギレットは彼女が死刑の件に介入するとは決して思っていなかった。

「あの人は問題をよく理解しているのです」と彼は言った。「私が思うほどには理解していない場合は、きっと質問をしてくるでしょうし、その時には徹底的に話し合えるはずです」

ハリスは自分の部下たちに不愛想なほど厳しかった。彼女はまた政策方針をなかなか出さなかった。二〇一三年一二月にギレットは連邦最高裁判所にある事件を検証してもらうための嘆願書を提出する許可をハリスに願い出た。これは殺人の被疑者が最初から自分は無罪だとして被疑者の権利を主張し続けているにも関わらず、警察がその被疑者を取り調べることが適法かどうかという問題だった。その事件で控訴裁判所が被疑者の自白を強制によるものとして無効にした。上訴の期限が近づいていた。ハリスからは何も返事がなかったものの、自分に同意してくれるものと判断したギレットは独断で最高裁への嘆願書を提出した。ハリスはクリスマスの少し前に彼の家に電話を入れた。休日用の食事の準備をしながら彼の考えに同意できない旨を告げ、自分だったら上訴しなかっただろうと言った。後悔したギレットは辞職を申し出た。ハリスはこの申し出を拒絶して、同じことは二度としないようにと言うと、よい休日を、と明るく挨拶をして電話を切った。一対一のときには彼女は最高の人になる、とギレットは思ったという。

翌年、ギレットは定年退職したが、彼の送別会に現れたハリスを見て、彼は驚いたのだった。彼女はギレットのテーブルで時間を過ごし、彼の妻子と歓談した。すぐには忘れられない優しさあふれる行動だった。

＊　＊　＊

カリフォルニア州の司法省で最も忙しい部局が、州の巨大で、三四か所もある刑務所を管理するところだ。何十年にも渡って、受刑者たちの弁護人は刑務所内の環境に関して州を訴え続けていた。連邦の裁判所は常に受刑者に味方してきていた。司法長官時代のジェリー・ブラウンがこの問題と格闘していた。だが、裁判では負け続けた。その上、財政難になり、年間一〇〇億ドルも費用がかかり、なおそれが増え続けている状況の中で、何らかの行動が必要になっていた。二〇一一年、ハリスとブラウンがそれぞれの新しい職務に就いて五か月後に、連邦最高裁判所は五対四の判決で、カリフォルニア州の刑務所は、「残酷で異常な刑罰」*2から国民を保護する憲法の条項に違反していると結論したのだ。刑務所はその最大の時で一七万三〇〇〇人の囚人を収容していた。さらにその二倍の数の収容予定者がいた。

アンソニー・ケネディ判事がこの最高裁の多数派意見を書いていた。彼は九人の判事の中で唯一のカリフォルニア人で、レーガン大統領に任命されていた。この中でケネディ判事は五四人もの囚人たちがたった一つのトイレを共同使用していると指摘していた。さらに別の刑務所では、ひとりの囚人が最終的に睾丸癌だと分かるまでの一七か月間、痛みの治療をしてもらえなかったと不満を述べた例をあげた。またひとりの心理療法士はある囚人が二四時間も籠の中に閉じ込められ、自分の排泄物の中にほぼ茫然自失の状態で立たされていたのを見たと報告したことに言及した。刑務官は他に収容する場所がなかったのだと言った。

「受刑者たちは彼ら自身の行動の結果として、自分らの自由にとって必然的な諸権利を剥奪されているのでしょう」とケネディは書いた。「しかし、法律も憲法も様々な権利を認めるよう求めているのです。囚人と言っても、すべての人に備わっている人間としての本質的な尊厳を持っているのです。この尊厳を尊重することこそが、残酷かつ異常な刑罰を禁止している修正第八条を生かすことになるのです」

この判決は刑罰と身柄拘束という問題について、かってなされた最も重要な判断のひとつとなった。また、これはカリフォルニア州にとっては将来に渡る重要な意味を持っていたのだ。州は大量収監において全米をリードしていた。二〇年間で二〇もの刑務所を建設した。そして、同じ期間に受刑者の数は五倍になり、一七万三〇〇〇人になっていた。だが、連邦最高裁判所で敗れた今となっては、カリフォルニア州は方向転換しなければならなかった。ブラウン知事は州議会に刑事司法制度を再構成するよう圧力をかけた。刑務所送りになる人数を大幅に減らし、収監される受刑者の数を一二万人まで減らす改革を実施するようにと。これはブラウン知事の要求

＊2　合衆国憲法の修正第八条にこうある。「過大な額の保釈金を要求し、また過重な罰金を課することはできない。また残酷で異常な刑罰を科してはならない」

だった。ハリス司法長官のものではなかった。新しい司法長官は収監という問題では知事と異なった考えだった。

ブラウンは外部から必要な援助を得ようとしていた。ひとりはデイヴィッド・ミルズで、裕福な投資家の自由主義者で、スタンフォード大学のロースクールの教授だった。またもうひとりはニューヨーク市の億万長者ジョージ・ソロスで、ハンガリーから亡命したホロコーストの生き残りで、刑務所に収監される受刑者の数を減らすための一連の方策を推進し、同時に二〇一二年の州民投票にカリフォルニアの「三振法」の厳格すぎる部分を緩和させる提案（提案三六号）をするために一〇〇万ドルを費やした男だった。彼らの選挙参謀だったエース・スミスとシーン・クレッグ、そしてダン・ニューマンはハリスの司法長官選挙を勝利に導いた人たちだった。

この提案三六号によれば、麻薬とか、不法侵入とか、あるいは万引きなどの軽犯罪を繰り返す者たちが二五年から終身までの間、刑務所で過ごすことはなくなるはずだった。逆に暴力とか重罪と判断されるものだけを犯罪とするのだ。「三振法」で終身刑を宣告されていた約三〇〇〇人が釈放請求を裁判所に提出する権利を得ることになる。

その中にはシェイン・テイラーのような人がいた。彼はチュレア郡出身のホームレスで麻薬常習者だった。この郡はデヴィン・ヌーナズ連邦下院議員を選出しているセントラル・バレーの一部で共和党の地盤だった。テイラーの犯罪歴はまだ十代での二度の押し込み強盗と、ピザを買うために小切手帳を盗んだことだった。一九九六年のある日、ポーターヴィルという小さな町の近くにあるサクセス湖という名の貯水池で、テイラーは友人たちとビールを飲んでいた。そこへパトカーが来て止まり、彼の所持品を検査した。その結果、メタンフェタミンという覚醒剤を〇・一四グラム保持しているのを見つけたのだ。これはコーヒーや紅茶用の小さな砂糖袋の中の砂糖の十分の一の量だ。高等裁判所の判事だったハワード・ブロードマンは法の字句に従って、テイラーに二五年から終身の刑を言い渡したのだ。ほんの少しのメタンフェタミンを保持していただけなのに。ブロードマンはあとで反省するような男ではなかったが、この判決は彼に重くのしかかっていた。

「シェイン・テイラーの判決は間違いだった」とブロードマン判事は言った。

全米で最も過酷な「三振法」を少しでも緩和する運動においてテイラーは数多くの事例のひとつだった。もうひとりは軽犯罪を繰り返して二五年から終身の宣告を受けていた男だったが、ホーム・デポ（ホーム・センター）のチェーン店から一組の手袋を盗んだのがその理由だった。さらにもうひとり、同じ刑の宣告を受けていたのが、精神病の男で二〇〇ドル相当の盗品のコンピューターを所持していただけだった。これらに似たような例が他に何千とあった。

ハリスは刑事司法の改革者であるという彼女自身が描いたイメージによって、有権者たちはカリフォルニア州司法長官から恩恵を受けていたのかもしれない。ロサンゼルス郡の地方検事クーリーはこの提案三六号に賛同していた。だが、ハリスは特に明確な姿勢を示さなかった。彼女が明らかにしていた理由はこうだった。自分の部下たちがこの提案を要約する文章を州民のために書いていたし、彼らが法廷でこの提案を弁護しなければならないかもしれない。もし彼女がこの提案に賛成でも反対でも態度を明らかにしなければならないとしたら、自分と部下たち、そして司法省を、その職務の遂行に関して難しい立場に追い込むことになる。

しかし、州民投票の提案に対して態度を明確にしないことには、多くの政治的理由があったのだ。三振した犯罪者がまた街に出て、恐ろしい犯罪を犯したらどうするのか？　この問題は将来の州民投票に向けての運動で提案に反対する側の宣伝に使われることになる。問題をはぐらかす方がずっと容易だ。ハリスの前任者の中には、法律家として関わるのと政治家として関わるのとの間で必要なバランスを取る方法を見つけていた者がいた。例えば、一九九四年に司法長官だったダン・ラングレンだが、もともとの三振法の案文を支持し、この年の再選の選挙では当然この案文を強く後押しした。この住民投票の発議案が採択された場合には、自分の部下たちが控訴裁判所で新しく出来たこの法を弁護するだろうと十分に分かっていたのだ。ハリスと異なり、ラングレンは法廷で法を守るという自分の公的な責務と、州民にとって非常に重要な政策での自分の立ち位置を有権者に知らせる政治指導者の責任との間に何も不都合を見ていなかったのだ。

三振法を後退させる発議は地滑り的勝利を収めた。投票のほぼ七〇パーセントを獲得したのだ。これが採択されたことで、約三千人の三振者が刑務所から釈放された。また再び刑務所に戻ってくる者はほとんどいなかったし、殺人を犯した者はひとりもいなかった。シェイン・テイラーも戻らなかったひとりだった。

＊　＊　＊

ハリスは他のいくつかの刑事司法に関する州民投票の発議案に対しても、明確な態度を取らなかった。例えばガヴィン・ニューサムがカリフォルニア州の副知事だったときに発案していたものが、それだった。麻薬と不法侵入に関わる犯罪の刑期を軽減しようとするものだった。また、もうひとつはジェリー・ブラウン知事が発案したもので、長期間の刑期を務めている軽犯罪者に希望を持たせるもので、刑務所内での学習や職業訓練をきちんと受講して刑務所内の規則に従っていることを条件に、釈放の機会を与えようとするものだった。さらに、死刑に関しては生涯反対していたハリスだったが、二〇一二年から一六年までの司法長官時代には死刑を廃止しようとする住民発議に対して、態度を示すことを拒否していたのだ。これらはすべて僅差で採択されなかった。あるいは、彼女はもうひとつの発議である二〇一六年に提案された死刑の執行を早めさせようとするものにも態度を示さなかった。退職していた刑事局のデイン・ジレットがこの発議の共同提案者だった。この発議案は採択されたのだが、約束された執行は一度もなされないままだった。すべての死刑関連法と同じで、この死刑執行を早めようという発議も訴訟の面倒に巻き込まれてしまったのだった。数十年間、カリフォルニア州民は繰り返し投票してきている。合衆国内のどの州よりも、カリフォルニア州には死刑判決を受けた受刑者が多くいる。しかし、法廷の判断や州政治を支配する民主党員からの反対で、もう二度と死刑を執行することはないはずだ。

第14章　過去の遺物――死刑制度へのリアルな対応

カマラ・ハリスが司法長官になったとき、死刑問題はすでに過去の遺物だった。犯罪に対して賢明で進歩的であることを自任する検事が気にするような問題ではなかった。しかし、二〇一〇年の選挙戦で、ハリスは、死刑に反対であったものの、法律をあるがままに執行すると約束していた。このことは、彼女の部下たちがそれなりに仕事をすること、つまり彼らが州や連邦の裁判所で死刑判決を擁護することを意味していたのだ。だが、それは無駄なことだった。

二〇一一年一月にカマラ・ハリスが職務に就いた時には、サンクエンティンにある州刑務所の死刑執行室はもう五年近くも使われたことがなかった。この刑務所はサンフランシスコ湾の北の岸を少しだけ上った所にあった。この刑務所は一八五二年に建設されて以来、四〇〇〇人ばかりの人々の壁で囲まれた小さな町になっていた。壁の中ではおよそ七〇〇人の受刑者たちが、高度な安全設備が施された三つの地区に分かれて生活していた。その三つの地区はそれぞれ一九一三年、一九三〇年、そして一九三四年に設置されていた。この三つはすべて合わせて、死刑場と呼ばれていた。ここの受刑者たちは、もし外の世界を見ることができる窓のある部屋にいたら数百万ドルの景色を楽しめたはずだった。だが、そこには窓などない。二〇一一年時点では、男たちの少なくとも五九人は六〇歳以上で、一四五人が病気や加齢か、自殺か、殺人か、麻薬のせいで死んでいた。ほとんどの囚人たちはイースト・ブロックにいた。ここは大きな倉庫のような建物だ。この建物の中には、一列で六〇の独房が五列ある。独房は四・五平米もないぐらいだ。監視人の部屋の壁にはミッキー・マウスの時計が掛かっている。その時計の下には「地球上で最も幸福な場所」という標識がある。

ハリスが司法長官になるずっと前に死刑はカリフォルニア州では実施されていなかった。一九七七年に死刑が法的に復活してから男女合わせて九〇〇人に死刑が宣告されていた。この中には判決が覆った者もいたし、釈放されて自由になった者もいた。だが、そのほとんどは、控訴してから何十年も経っていて、わずか一三人だけがサンクエンティンで執行されたにすぎなかった。それも一九九二年から二〇〇六年までの期間でだった。

*　*　*

二〇〇六年にマイケル・モラレスは一九八一年に犯した婦女暴行と殺人の罪で死刑を執行される瀬戸際にいた。彼の犠牲になったのはロディ高校の最上級生テリー・ウィンチェルだった。モラレスの弁護士は、州が使用している死刑執行のための薬剤は耐え難い苦痛を与えるものだと主張して、クリントン大統領が任命していた連邦地方判事のジェレミー・フォーゲルを納得させたのだった。弁護士の言い分ではこの薬剤を使用するのはアメリカ憲法の修正八条に違反するというのだ。その条項は残酷で、異常な刑罰を禁止していた。カリフォルニア州の「更生と回復省」が守ってきた慣例では、刑務所の職員は死刑囚に、強力な催眠剤であるチオペンタールナトリウムを注射してすぐに眠らせることになっていた。その後で臭化パンクロニウムの弛緩剤を静脈に入れるのだ。そしてさらに塩化カリウムを投与して心臓停止による死を引き起こすのだ。

モラレスの弁護士は不十分な量の鎮静剤が過去の死刑執行で使用されていた証拠を提出した。死刑囚の眠りが浅かった場合には、他の薬剤が投与されるときに耐えられないほどの苦痛を味わうというのだ。記録の保管が杜撰だったために、実際にそれぞれの死刑執行時に何が起きたのかは明確ではなかった。だが、刑務所にいる間に殺人を命じたとして死刑を宣告されていたひとりの男が、塩化カリウムを二度も注射し直されていた。この死刑執行された最後のサンフランシスコ市民となったロバート・リー・マッシーは、おそらくまだ意識があったために、二〇〇一年に二度目と三度目の薬剤が投与されたときには、相当な苦痛を感じていたはずだった。記録からはそう判断できた。

＊　＊　＊

この死の薬剤の投与の問題がぐずぐずと尾を引いているうちに、ジョージ・W・ブッシュ大統領が任命した連邦地方判事のコーマック・J・カーニーがアーネスト・デウェイン・ジョーンズの事件を担当することになった。二〇一四年時点で、ジョーンズは一九年間も死刑執行待ちの状態にいた。彼の罪状は一九九二年に自分のガールフレンドの母親をレイプし殺害した事件だった。それで死刑宣告を受けていたのだ。カーニーは十分に検討した。二〇一四年に発した二九頁に及ぶ判決の中で、彼は死刑制度に付随する様々な細かい点を論じた。過去の州や連邦裁判所での典型的な事件を振り返りもした。

彼は死刑を執行されて死んだ囚人がいかに少なく、逆に他の原因で死んだ囚人がいかに多かったかに気づいた。当時、州は一週間にひとりは必ず死刑の執行をしていた。死刑待ちの囚人の数を減らすためだったが、この状況は一四年間続いていた。だが、カリフォルニア州には公的な死刑執行に関する手引き書の類はなかったのだ。

「不規則で予測も出来ないほどの遅れが死刑執行制度に生じている。そのために、死刑を宣告された何百人もの中で、州によって実際に死刑が執行された、あるいは今後されそうな人たちはほとんどいない」と、彼は書いた。「この状態が生じたのは罪の性質とか死刑宣告の日程とかという法的な要因ではなく、人為的で恣意的な要因が原因である。刑罰の目的を果たさない制度が原因なのだ。このような制度こそ憲法違反だ」

カーニーは誰も執行されていないから死刑は違憲だと結論した。この判断が成り立つなら、カリフォルニア州での死刑制度は終わりだということになる。ここでハリス司法長官は選択した。彼女はカーニー判事の判断は正しいので、控訴しないと決めることもできた。

それは死刑そのものを意味のないものとして葬り去る方法のひとつだった。そして、死刑廃止論者たちを大いに喜ばせることになったはずだった。だが、彼女の部下たちはカーリーの判断に激高した。同時に死刑支持者たちの抵抗にも直面したのだ。司法長官の選挙時の約束を守っていられる状況ではなくなっていた。そこで、彼女自身は反対だったが、法を執行する方を選んだ。そして死刑制度を守った。

ハリスはこの件を控訴することにした。報道陣への短い説明のなかで、カーニーの「判断は法に支持されない」と言った。さらに興味深いことに、彼女はこう付け足していた。「カーニーの判決は、わが州の法廷が被告に対して与えている重要な保護をないがしろにするものである」

カリフォルニア州司法省の係官のなかには、ハリスが言及した被告に対する保護が何を意味するのか理解できない者がいた。また、死刑を待つ囚人たちの弁護人たちにもいた。カーニーの判決が被告人たちの公の保護をないがしろにしているとは思えなかったのだ。しかし、ハリスは一歩先を考えていた。控訴しなかったとしても、死刑に賛成している郡の地方検事たちが自分たちで進んで控訴するだろう、と考えたのだ。そして、最終的にこの件は連邦最高裁判所に行くことになるだろう。そこでは、判事の多数は繰り返される控訴に我慢できないはずだ。彼女がこだわっていたのは、最高裁の判事たちが死刑執行に多くの障害があったことは認めながらも、同時に州は死刑囚の刑をもっと効率的に執行する必要があると結論するはずだという点だった。これでは、カーニーの判決が究極的には死刑を廃止しようという努力を無駄にしてしまうことになる。それで、最終的に州として、カーニーの裁定を連邦の第九巡回控訴裁判所に訴えることにしたのだ。

この控訴審の判断はカーニーの判決を「新しい」としながらも、これを覆したのだった。二〇一五年のことだ。この結果、死刑はカリフォルニア州の法律に留まることになった。そう、ギャビン・ニューサムが介入するまでは。

＊　＊　＊

二〇一九年三月一三日、ジェリー・ブラウンの後任ニューサムが新知事として就任して二か月後に、彼は記者会見を開いて、死刑執行を一時禁止するために重要な一歩を踏み出すと発表した。自分が知事の間には誰も死刑を執行されることはない。彼が強調したのは、死刑執行室の解体を指示し、その解体された資材はある倉庫に運び込むというものだった。当時、カリフォルニアには七三七人の死刑宣告された囚人がいた。そのうちのひとりはサンフランシスコの人間だった。

この時までにはハリスはすでに連邦議会の上院議員になっていた。しかも、すでに翌年の大統領選挙への立候補を表明していた。そのため、この時点では司法長官としての束縛からは解放されていた。ニューサムが宣言した日、ハリス上院議員は記者団に書簡を配り、知事の行為を称賛し、死刑は「非道徳的で、差別的で、何ら効果もなく、納税者の金の無駄使い」だと書いていた。翌日、記者たちに対して、合衆国政府も死刑を一時禁止するべきだと思うと語ったのだ。

ニューサムの行政命令は死刑そのものを廃止するものではなかった。また、死刑執行を待つ囚人の数を減らすものでもなかった。一九七二年に州民投票で承認されて、州憲法の修正条項となった死刑制度は、まるでゾンビのようにそのまま残っていたのだ。本書を書いている時点のカリフォルニア州では、死刑宣告を受けている男性が六九一人、女性が二〇人いる。

彼らの宣告は無視された状態におかれているのだ。ニューサムが知事である限り、州の手によって死ぬ人間はいないだろう。しかし、この囚人たちは年を取り、他の原因で倒れるかもしれない。二〇二〇年六月二四日から七月二九日の間に新型コロナウィルスがサンクエンティン刑務所を襲った。一三人の死刑囚が死んだ。この数は一九九二年と二〇〇六年の間にこの刑務所で死刑が執行された人数と同じだった。

*　*　*

ハリスが死刑の件に関して我関せずの態度を取り続けたことは、二〇一九年に大統領選挙に出馬したときに、彼女に重くのしかかってきた。同じ民主党の対立候補から攻められたのは、彼女が死刑囚ケヴィン・クーパーの釈放につながったかもしれないDNAの鑑定を強く拒んだことだった。

ケヴィン・クーパーは一九八三年にロサンゼルス市東部にあるチノヒルズで四人を殺害した容疑で、一九八五年に死刑判決を受けていた。その四人とはダッグとペギーのライアン夫妻（二人とも四一歳）と娘のジェシカ（一〇歳）、そして一泊の予定で遊びに来ていたクリストファー・ヒューズ（一一歳）で、全員めった刺しされて死亡していた。ライアン夫妻の八歳になる長男ジョシュアは喉を切られていたが、生き残った。この殺害現場はもっとも剛胆な刑事たちも気分を悪くし、南カリフォルニアの州民に大きな衝撃を与えた惨状だった。

それ以前にも、クーパーは押し込み強盗でチノにある男性だけの州の収容所（California Institution for Men）に四年間服役していた。だがここを脱走してすぐに殺人事件を起こしたのだ。彼は殺害現場のライアンの住居からわずか一一二メートルしか離れていないある家に隠れていた。初めから彼は無罪を主張していた。自分は悪い時に悪い場所にいただけだと主張した。事件から数十年の間に司法長官は六人変わった。そして、彼らの下の担当検事たちはクーパーの有罪判決を擁護した。法的な攻防はＤＮＡを巡るものだった。クーパーの弁護人たちは、彼の主張を裏付けるためにもＤＮＡの鑑定をするべきだと要請し続けた。この要請は少なくとも二〇〇〇年の段階で公になっていた。この年、リヴァーサイドの『プレス・エンタープライズ』紙が三七〇〇語の暴露記事を掲載して、クーパーの有罪判決に疑問を表明していたからだ。

この新聞記事が明らかにしているように、生存したジョシュア・ライアンが犯人は三人だったと思うと発言していたし、しかもその三人は白人またはラテン系で、亡くなったジェシカ・ライアンの手にはブロンドの髪の毛が握られていたのだ。クーパーは黒人だった。入り口の壁の血痕がクーパーの無実を証明することになるか、あるいは証明しないかだと弁護人は主張していたのだ。

クーパーが「あいつらは自分たちの失敗を認めるよりも、無罪の人間を死刑にしたがるんだ」と話したと『プレス・エンタープライズ』紙は書いている。

ハリスがサンフランシスコ地方検事になった二〇〇四年一月に、シュワルツェネッガー知事はクーパーに温情を与えるのを拒否した。彼の死刑は二〇〇四年二月一〇日、火曜日の午前〇時一分に執行されることになった。その月曜日、クーパーが独房から死刑執行室の待合室に移された後になって、第九巡回控訴裁判所の一一人の判事が介入して、刑の執行を中止させた。これによって彼の事件は保留となったのだ。それ以後、彼の弁護人と検事、それに司法長官はDNA鑑定を巡って改めて攻防を続けたのだ。

二〇一八年五月一七日に、『ニューヨーク・タイムズ』紙のコラムニストだったニコラス・クリストフは三五〇〇語もの記事を書いて、クーパーの有罪判決にまつわる多くの疑問点を指摘して、当時の司法長官だったジェリー・ブラウンも現職のカマラ・ハリスもDNA鑑定の要請を却下したと名指しで批判したのだ。

ひとりの無罪の男が保安官たちにはめられて、現在死刑執行の順番待ちになっている。嘘をついている警官たち、センセーショナルに報道したメディア、そしてブラウン司法長官や、上院議員になる前はカリフォルニアの司法長官だったカマラ・ハリスといった欠陥だらけの政治指導者たちに主な原因がある。特に後者の二人は、美しい白人家族をめった刺しにして殺したとされる黒人男性のDNA鑑定を許可しようとしなかったのだ。

この記事がオンラインでも掲載されると、クリストフはハリスから電話があったことを公表し、彼女の「私はこの記事で気分が悪くなった」という言葉を紹介した。ハリスはブラウン知事に鑑定を許可するよう強く求めたのだった。二〇一八年のクリスマス・イヴ、つまり任期の切れる直前にブラウンは鑑定の実施に合意し、これを命じた。しかし、彼の命じた鑑定はクーパーの弁護人が求める完全な鑑定とはほど遠いものだった。二〇一九年になってニューサム知事が完全な形の鑑定をする命令を発した。

その後数か月間で、捜査官たちは血痕の標本がなくなっているか、または結論を導き出せないほど劣化していることに気づいた。唯一、存在していたのがライアンの住居からそれ程離れていないところで見つかっていた血染めのタオルだけだった。このDNA鑑定では血痕はクーパーのものではなかった。クーパーの弁護人たちはニューサムが恩赦してくれるのを望んだ。少なくとも、再審は希望できた。司法長官だったハリスはこれに対して何もしなかったが、上院議員として、クリストフの記事には確かに反応して、ブラウン知事に鑑定を命じるように電話していたのだ。

「大きな突破口でしたよ」とクーパーの弁護人のひとりだったノーマン・C・ハイルが言っている。「ハリス議員がしてくれたことに感謝しています」

本書の執筆時点では、クーパーはまだ刑務所にいる。事件当時、二五歳だった彼は現在六二歳になっている。

第15章 ウェディング・ベル――同性結婚に祝意を！

初めのうちカマラ・ハリスはアメリカでの同性結婚の合法化につながった歴史的な運動では小さな役割を果たしただけだった。その中心にいて結婚の平等のヒーローとなったのはギャビン・ニューサムだった。彼がまだサンフランシスコ市長のときだった。二〇〇四年のバレンタインデーの週末前の日々、ニューサムは国際的な注目を浴びていた。サンフランシスコ市と郡とが同性結婚を合法化すると宣言したためだったが、賛否両論とも非常に多かった。

まだ地方検事に就任したばかりのハリスが市庁舎前に多くの人々の列を見たのは、空港に向かう途中だった。彼女が車を降りると、すぐに人々の整理を手伝うよう求められたのだった。

「私たちがそこにいたのは、市庁舎の玄関ホールで結婚式を執り行うためで、市庁舎は隅から隅まで混んでいました」とハリスは自伝に書いている。「私たちが出迎えたのは何組もの愛し合う人々で、一組一組がその時、その場所で結婚するためにやって来たのです。私がそれまでに全く経験したことがないものでした。すべてが美しかったのです」

ハリスとニューサムは今後に期待の持てる若いスターだった。同じような立場にいて、そして多くの同じ受益者を共有していた。だが、その時のニュースによると、二人の関係は冷ややかなものだったという。そのうちいつか、二人は互いに競い合う関係になるだろう。いずれにせよ、ニューサムは常に見出しを飾る術を知っていた。サンフランシスコ市長として就任して一二日後の二〇〇四年一月二〇日に、彼はジョージ・W・ブッシュ大統領の年頭教書の発表に参列した。彼の故郷が選出していた下院議員ナンシー・ペロシがゲストとして招いたのだ。ペロシはその時下院の少数派の院内総務をしていた。

「わが国は結婚の神聖さを守らなければならない」とブッシュは議会に向かって言った。憲法を修正して、結婚は男女の間のものとして定義づける条項を付け加えるべきとの展望を語っていた。

ニューサムの補佐官たちがのちに明らかにしたことだが、この新市長ニューサムは同性カップルにも結婚許可証を発行するために必要な手続きを始めるように補佐官たちに指示して、自分の社会的役割を果たそうと決意していたというのだ。たしかに、この考えは余りにも大胆だったが、ただ決して彼だけに特別なものではなかった。すでに、サンフランシスコ市内では同性結婚の合法化への努力が始まっていたからだ。

二〇〇三年にはすでに、ハリスの友人で同志でもあり、ゲイであるサンフランシスコの民主党の州下院議員マーク・レノがＬＧＢＴＱの権利を促進するための、そして結婚の平等の実現に向けて先頭を走る組織である「イーコリティ・カリフォルニア」の弁護士たちと、望めるのであるならば、と同性結婚を合法化する法案の準備を始めていたのだ。

二〇〇四年一月一五日の『ベイ・エリア・レポーター』誌というＬＧＢＴＱの人たちのための

雑誌が、レノが法案をサクラメントの州議会に提出する予定だとスクープした。このことは全米で初めてのことで、当然のように全国の注目を集めることになった。成功の可能性は低かった。党の指導者たちはレノに待つよう要請した。だが、レノはそのまま突き進んだ。二〇〇四年二月一二日に法案を州議会事務局に届けた。日程が重要だった。全米の結婚の自由の日で、同性カップルが自分たちの郡の役所に行き、結婚許可証を求め、そして拒否されることで、抗議のデモを始める日だった。

ニューサムはレノの法案を別の法案の付随条項として提出する行動を取ろうとしていた。カリフォルニア州憲法で明記されているすべての人々に対する政府による平等の保護の権利に触れながら、この日、ニューサムは郡の役人たちに同性カップルに結婚許可証を発行するよう指示したのだ。この知らせが広まると、結婚衣装や、タキシード、あるいは短パンにTシャツ、またはジーンズという何百というカップルが古典的装飾様式の金色に輝く市庁舎に押し掛けたのだ。カップルの中には国内の他の所から飛行機でやって来た者たちもいた。

ギャビン・ニューサムは、社会正義の開拓者としての地位を堅固なものにしていた。マサチューセッツ州選出の下院議員でゲイでもあるバーニー・フランクとカリフォルニア州選出のダイアン・ファインスタイン上院議員ら、仲間の民主党員たちは皆驚愕した。

「余りにも早くやりすぎよ。時期も悪すぎる」とファインスタインはこの時発言した。

フォックス・ニュースの番組司会者で、その前はサンフランシスコで記者をしていたジョン・ギブソンはニューサムを「サンフランシスコのゲイの結婚市長」と呼んだりした。これは何千という同性カップルがヒッチハイクしてこの街に向かっていて、しかもこのことを「結婚　この素晴らしきものよ」と形容しているのに気づいたからだ。

当時、カリフォルニア州の法律はまだ結婚を一人の男性と一人の女性の間のものとしていた。これは二〇〇〇年三月七日の州民投票で提案二二号が賛成された結果なのだ。この時の投票は六一パーセント対三九パーセントの票率差だった。だが、重要なのは、提案二二号は憲法へ修正条項として追加するのではなく、ただ単なる付随文書として成立させるものだったことだ。そのため、その後の論争では全く役に立たなかったのだ。

しかし、まず、カリフォルニア州の最高裁判所がこの付随文書を援用して、同性結婚を止めたのだ。二〇〇四年八月一二日だった。州最高裁は結婚が権利かどうかの問題には踏み込まなかった。ただ、判事たちは苦労の末の判断で、地方の役人が結婚に関する州法を合衆国憲法の修正第一四条に違反するとして無視出来るとすると、たとえば自動小銃を禁じる法を修正第二条に違反するとして容易に無視できることになると論じた。判事の論理は――

政府の仕事をする法の下の義務を負う役人たちがその仕事を自由に拒めるとしたら、それもただ単に役人たちの、問題になっている法は危険だという考えに基づくだけで、それを拒めるとしたら、法の統一規則というものはすべて早急に消え去ってしまうことになる。そうなると常に、広範囲での司法介入が政府の通常の機能を作用させるために求められることになる。もちろん、このようなことは我々が親しんでいる法制度ではない。

この判断が最終のものにはならなかった。次々と控訴が繰り返されて一〇年ほど過ぎたのだ。サンフランシスコ地方検事のカマラ・ハリスは、当時はまだ何も役割を果たしていなかった。だが、その状況はすぐに変わることになった。

＊　＊　＊

二〇〇四年に裁判所が同性結婚にストップをかける以前には、約一万八〇〇〇の同性カップルがカリフォルニア州で結婚していた。州内はもちろんのこと、全国からやってきた弁護士たちが、彼らが結婚の平等に関する決定的な事項と考えるものに準備書面を提出していた。ハリス地方検事はこうした弁護士の仲間ではなかった。彼女の権限ではなかったからだ。彼女の仕事は犯罪人を訴追することで、結婚許可証を発行した市長や郡の役人を守ることではなかったのだ。

州の憲法問題は二〇〇八年五月に州の最高裁判所に預けられた。だが、ロナルド・ジョージ主任判事は動かなかった。二〇〇四年一月八日のハリスの地方検事就任に立ち会って、ハリスの母親シャーマラと共にカマラを自慢気に見守っていたのだ。ただ、ジョージの法と秩序への信念を疑う者は誰もいなかった。一九七〇年代初め、まだ自身が地方検事補だった頃、彼はカリフォルニア州の死刑条項を州の最高裁判所で弁護していた。彼を初めて裁判所の判事に任命したのはロナルド・レーガン知事だった。一九八一年、ロサンゼルスの高等裁判所判事として、ジョージは共和党の司法長官だったジョージ・デュークメジアンにアンジェロ・ブオノの訴追を任せることにした。このブオノは一〇人の女性を強姦殺害した事件の容疑者で、この事件は「ヒルサイドの絞殺魔」として知られていた。デュークメジアンがこの事件の担当を命じられる前は、ロサンゼルス郡地方検事のジョン・ヴァン・デ・カンプがブオノの従弟で彼を告訴したケネス・ビアンキの目撃情報が信じられないとして、訴追を止めていたのだ。ブオノは結局有罪判決を受け、二〇〇二年に刑務所内で死亡した。共和党のピート・ウィルソン知事がロナルド・ジョージを最高裁主任判事に任命したのだった。一九九六年のことだ。

二〇〇八年五月一五日、ジョージは四対三の判決の、一二一頁に及ぶ多数派意見を書いた。「家族関係を形作る基本的な憲法上の権利が意味する内容とその重要性とを考慮すると、カリフォルニア州憲法はすべてのカリフォルニア州民の基本的な権利を保護していると正しく解釈されなければならない。その州民がゲイであろうと、同性愛者であろうとだ。さらに、同性のカップルであろうと異性のカップルであろうとでもある」と結論したのだ。同性の結婚を認めない提案二二号はカリフォルニア州憲法に違反する条項だとしたのだ。これは結婚の平等にとって紛れもない勝利だった。

保守的な考えを持つ宗教関係者は別の考えをしていた。結婚のための国民連合やモルモン教会、コロンブスの騎士[*1]、カトリック司祭たちなどをはじめとする「伝統的結婚」を強く支持する団体

＊1　コロンブスの騎士　カトリックの男性信者の社会奉仕集団。

は、登録有権者の一一二万人の署名を集める運動を展開した。州最高裁が提案二二号の件で判決を下した二週間後、カリフォルニア州選挙管理委員会の職員が提案八号となるものを公表した。二〇〇八年一一月四日に効力を持つことになったこの新しい提案は、カリフォルニア憲法自体を改正してしまうことで州最高裁の決定を覆そうとするものだった。その改正とは、「カリフォルニア州では、ひとりの男性とひとりの女性との間の結婚のみ有効であり、承認される」という条項を書き加えることだった。

同性の結婚を禁じようとする「提案八号にイエスを」の運動は四三〇〇万ドル以上を集め、そして支出した。同性の結婚は子供たちに害になるという恐怖心につけこむ形で、この金はコマーシャルに使われた。学校から帰った少女が、「ママ、今日、学校で何を習ったと思う？　王子様が王子様と結ばれたことよ」と怯え顔の母親に告げるのだ。

「提案八号を採択しないと同性結婚の教育が行われるのです」

ハリス地方検事は提案八号に反対を表明していた。彼女の妹で、「アメリカ自由人権協会（ACLU）」の北カリフォルニア支部の事務局長だったマヤ・ハリスがこの提案を潰すための活動に直接関わっていた。マヤ・ハリスと「イーコリティ・カリフォルニア」の指導者たちは反対運動のためのチームを立ち上げ、四二〇〇万ドルを集めた。その中の二〇〇万ドル以上はACLUの北カリフォルニアからの献金だった。

ニューサムとサンディエゴとロサンゼルスの市長たちも提案八号に反対する活動をしていた。ファインスタイン上院議員も反対の声を上げ、ボクサー上院議員とシュワルツェネッガー州知事も反対していた。カリフォルニア教員協会が反対運動に一三〇万ドル寄付していた。デヴィッド・ゲフィン、ブラッド・ピット、そしてエレン・デジェネレスといったハリウッドの俳優たちも、それぞれが一〇万ドルずつ寄付をした。グーグルの創始者のひとりセルゲイ・ブリンをはじめとするシリコン・バレーの指導者たちも同様だった。

二〇〇八年の投票の夜は、民主党には大いに祝うべき時だった。連邦議会の下院で二一議席増やして過半数を獲得し、ナンシー・ペロシを議長にすることになった。上院でも六〇議席を確保し、少数派が合法的に議事進行を妨害するフィリバスター戦術を阻止できることになった。さらに重要なのは、バラク・オバマが大統領に当選したことだ。カリフォルニア州では、オバマは共和党の候補者のアリゾナ州選出の共和党上院議員ジョン・マケインを六一パーセント対三七パーセントの得票率差で打ち負かしていた。だが、カリフォルニアが特別だったわけではない。

サンフランシスコ市の有権者の七五パーセント以上が提案八号に反対の投票をした。だが、州内の五八の郡の中で、人口が集中しているロサンゼルス郡、オレンジ郡、そしてサンディエゴ郡を含む四二の郡はこの提案に賛成していた。その結果、提案八号は五二・三パーセント対四七・七パーセントで承認されたのだ。

「提案八号にイエスを」運動の戦略家だったフランク・シューベルトは、『ロサンゼルス・タイムズ』紙にこう語った。「我々はカリフォルニア州全土をシラミ潰しに回ったんです。一軒一軒、そして一人ひとりに直接、この問題についてどう感じるかって。これは人々が非常に個人的に、自分のものとして受け止めることのできる問題なのです。そのために、人々は世論調査員に話したがりません。メディアにも話そうとはしません。でも、彼らがどう感じているかは、かなりよく分かっていました。それがこの票数となっているのです」

提案八号に反対する方はすぐに法廷に訴えた。

＊　＊　＊

州の司法長官は個人的な倫理観に関係なく、州の法律を守る義務がある。だが、時には、例外もある。

提案八号に反対だったジェリー・ブラウン[*2]司法長官はこの難局を乗り越える方法を探り出していた。彼の父親パット・ブラウンが州知事のときに司法長官だったスタンレー・モスクが提案一四号を弁護するのを拒否したのを思い出したのだ。この提案一四号はカリフォルニア州の「公正住宅法[*3]」を無効にする一九六四年の住民投票提案だった。

二〇〇八年末の一一一頁に及ぶ訴状の中で、ジェリー・ブラウンは州最高裁に提案八号を無効にするよう求めた。彼の論点は次の通りだ――結婚は個人の自由と私生活にとって、アメリカの独立宣言が謳い上げた「不可譲の権利」のひとつだ――そのどちらもカリフォルニア州憲法に記載されている――提案八号に見られるような州憲法を修正する力は、不可譲の権利を無効にするために行使されてはならない。

ブラウンにとっては、提案八号を弁護しないことに政治的な利点があった。彼は司法長官職を辞めて、再び二〇一〇年に州知事選挙に立候補するつもりだったのだ。一九七五年から一九八三年まで彼が務めていた職務だった。一九三八年生まれだったから、若い知事だった。彼はニューサム・サンフランシスコ市長が率いる左派からの挑戦をはねつける立場を表明していた。ニューサムも知事選への出馬を考えていた。

ブラウンの決定は裁判に直接影響した。州が提案八号を断念したために、州を弁護していた者たちが提案支持に回ったのだ。彼らは自分たちの代弁者としてケネス・スターを選んだ。スターはマリブにあるペパーダイン大学のロースクールの学長だった。だが、スターが有名になったのは、クリントン大統領がホワイトハウスのインターン学生だったモニカ・ルインスキーとの特別な関係で嘘をついたために弾劾されることになった長期間の調査に、特別検察官として関わったことだった。

スターの側は当初、成功していた。ジョージ主任判事による別の、六対一の判決で、カリフォルニア州最高裁は提案八号を合憲と判断したのだった。だが、判事たちは同時に、この判決以前は同性結婚が合法だったので、この期間に結婚した同性カップルの結婚は認められるとしたのだった。

＊2　ジェリー・ブラウン（一九三八—）は一九七五年から八三年まで第三四代、そして二〇一一年から一九年まで第三九代カリフォルニア州知事を務めた。この間にはオークランド市長を、またカマラ・ハリスの前任者となるカリフォルニア州司法長官を歴任している。第三二代の知事パット・ブラウンが父親で、州内有数の政治家一族となっている。大統領選挙にも挑戦したがうまくいかなかった。

＊3　公正住宅法　住宅の売買・賃貸に関して人種、性別、宗教などで差別扱いがなされてはならないと規定したもの。

ジョージにはこの問題をどう考えるべきかに疑問などなかった。二〇〇九年一〇月一〇日にマサチューセッツ州ケンブリッジの「アメリカ芸術科学アカデミー」で行った講演で、彼は余り広く知られていなかった別の提案に言及した。この提案は二〇〇八年の選挙日の夜に圧倒的多数で承認されていたものだったが、農業従事者に食肉用鶏や他の家畜を大きめの籠や囲いの中で飼育するよう指示するものだった。「カリフォルニアの鶏たちは価値ある権利を手に入れたのだ。それもゲイの男性やレズビアンの女性たちがその権利を失ったその日に」

だが、実際の戦いは州内各地の連邦裁判所で起きていた。提案八号が提唱するカリフォルニア州の州憲法改正案は、合衆国憲法に違反しているかを判事たちが判断しなければならなかったのだ。こういった時期にジェリー・ブラウンは司法長官を辞めて、州知事となった。次の司法長官がブラウンの意図を引き継いで、提案八号の弁護をその支持者たちに任せてしまうか、法そのものを守るのかを決めなければならなかった。

つまり、このような状況の中にカマラ・ハリスが司法長官として入省してきたのだ。その後二年間かかったが、最終的にハリスが打ち勝ち、結婚の平等はカリフォルニア州で現実のものとなるのだった。

＊　＊　＊

しかし、その途中ではいくつかの障害があった。カリフォルニア州の提案八号は、結局は同性結婚に関する合衆国最高裁判所の最終決定の基盤とはならなかったからだ。二〇一五年の「オーバーグフェル対ホッジス」の五対四のきわどい判決だったが、判事たちは結婚の平等は憲法で認められた権利だと確認したのだ。この判決の多数意見を書いたアンソニー・ケネディ判事は、こう述べた。「結婚以上に本質的な人間の組み合わせはない。なぜなら、結婚こそが愛と貞節と献身と犠牲と、そして家族とを象徴するからである。結婚関係を形成することで、二人の人間が自分たちがひとりであったときよりもずっと大きな意味を持つ何者かになることができるのである」。こうして、改めて、カリフォルニア州は全米の他の州の先頭を行くことになった。

二〇一一年一月に司法長官の職務を始めたハリスは、ブラウン同様、提案八号を弁護するのを拒んだ。というよりも、彼女はこれに真正面から反対した。合衆国最高裁がカリフォルニア州民によって承認された法は撤廃されるべきだと判断した二〇一三年二月二七日に、ハリスは意見書を提出した。

「明らかにするべきは、提案八号の唯一の目的が同性カップルを結婚できないようにすることで、その唯一の効力はゲイ同士、またはレズビアン同士の家族を非難することなのです。このようなことをするのに、合法的かつ理性的な州の利益は絶対にありません。ですから、提案八号は憲法違反なのです」とハリスは宣言した。

この法を守るつもりのないハリス司法長官に対して、提案八号を維持しようと躍起になっていた人たちは、とにかくこれを守らなければならなかった。その結果、これは「ホリングスワース対ペリー」事件として知られるようになった。原告ホリングスワースは伝統的な結婚を守ろうとするサンディエゴおよびリバーサイド郡の保守的な地区から選出されていた共和党の州下院議員だった。

二〇一三年六月二六日に、連邦最高裁判所はこのホリングスワースの主張を却下した。彼とその組織はもともと訴訟に値する基盤を持っていないと結論したのだ。訴訟を起こした個々人は同性結婚によって直接何か不利益を受けることはない。影響を受けるとすればそれは州だけだ。この最高裁の判決の二日後、サンフランシスコを本拠地とする連邦第九巡回控訴裁判所は、カリフォルニア州内ですべての結婚に道を開く命令を出した。

四人の息子たちの母親だったクリス・ペリーとサンディ・スティアーの二人が列の先頭にいた。ニューサム市長が、性的指向がいかなるものであろうと、すべての市民に結婚許可証を発行するよう指示した、あの二〇〇四年にサンフランシスコで結婚したいと望んでいた二人だった。裁判所が同性結婚に待ったをかけたために、このバークレイのカップルは「ホリングスワース対ペリー」として知られることになった訴訟を起こしていたのだ。

第九巡回控訴裁判所が同性結婚を改めて認める道を開いたことで、ペリーとスティアーの二人はサンフランシスコ市庁舎に凱旋した。これを見届けるために、大勢が集まってきた。ハリスは「いまSF市庁舎に向かう途中よ。ウェディング・ベルを鳴らして！ #Prop8」とツイートした。

二〇一三年六月二八日、市長公舎の外のバルコニーで、ハリスはこの二人のために結婚式を挙行した。ペリーの成人した息子の一人が結婚指輪を運んだ。

「カリフォルニア州に与えられている権限によって、私はあなた方二人が生涯夫婦であることを宣言します」。ハリスはこう宣告した。結婚式は四分三〇秒の短いものだった。ここにこれからの永遠に近い時代が始まったのだった。

＊4　Prop8は「提案八号」のこと。

第16章　見るに耐えない写真——銃規制を求めて

アリゾナ州ツーソンにあるセイフウェイのショッピング・センターで、ジャレド・リー・ラフナーが合法的に購入したグロックの九ミリの半自動ピストルを抜き出すと、装填してあった三〇発の銃弾がなくなるまで、打ち続けた。空になったために、新たに三〇発を装填した。ラフナーは統合失調症の二二歳の若者で、異常行動のために、コミュニティ・カレッジを追放処分されていた。撃ち終わったとき、六人が死亡した。この中のひとり、連邦下院議員のガブリエル・ギフォーズは頭部に銃弾を受けて負傷した。二〇一一年一月八日のことだった。

この二日前にカマラ・ハリスはカリフォルニア州司法長官に就任していた。ハリスはまだサンフランシスコの地方検事だったときに、街の通りから武器を追放しようと主張していた。この事件でハリスは州全体に銃規制を施すべきという運動にしっかりと目を向けたのだ。このツーソンのおぞましい事件で多くの人々は銃による暴力と武器を所有することを禁じられるべき人について再び関心を向けることになった。ハリスにとってはありがたいことに前任者が頼るべき法を制定してくれていた。

一九九八年にカリフォルニア州の司法長官に立候補を決めたとき、ビル・ロックヤーはまだ州議会上院の民主党の指導的議員だった。彼は銃規制賛成だったが、自動小銃を禁止したカリフォルニア州法に反対していた共和党議員と激しく対立していた。ロックヤーはこの問題で選挙戦を戦った。有権者に訴えるために、彼は一九九七年にノース・ハリウッドで起きた血だらけの銃撃事件のテレビニュースの画面を選挙用宣伝として放映した。この事件は自動小銃を携えた二人の銀行強盗が、四四分間にわたってロサンゼルス警察と撃ち合い、一一人の巡査を負傷させたものだった。警官側は劣勢になったために、数名の警官が撃ち合いの最中に近くの銃器店に行き、七丁のAR15のライフルを借り、さらに二〇〇〇発の銃弾を手に入れなければならなかった。

ある時期、カリフォルニア州民は銃を禁止する立法に反対していたかもしれない。だが、今はもう違う。ロックヤーが選出されたことで、銃規制にしっかりとした態度を取ることが良い政治だと明らかになったのだ。その後、州議会はさらに多くの銃規制の法律を採択した。どう見ても、カリフォルニアは全米で、たとえ最も厳しい州でなくとも、そのひとつになったのだ。

二〇〇一年にロックヤー司法長官はデータベースを統合する考えを持つようになった。ひとつのデータベースは銃所有者として登録されている人々の名前を取り込むもので、もうひとつは有罪判決を受けた者、家庭内暴力で逮捕された者、そして法廷で精神的欠陥が認められ、本人の意思に反してでも身柄の拘束が必要だとされた人々の名前を取り込んだものだった。犯罪歴、伴侶への暴力行使、あるいは精神医学的な問題などに基づいて、合法的に武器所有の資格はないとするのだ。ロックヤーの考えは、この法によって政府当局が統合されたデータベースを利用して合法的に銃を持てない人々を割り出し、彼らの銃を取り上げてしまおうというのだった。

この法案を作るために、ロックヤーは友人のジム・ブルテを頼った。ブルテはカリフォルニア州議会の上院議員で、ゲイで、非常に賢い政治戦略家で、かつ南カリフォルニアの共和党員だった。ブルテの指導の下、この法案は反対票もなく議会を通過した。NRAの支持者たちさえ、これに賛成したのだ。ただ、彼らはすぐにこの立場を考え直し、そして議員たちはこの法律を無効にするような試みを続けたが無駄だった。

ロックヤーの法律はあまりエレガントな名前ではなく、「武装人と禁止者制度」(APPS)と呼ばれるようになった。そのありがたくもない名前は別にして、カリフォルニア州司法長官が支援した広範囲に影響を持つ法律であることは間違いないのである。

＊　＊　＊

二〇一一年一月にカマラ・ハリスが司法長官に就任したときには、カリフォルニア州には推定で一万八〇〇〇人の「武装人と禁止者」がいた。彼らが所有する銃の数は三万四〇〇〇丁に及んでいた。カリフォルニア州司法省は一八人の担当者で、この人たちから銃を取り上げる使命に携わっていた。ハリスはこの担当者の数を二倍にしたかった。問題はその費用だった。

カリフォルニアは財政危機と戦っていた。二七〇億ドルの赤字を抱えていたのだ。ジェリー・ブラウン知事と州議会は支出の削減を目指していた。どのような政策でも、それを拡大するだけの財源はなかった。だが、ハリスには強い味方がいた。州上院の予算財政審査委員会の委員長だったマーク・レノだった。レノはミルウォーキーで育ち、青年時代にニューヨークに移り（そこで彼は、ユダヤ教の指導者であるラビになろうとしたようだ）、そして一九八一年にサンフランシスコに定住した。そこで彼は看板専門店を始め、のちに彼の妻となった男性と恋に落ちた。ダグラス・ジャクソンだ。ダグラスが一九九〇年にエイズで亡くなったときには、レノは彼と共にいた。レノとハリスはウィリー・ブラウンが市長選挙を戦った一九九五年に知り合っていた。その後、ずっと二人はよく昼食を共にした。その翌年にはサンフランシスコ交響楽団のオープニング・コンサートの夜、二人で最高の夜会服を着て会場入りしていた。また、レノはシャーマラの家でのハリスの家族の感謝祭の集まりにゲストとなる最高の栄誉を得ていた。ブラウン市長はレノに監督委員会の空席をあてがったのだ。ブラウンの支援を受け、レノは州議会の下院に、そしてその後上院に立候補し、どちらにも勝利した。二〇一二六年に任期切れを迎えるまで一四年間奉仕することになった。

サクラメントでは、レノは難しい問題に取り組んだ。予算委員会の委員長として州の予算作成、家具に使用されていた毒性難燃剤の使用を禁止する立法のための化学薬品製造者たちとの戦い、最低賃金を一五ドルに値上げするための業種を超えた実業界との戦い、そして電話を盗聴する前に捜査令状を取るように警察に要求することなどが、主なものだった。『ロサンゼルス・タイムズ』紙が数えたところでは、全部で一六一の法の成立に尽力したという。礼儀正しく、そして思いやりがあるレノは自分の核を決して忘れることなく、それでも共和党の議員たちと共通の基盤を何とか見つけることの出来たリベラルな政治家だった。ハリスにとっては彼ほど都合の良い味方は議会にいなかった。

二〇一一年レノは銃を取り上げる政策への特別資金を確保する法案を提出した。州民が武器を購入した際に州が得た金は議会の裁量で使えるようにしようとするものだった。ハリスは、この法のために証言して、この法は「武器を持つことを禁じられている人の手から武器を取り上げることで、何ら罪のないカリフォルニア州の人々を守るのです」と言った。銃所持を支持する団体はこの政策に反対だったが、政治の流れは変わっていた。こうした団体はもはやカリフォルニアの州議事堂には影響力を持たなかった。レノの法案は民主党が多数を占める州議会を党派通りの票決で通過したのだった。

＊　＊　＊

ハリスは三三人の担当官をこの政策に向けることができた。満足な数には及ばなかったが、この三三人の担当官で一年間に二五〇〇の事件を取り扱うことができた。ところが、毎年、三〇〇〇人もが新たに「武装人と禁止者」の名簿リストに付け加えられていたのだ。そのため、この名簿に掲載されてまだ未処置のままの人の数は二〇一二年の末には一万九〇〇〇人まで膨れ上がっていた。

その年、二〇一二年の一二月一四日に、コネティカット州のニュータウンにあるサンディ・

フック小学校で二〇人の子供と六人の教員が殺害された。容疑者はアダム・ランザで、AR15型レミントン製の自動小銃とグロック製とシグ・ザウエル製のピストルを乱射したのだ。カリフォルニアでは、州議会議員たちがこの事件に反応して、銃による暴力と闘うためのいくつかの法案を提出したのだった。ハリスは「武装人と禁止者」制度を改めて考え直した。

私はこのサンディ・フック虐殺事件の五週間後に、寒い一月の夜を過ごした。というのは、一〇数人ほどのカリフォルニア州司法省の係官たちが想像できないほど困難で危険な仕事と思われた任務に赴くのに同行したからだ。法律で所有が禁じられている銃器を手放すよう、前科者や、重症の精神病の経歴を持つ者、そして自分の妻に暴力を振るった者たちを説得するというものだった。

ハリス司法長官が、私に同じ車で同行するよう誘ってくれたのだった。『サクラメント・ビー』紙に私がコラムニストとして書くことによって、彼女が望む法案への支持が州議会内で広がると期待していたからだ。彼女は先に述べた人々の銃器を取り上げることを認めているカリフォルニア州だけにある法律の適用範囲と権限を大きく拡大することを真剣に考えていたのだ。

ストックトン市の中でもかなり貧しい地区である北東部の端で、黒色の制服の下に防弾チョッキを着た司法省の係官たちが小さな家のドアを叩いた。この家の持ち主は六五年の人生で刑務所暮らしを経験していた男だった。

そこに一人暮らしをしていた男はドアを少しだけ開けた。当時私が記事に書いたことだが、この男は八丁の拳銃を所有していた。だが、すべて登録された銃だった。ただ別の記録によると、州当局が二度にわたってこの男には鍵付きの精神科病棟に収容する必要があるとしていた。彼自身にとっても、他の者に対しても当然危険な男だったのだ。

係官たちはこの男の家を捜索する令状を持っていなかった。係官の目的はとにかくこの男と話をして、最終的に彼の同意のもとで銃を手放させることだった。男は銃など持っていないと言った。だが、係官たちが家の中に立ち入って、自分たちで確かめてもよいと同意した。三〇分後、係官たちは二丁の拳銃と、六丁の手動のライフルと一千発の弾薬の入った箱を持って家から出てきた。銃器はクローゼットの中の家具の下に隠されていた。こんなものを隠し持つなど、この男は余りに愚かに見えた。

この捜索隊を指揮した特別捜査官ジョン・マーシュはこの時私にこう言った。「この男は奴自身にとってさえ危険だと言える。奴は確実に最悪の日を迎えるはずだった」

この捜索隊はストックトンで一晩に一〇軒の家のドアを叩いた。そして二日目の夜にサクラメントとエルク・グローブの郊外で一一軒のドアを叩いた。それで二四丁の拳銃、ライフル、ショットガンを確保した。サクラメントでの最終日、彼らは一人の男の家のドアを叩いたのだが、この男は数年前に火器を使った脅迫で有罪判決を受けたことがあった。話をして家の中に入ると、銃弾が装填されたピストルと同様のショットガン、そして他に八丁のライフルとショットガン、さらに弾薬とを発見し、押収したのだ。この男は身柄をサクラメント郡刑務所に送られ、そこで銃と弾薬を所持していた犯罪者として告訴されることになった。

マーシュは「命を救っているという感覚だよ。自殺したり、他の誰かを殺したりするのを防いでいるのだから」と当時語った。

ハリスは担当官の数を倍にしたかった。五年か七年のうちに確認できないままでいる者たちをなくすのが目標だった。それで、すぐにレノが出した新しい法案を支持した。これは銃器を購入した人々に課せられた手数料からの二四〇〇万ドルをこの政策全体を執行するための資金として使おうとするものだった。この法案はたった四か月で州議会を通過した。しかも、反対票は一票もなかった。銃保持を主張する団体は反対したが、これらの団体はカリフォルニア州ではすでに牙を抜かれてしまっていた。

サンディ・フック小学校の乱射事件後に、サクラメントで起きたことと、ワシントンで起きなかったことを比べるとその違いは驚くほどだった。サンディ・フック後の流れのなかでハリスからの激励を受けて、カリフォルニア州ナパ・バレー選出の民主党連邦下院議員で、ベトナム戦争の退役軍人かつハンターでもあったマイク・トンプソンが「武装人・禁止者制度」を設けたい州に対して連邦補助金を与えるという法案を提出したのだ。ハリスはオバマ政権の援助を求めて副大統領のジョー・バイデンに書簡を送り、この法案の後押しをした。また、ハリスと彼女の補佐官は連邦議会でこの法案のために証言をした。しかし、連邦議会では銃の支持派が圧倒的に多く、そのためサンディ・フックの大量殺害の数週間後、または数か月後に提出された他の法案と同じく、トンプソンの法案もついに実現しなかったのだった。

カリフォルニア州でハリスは武器を持つことを禁じられているにもかかわらず所持している人々の数を失くすことはできなかった。だが、それは決して努力不足が原因ではなかった。ハリスが司法長官になった二〇一一年には一万八二六八人の「武装人・禁止者」が確認されていた。彼女の再選の年、二〇一四年にこの数は二万一二四九にまで増えたのだが、それは、彼女の司法長官としての最後の年、二〇一六年には二万四八三にまで減っていたのだ。

ハリスは銃規制について話をするときには、「見るに耐えない写真」について話をする。銃規制の法案に賛成投票できない州議会議員、そして連邦議会議員たちは銃器によって殺された子供たちの「凝視できない写真」を見るべきだというのだ。

「可愛い子供たち、そう、子供たち、子供たち、よ」。演説のたびに彼女は言い続けている。

第17章　住宅ローンの崩壊——住宅所有者を救え

全米の大部分では、カマラ・ハリスが州司法長官になった二〇一一年一月には大不況の最悪状態は終わりを告げていた。だが、カリフォルニア州ではそうではなかった。セントラル・バレー地区の失業率は優に一六パーセントを超え、州内の住宅所有者の一〇パーセント以上が住宅ローンの返済ができない深刻な状況に陥っていた。しかも、住宅所有者の約三分の一は自分たちの住宅の実際の価値以上の高額なローンを組んでいたのだ。

ハリスが州司法長官としてこの危機に立ち向かった方法と、就任後の一三か月間に支払った犠牲こそがこの任務の大半を明らかにするし、指導者として人々が抱く彼女のイメージを形作り、彼女の将来を作り上げたのだ。

「州の司法長官として、私は金融危機に際して、ウォール街の五つの大手銀行と戦ったわ。カリフォルニア州の住宅所有者のために二百億ドルを勝ち取ったの。そして同時にアメリカ合衆国で最も強力な差し押さえ防止法を成立させたのよ」。ハリスは彼女のフェイスブックとツイッターにこう書き込んだ。それは正に彼女の名刺代わりだった。彼女の言っていることは嘘ではない。いつもそうであるように、単純ではなかったが。

ハリスが司法長官に就任する何か月も前、合衆国の司法省と五銀行の指導者たち――アメリカ銀行、ウェルズ・ファーゴ、JPモーガン・チェース、シティ・グループ、そしてアリー・ファイナンシャル（前GMACモーゲージ）――が住宅危機の局面打開について交渉していた。問題は当初「ロボ署名」を含んでいた。これは銀行が住宅ローンの返済に生じた遅延などの障害を詳しく調べることなく、ローン契約を無効にして抵当権を行使し、担保となっている住宅を強制的に取り上げてしまうという慣習のことだ。いい加減な決済をするという意味での「ゴム印手続き」だ。この形骸化した決済方法はサブプライム・ローンが証券化され、また投資家に再販されていた状況で生じていた。こうした証券への需要が増え、ローン業者は、不慣れな住宅購入希望者に対して、巧みに高額なローンを組んだ。この住宅購入者の多くは契約書の文言を完全に理解していなかったので、後日、変動金利が急騰すると返済できなくなった。バブルがはじけて、経済が破綻した。差し押さえが危機的な状況にまで増え、ローンを返済出来ない訳ではない人々、あるいは借入金が少ないので自分たちの住宅を手放す必要はなかった人々までも、敢えて破綻に追い込んだのだ。

ハリスが司法長官になったとき、アイオワ州の司法長官だったトム・ミラーが全米五〇州の司法長官を代表して、このいい加減な抵当権行使である「ロボ署名」の解決法を探るべく活動し始めていた。外部から見ている限りでは、ハリスの行動は遅いように感じた。しかし、実際には、彼女はすぐに上級補佐官たちとの会議を始めていた。彼女が最初に関わりを持ったのはワシントンDCでの全米司法長官協会の集会だった。二〇一一年三月、彼女の就任二か月後だった。ハリスは『自伝』で、調査は不完全で、話し合われている妥協額は自分が理解している計算には基づいていないと論じたと書いている。最悪の差し押さえ件数を持つ全米一〇都市のうち七つがカリフォルニア州にあった。そのカリフォルニア州は二〇億から四〇億ドルを受け取ることとなっていた——だが、それはテーブルの上のパン屑同然だった。この集会の午後の会に出席せずに、ハリスは全体の向かっている方向に満足していないことを明らかにしようとして、密かに抜け出したのだった。そして、自分自身で調査を開始することにした。ただ、この交渉チームから公式に抜ける準備はできていなかった。彼女はオバマ政権からは少しだけ離れようとしていたのだ。オバマ政権は何とか話をまとめようとしていたので、彼女の義理の弟であるトニー・ウェストとの関係を薄めたいと思ったのだ。ウェストは直接交渉に関わっていたわけではないが、連邦司法省の上から三番目の地位に就いていた。「私は脅せば服従すると思われていたようだった。私が意見を変えるなんてありえないのに」とハリスは書いている。

ニューヨーク州の司法長官だったエリック・シュナイダーマンが妥協できないように画策していて、全体の動きから離れようとしているとミラーは結論した。シュナイダーマンは自分で独自の調査を始めると言って、ハリスと組むためにサンフランシスコへ飛んだ。二人は二日間話し合った。ハリスは数多くの質問をして、政治と政策をしっかりと把握した。ただし、最終的には、彼女は自分の考えを明かさなかった。「ウォール街を占拠せよ」[*1]の運動が盛んだった。それ

＊1　ウォール街を占拠せよ　二〇一一年九月一七日に始まった運動で、大不況で就職先が見つからない若者が中心になって政財界に向けた抗議運動。短期間で終焉した。

はまさしく右派のティーパーティの運動から左派が一ページを奪い取ったかたちで、自分たちの怒りを経済階層のトップにいる人々、富裕層のトップ一パーセントにぶつけていたのだ。この運動はオークランドにもサンフランシスコにも広まっていたし、大学のキャンパスにも広まっていた。二〇一一年の九月に、ハリスはニューヨークに行った。そこでシュナイダーマンが彼女のために選挙資金を集めてくれていたからだ。交渉が続くなか、ハリスは左派からの圧力に直面した。進歩的な公共政策擁護団体の「ムーブオン」が銀行に対してもっと厳しく対応するべきだと彼女に要求したのだ。ロサンゼルス郡で影響力を持つ労働組合のＡＦＬ‐ＣＩＯ[*2]は彼女に交渉を打ち切るように要請する書簡を送っていた。新しく結成された団体である「公正な解決のためのカリフォルニア州民」は、自説を守り切れとハリスを煽っていた。

一見すると、この団体は自然発生的に生まれたものに思えた。だが、実際には、ニール・クワトラというシュナイダーマンの首席補佐官の政治運動家がこれを創り上げていた。また更に重要なことだったが、ハリスの強敵であり友人で、そしてより重要な公職への競争相手だったギャビン・ニューサム州知事が、ミラーの提案は「深刻な欠陥を持つ」と断言する「公正な解決のためのカリフォルニア州民」の文書に署名していたのだ。

二〇一一年九月三〇日の『ロサンゼルス・タイムズ』紙はこの文書を引用して、同時に署名した人々の一覧表を掲載した。

この同じ日、金曜日に、ハリスは話し合いからの撤退を発表した。すでに一年近くも、全米の州司法長官と連邦の司法省とが国内の五つの大手の金融機関と合意点を目指して交渉してきていたのに結果は出なかった。自分の決断が、株価に影響すると分かっていたので、彼女は発表を証券市場の証券取引き終了時まで待った。

「十分に考えた上で、私はいま結ばれようとしている合意はカリフォルニア州民たちが待ち望んでいたものではない、と結論したのです」と、ハリスは連邦の司法次官、トマス・J・ペレリとアイオワ州のミラーに書き送った。

カリフォルニア州の刑事犯罪局の局長だったデイン・ジレットは、ハリスの瀬戸際政策はカリフォルニア州に一銭ももたらさないのではないかと心配している旨を彼女の部下たちに告げたという。ハリスは、自分の前任者であって、州知事になっていたジェリー・ブラウンが彼女に、自分のしたことを分かっていてほしい、と言ってきたと明らかにした。ブラウンは当然、ハリスの戦略を認めていなかったのだ。

「私が問題を起こしたので、銀行側は怒り狂った。合意が不可能になったのだから。しかし、これこそが私の目的だった。いまや、私の関心に気づくだけでなく、司法長官たちや銀行側がきちんと答えなければならなくなった」とハリスは書いている。

ハリスには味方がいた。最も有名なところでは、デラウエア州の司法長官だったボウ・バイデンだった。当時の副大統領ジョー・バイデンの長男だ。

「私は非難の的になっていたけれど、でもボウと毎日話をして、いえ、時には一日に何度も話をし

＊2　ＡＦＬ-ＣＩＯ「アメリカ労働総同盟・産業別組合会議」はアメリカの労働組合の総連合的存在。現在は脱退する組合もあり以前の勢力はないが、それなりの発言力と存在感は持つ。

ていた時期があった。私たちはお互いに支え合っていたのです」とハリスが書いているが、この二人の関係こそが、彼女のその後の人生と経歴とに大きな影響を与えたのだった。ジョー・バイデンは彼女と自分の長男の信頼関係が、自分の副大統領候補に彼女を選んだ理由だったと説明しているのだ。

＊　＊　＊

自分のスタッフとの会議で、ハリスは自分が戦って守った人々についてよく話をした。決定がなされる現場の部屋にはいなかった人たちのことだ。この場合は、自分の住居を失った人たち、自分の家には住んでいたものの周辺の家には誰も住まなくなり、周辺の環境が荒廃してしまった人々のことだ。

二〇一二年一月二三日に、各州の司法長官たちはシカゴで、オバマ政権の住宅都市開発長官だったショーン・ドノヴァンと会合を持った。再選に出馬していたオバマは明らかに解決を望んでいた。彼の上級補佐官たちも何とかしようとしていた。報道陣に漏れてきた情報では、連邦政府が二五〇億ドルを拠出してもよいというものだった。だが、ハリスはこの会合も蹴った。そして、自分としては、法を破った住宅ローンの融資会社を訴追する権限を保持したいと持論を強調する声明を出したのだった。

自分の声明が無視された場合に備えて、シカゴでドノヴァンと司法長官たちが会合を持ったのと同じ日に、ハリスはストックトンまで車で出かけた。ここはサクラメントの南約五〇キロのところにある街だ。この街は自称「アスパラガスの世界の中心」だが、何年も前に農民たちはメキシコではもっと安く収穫できると分かっていた。ストックトンはまたカリフォルニア州の住宅危機の爆心地だった。二〇一二年六月にはこの街は財政破綻することになった。

ストックトンでハリスはホセ・R・ロドリゲスと会った。住宅危機に直面した家族のために相談相手になっていた非営利団体の「エル・コンシリオ」の会長でその執行委員でもあった人物だ。彼は破綻の影響を受けた人々にハリスを紹介した。一組の夫婦は四〇代で、ローンが支払えなくなった。建設現場の仕事がなくなってしまったためだという。もう一組は、変動金利で家を購入したのだが、金利が上がる前にローンの借り換えができると思っていたという。最後は六〇代の夫婦で仕事もなく、返済方法の再検討もしてもらえずに家を失っていた。

当時、ロドリゲスが私にこう言った。「現実なのです。この方たちにとってはこれが。この後、良くなることなどないのです。大勢の人々が泣くのを見ています。こんなのこれまで見たことありませんでしたよ」

『アトランティック』誌にエドワード・アイザック・ドヴェールが書いていることだが、シュナイダーマンは二〇一二年一月二四日のオバマ大統領の年頭教書の演説の日に、夫人のミッシェル・オバマのそばに座っていたという。これによって、最終決着をつけたいと願っていたホワイトハウスと彼が結託しているような印象を与えたという。ハリスはこの時もホワイトハウスの招待を断っていた。彼女が交渉に賛成していると思われたくなかったことを示したのだ。

二〇一二年二月九日に、ハリスは自分がカリフォルニア州のために考え出した妥協案を発表した。「カリフォルニア州が関わることで何十万人もの住宅所有者が直接の恩恵を受けることでしょう」。この提案が成立すれば、「住宅所有者はそのまま自分の家に住み続けることができるという恩恵を受け、同時に我々は銀行の犯罪と略奪するだけの金融会社を捜査する能力と権限を持つことになるのです」。彼女が試算した妥結額は総額二百億ドルだった。ひと月後、オバマ政権はハリスが提案したカリフォルニア案を取り入れた全米規模の問題解決策を発表したのだ。

＊　＊　＊

ハリスが後に説明したところでは、最終的に銀行側がカリフォルニア州に一八四億ドルをローンの返済救済として、さらに二〇億ドルをその他の財政援助として提供したという。全体で、八万四一〇二のカリフォルニア州の家族が住宅ローンの軽減を受けたのだった。

「問題は、住宅所有者、つまり真面目に働く人々が自分の家に住み続けることができるかどうかだったのです。それ以外ではありませんでした」。二〇一二年二月に問題の解決を発表する記者会見の席上でハリスはこう発言した。

しかし、『ロサンゼルス・タイムズ』紙のフィル・ウィルソンが後に報告したことによると、この解決で救われたはずのカリフォルニア人たちは必ずしも自宅に住み続けていなかったのだ。ローン救済分の一八四億ドルの半分が結局はショート・セール[*3]に流れてしまったからだ。つまり、住宅所有者が借りたローン金額よりも安く住居を売りに出してしまったのだ。この損益は銀行が被ることになった。だが、彼らは住む家を必要としていたはずだった。住宅市場が回復しても、彼らは何も利益を得ることはないだろう。

『インターセプト』誌で住宅ローン危機について精力的に書いていた著述家であり、ジャーナリストでもあるデイヴィッド・デイエンは、最終的な取りまとめを銀行救済だと述べている。「立ち退きを阻止することは何もせずに、法が暴露した住宅ローン詐欺師どもを守っているだけ」だと言った。

「銀行にとって、今回の取りまとめは祝杯ものだった」とデイエンは言い、「実際に起きた衝撃は銀行の利益を少しも損なうことはなかったのだ。しかも、銀行は余裕で訴追を逃れ、法的に暴露されるべきことを隠しきったのだ」と付け加えた。

特にカリフォルニア州の太平洋沿岸地区で住宅価格は高騰したものの、州内の他の所では住宅ローン崩壊から十分には立ち直っていなかった。どれほど不屈で腕の立つ政治家であっても、景気の大後退やそれに伴う住宅危機から状況を元に戻すことは出来なかったのだ。『カルマターズ』誌というサクラメントを基盤とする非営利団体が発行する情報雑誌に、住宅関連記者のマット・レヴィンが書いているところでは、二〇一八年現在で、カリフォルニア州には、一〇年前よりも四五万軒も多い一戸建て住宅があって、すべてが貸家として使われているという。こうした貸家

＊3　ショート・セールとは、日本では「任意売却」に相当するもので、住宅ローンの返済が苦しくなった人が、貸し手の合意のもとで、ローン残高より低い価格で住居を売却して、その売り上げを貸し手に渡すことで、了承してもらう取引のこと。

の所有者は誰か？　大部分は、差し押さえられ、競売にかけられた割安の物件に飛びついて来たウォール街の企業なのだ。

＊　＊　＊

銀行と合意した後で、ハリスは州議会に注意を向けた。カリフォルニア州住宅所有者のための人権宣言と呼ばれるようになった法律の立法過程に自分の職場の重点を置いたのだった。マーク・レノ州上院議員がこの法案の陣頭指揮をしていた。

この法律はまず、ロボ署名の慣行を禁止し、住宅所有者がはっきりと住宅を失う危険性がある旨を明確に知らされるべきこと、そしてローン業者たちに対しては、困窮している住宅所有者にきちんと一度は連絡を取り、彼らが何度も同じ説明を繰り返し聞かないで済むようにしなければならないとするものだった。差し押さえに直面する住宅所有者に、問題が解決するまでの期間を数か月間余計に与える効果が期待できた。

法案はまずカリフォルニア州上院議員のロン・カルデロンの賛成を得る必要があった。カルデロンは銀行委員会の委員長だった南部カリフォルニアの民主党員で、しばしば銀行寄りの立場を取っていた。この法案の詳細について審議するために設けられた特別両院委員会で、賛否を決定する一票を握っていたのだ。その結果として、銀行のロビイストたちはどうしてもカルデロンと取引をすることになっていたのだ。

カルデロンのことを、「自分がこれ以上に出来ないぐらい必死に説明しても、まるでレンガの壁に話しているようでした」とレノは語っていた。

ハリスは州議事堂の中で、議員の部屋を訪ね歩いた。中には彼女を避ける議員もいたが、最終的に法案は州の下院を大きな票差で通過したのだった。そして、それよりも差は少なかったが、上院も何とか通過した。ハリスは議会指導者たちが最終投票まで法案を推し進めてくれたことを高く評価しているが、ハリスに忠実なレノは別の見方をしている。

「彼女だよ。彼女がこの結果を招いたんだ。カマラが積極的に関わり出した段階で、すべてが変わったんだ。司法長官は自分のやり方を徹底的に貫いたのさ」

ロン・カルデロンも最終的には法案に賛成を投じた。だが、二年後、彼と同じく州議会議員だった弟のトム・カルデロンの二人は、他の法案の採択をめぐる収賄容疑で連邦政府によって告訴された。二人は有罪となり刑務所行きとなった。

第18章　驚異的な女性たち——民主党全国大会と家族

二〇一二年九月、カマラ・ハリスはノース・カロライナ州シャーロットで開かれた民主党全国大会でスポット・ライトを浴びる主要演説者としての栄誉を得た。バラク・オバマは前のマサチューセッツ州知事のミット・ロムニーとの間で、再選に向けて苦しい戦いをしていた。ハリスの目標はもちろん、友人であるオバマを勝たせることだった。だが、同時に彼女も彼女の補佐官たちもこの演説は彼女自身が全米レベルの政治の舞台に躍り出るための最高の機会だと捉えていた。それはまさに二〇〇四年の全国党大会で、オバマが自分の演説で、全国民の意識の中に勢いよく飛び込んでいったときを彷彿させるのだった。

リハーサルで舞台に上がり、すぐに満杯になるはずのスペクトラム・センターを見つめて、模擬演説を終えたあとで、彼女は『クロニクル』紙のジョー・ガロフォリに「すばらしかったわ。恐ろしいぐらい」と言ったという。そして、ひと息ついて、「考えざるをえなかったの。『母さんが見ていてくれさえしたら』って」。彼女は緊張していた。こんな場面で誰が緊張しないでいられるだろうか。彼女の演説はビル・クリントンの演説のひとつ前に行われることになっていた。

ハリスと補佐官たちは、二〇〇四年のオバマの演説のレベルには達しないものの、非常に力強い演説原稿を仕立て上げていた。それはまだ不景気のどん底から回復していないカリフォルニア州の聴衆に向けて、彼女が話し続けてきた演説を練り直したものだった。「今回の選挙が本当は何についてなのかを知りたければ、どうぞ西部に来てください。そして差し押さえ物件と書かれた看板の林を訪ねてください。借金で苦しむ家族の山をご自分の目で確かめてください。どこにも抜け出す道も、上に上る道もない状態で苦しんでいる善良な何千という家族と話をしてみてください」

「カリフォルニア州のストックトンに行ってください。そこはアメリカの差し押さえ物件の中心なのです」

演説の中で、彼女はオバマ大統領とバイデン副大統領を褒め讃えた。ウォール街に対して立ち上がったからだ。そしてミット・ロムニーを銀行側の味方をしたとして激しく非難した。ここで、この演説は方向を変えた。大手の金融機関が公的な援助を必要としていた時によく使っていた文言、「大きすぎて失敗（破産）できない」を巧みに使ったのだ。

「何が大きすぎて失ってはいけないのか教えましょう。大きすぎて失ってはいけないのは、わが国の中流階級なのです。大きすぎて失ってはいけないのは、住宅所有者たちのアメリカン・ドリームなのです。大きすぎて失ってはいけないのは、全国一律の自由で、平等な公共教育なのです。そう、わが国の若い人々――次の世代の人々――こそが、大きすぎて失ってはいけないのです。

「環境保護も大きすぎて失ってはいけないのです」

「そして、民主党の皆さん、大きすぎて失ってはならないのは、すべての人々が参加する共生社会という我々の理念なのです」

「結婚の平等は大きすぎて失ってはなりません！」

「女性の権利は大きすぎて失ってはなりません！」

「我々の移民による社会は大きすぎて失ってはなりません！」


リハーサルでのこの演説はすごいもので、きっと聴衆を立ち上がらせ、大いに喜ばせたことだろう。だが、実際にはこの演説はなされなかったのだ。

実は、民主党全国大会の主催者たちにハリスは遠慮したのだ。彼らが取り上げるべき要点をまとめた原稿をハリスに渡していたからだ。そこには彼女の思いも、ことばもなかった。また、聴衆を勇気づけ、感動させるものもなかった。ハリスが話し始めてすぐに、彼女の補佐官たちは会場にいた大勢の聴衆が、彼女に注意を払うのを止め、勝手に私語を始めたことに気づいていた。ある箇所では、ハリスは自分に与えられたことばにまごついてしまった。

スポットライトを浴びて、彼女の最高の瞬間となるはずと考えられていたことが、全く逆になってしまったのだ。補佐官たちは、ひどいことだと思っていた。カマラ・ハリスは誰かと相談したかったのかもしれないが、彼女のスタッフはそれに気づいていなかった。しかし、最前列にいたマヤは姉の補佐官たちを叱責した。民主党全国大会の事務局によって押し付けられたハリス司法長官の演説の責任は、すべて彼らにあると言わんばかりだった。だが、スタッフには責任などなかった。

＊　＊　＊

カマラ・ハリスの身近な家族は、確かに例外的な成功者ばかりだった。カマラの二歳下の妹マヤはカマラが最も頼りにしていた政治関係のアドヴァイザーだった。二人の間には誰も割り込めないとカマラは分かっていた。カマラ・ハリスが誰かを選ばなければならないとしたら、彼女は決まってマヤを選ぶだろう。

選挙運動の時には、カマラとマヤは一日に何度も話し合うのだった。朝一番の電話がマヤからで、夜最後の電話がマヤからだということがよくあった。二人のユーモアのセンスもよく似ているし、二人の笑い声は区別がつかないぐらいだ。二人とも聡明で、細かいことに気を配り、頑固で、負けず嫌いで、それも時に姉妹がそうであるように、互いに向けられるのだ。

カマラがワシントンDCのハワード大学にいたころ、まだティーンエイジャーで、オークランドに母親と暮らしていたマヤはすでに娘ミーナを産んでいた。ミーナはカマラにとっても姪というより娘のように近い存在だった。カマラ・ハリスには珍しいことだが、『ポリティコ』誌に短いが自分の個人的な世界をうかがわせる文章を寄せていた。その中で、彼女はロースクールの学生の頃、家に帰ってミーナのトイレを訓練するのが楽しみだったと語っている。「家に帰って、トイレのそばに立って、ミーナの便にバイバイと手を振ったものだったわ」。マヤは娘がいながら、カリフォルニア大学バークレー校とスタンフォード大学のロースクールを卒業した。マヤが語ったところによると、ミーナはロースクールの学生だったトニー・ウェストとかくれんぼをして遊んでいたという。それがマヤと将来の夫との出会いだった。

トニー・ウェストは『スタンフォード・ロー・レヴュー』誌の編集長だった。子供の頃から大統領選挙に関わっていて、その最初が一九七六年のジミー・カーターの選挙だった。二〇〇〇年には自らカリフォルニア州の州議会に出馬したが、落選した。二〇〇四年には民主党全国大会でのオバマの演説に圧倒され、二〇〇八年には義姉のハリスとともにオバマの当選のために活動した。ウェストはオバマ政権での司法省の公民権部局を率いることになり、ついには司法次官、つまり司法省で上から三番目の役職に就いたのだった。オバマ政権が終わると、ウェストはペプシコ社の顧問になった。さらに最近では、彼はウーバー社の顧問弁護士になった。そして、ウーバー社と、同様にインターネットを通じて単発の仕事を請け負うギグ・エコノミーの会社などに対して、従業員を従来の個別の独立した契約による雇用ではなく、正規雇用者として雇うことを求める組合と共に戦った。カマラ・ハリスも当然、ウーバー社の側ではなく、従業員の側に立っただろう。

マヤは北部カリフォルニアのアメリカ自由人権協会（ACLU）の執行役員になった。ここは全米でもACLUの最大規模の支局だった。この立場で、彼女は提案八号に反対するACLUの活動を組織した。あの二〇〇八年の同性結婚を一時的に禁止した提案だ。二〇〇八年の大統領選挙が近づくと、マヤはニューヨークのフォード財団に雇われた。財団が提供する何百万ドルもの補助金を監視することになったのだ。さらに二〇一六年の大統領選挙ではヒラリー・クリントンの政策アドヴァイザーにもなった。

彼女の娘、ミーナはスタンフォード大学を卒業後、ハーバード大学のロースクールを卒業し、ハリスの政治団体に加わっている。ミーナはフェイスブック社の役員であるニック・アジャグと結婚して、子供向けの本を書いたりもしている。また、ウーバー社の役員にもなって、詩人マヤ・アンジェロウの詩に触発され、「フェノメナル・ウーマン・アクション・キャンペーン」[*1]（驚異的な女性の行動キャンペーン）の創始者になった。その詩は：

今なら分かるでしょう
なぜ、私が頭を下げないかを
私は叫びもしないし、飛び跳ねもしない
ただ、大声で話すだけ

ミーナの考える「フェノメナル」は政治組織と衣料ブランドとの融合だった。心を動かすことばを記したTシャツやトレーナーを売ることだった。ひとつの文言が「私が話しているの」だっ

＊1　マヤ・アンジェロウの「驚異的な女性」の詩に触発されたミーナ・ハリスが設立した。「驚異的な女性行動キャンペーン」は女性の権利活動を支援するとともに多くの非営利団体の活動も支援している。「ブラック・ライヴズ・マター」（黒人の命は大切だ）の語呂の入ったTシャツなどのグッズの販売もしている。

た。もちろん、このことばは「カマラ伯母さん」が二〇二〇年一〇月に副大統領マイク・ペンスとの討論会で何度も繰り返したことばだ。大きな反響をもたらしたことばだった。

第19章 「単なる気取り屋」——カマラの結婚、「ママラ」へ

二〇一九年六月一日、週末の典型的なカリフォルニア州民主党大会だった。カマラ・ハリスの住居であるマンションからそう遠くないサンフランシスコ市の中心部にあるモスコーニ・センターの会議場の外で、股に赤いペンキを塗った白いズボンをはいた男たちの一団がいた。彼らは割礼や性労働者に反対してデモをしていた。SM世界の「女王様」の扮装をした者がいたり、自分たちを犯罪者扱いするなと呼びかけていたりしていた。

センターの中では、ドナルド・トランプの時代における民主党の偶像的存在のナンシー・ペロシが大統領に対して穏やかすぎるとして、質問責めに会っていた。ハリスの演説中、長髪を後ろでまとめたマンバンヘアの動物の権利を主張する活動家がステージに飛び上がり、彼女の手からマイクをもぎ取った。ハリスはこの時は大統領選挙に立候補していて、男女の給与格差について話をしているところだった。彼女は面食らったとしても、その素振りは見せなかった。困惑した表情にはなったが、動かなかった。

男は知ったかぶった調子で鶏やその他の家畜動物を虐殺から救う必要性について語り始めた

のだが、カリーヌ・ジャン＝ピエールがハリスと男の間に割って入り、男からマイクを取り返そうとした。カリーヌは進歩的な主張をする団体、「MoveOn.org」のイベントでハリスにインタビューをしたことがあり、男性と変わらない体形をしていた。

その時、ダグラス・C・エムホフがステージに上がった。怒り狂った表情をしていた。ダグラスはセンチュリー・シティのビル内にある法律事務所のエンターテインメント業界対応の弁護士で、紺色のブレザーを着て、ジーンズをはき、「ハリスを大統領に」のTシャツを着ていた。筋骨たくましい警備職員と一緒に、ダグラスは男をステージの外へ連れ出した。彼は男を殴らなかったが、まるで殴っても不思議ではない様子だった。このダグラス・エムホフはニューヨーク市のブルックリン生まれで、ニュージャージー州とロサンゼルスで育ったのだが、カマラ・ハリスの夫だった。二〇一三年に二人は出会っていた。彼はロサンゼルスの「ヴェナブルLLP」という名の国際弁護士事務所を切り盛りしていた努力家の弁護士だった。この事務所は法人やエンターテインメント業界を顧客にしていた。彼は離婚経験者で、前の結婚でできた息子と娘がいた。また、ゴルフの腕前があり、プロバスケットのレイカーズのファンで、デートの相手を転々と替えていた中年男性だった。大半のカリフォルニア州民のように、彼も政治には通り一遍の注意しか払わない人だった。だが、彼はロサンゼルス市の政治家に総額で五八〇〇ドルも献金していたし、カリフォルニア州の政治家には六五〇ドル献金していた。二〇〇〇年以降のことだ。州への献金は州議会の下院に立候補した二人に対してだったが、二人とも落選していた。また、所得税控除のために月一〇〇ドルを献金していたが、これは彼の法律事務所の名で連邦の政治活動委員会に対してなされたもので、事務所で彼の地位にいる人間としては強制的に払わざるをえない額だった。また、二〇〇四年の大統領選挙では民主党のジョン・ケリーに一〇〇ドルの献金をしていた。その程度のことで、決して政治に大金を注ぐ人間ではなかった。

弁護士としてのエムホフは消費者のプライバシーを侵害したとして訴えられていた依頼人に対してその訴えを取り下げさせる弁護をしたりした。また、あるコマーシャルでチワワを使ったことでファーストフードのタコ・ベル社が持ち出した訴訟で広告会社を守り、従業員との支払いを巡る紛争で映画スタジオを弁護し、使用者の大腿部を衰えさせると告発された薬を巡る集団訴訟で製薬会社メルク社を弁護した。

エムホフが所属した弁護士事務所、ヴェナブルは口コミ動画の権利を買い、「よちよち歩きの幼女に中指の使い方を教えるゴリラ」とか「壊れた小便器　水を放出」、「体育教師　股間を強打」、そして「ネズミはピザを地下鉄で持ち帰る」の中で撮られたニューヨーク市の忘れられない地下鉄の場面というような広く知られた作品への版権に違反したとして、ある会社を訴えていたロサンゼルス市内の会社を弁護した。すべての訴訟は彼の弁護した側が勝つかたちで解決した。

明らかなことだったが、二人のデートはカマラ・ハリスにとっては実に難しいものだった。彼女は服装にも、デートの場所にも注意を払う必要があった。しかも初めは大都会の地方検事としての仕事があり、次にカリフォルニア州の司法長官としての仕事があった訳で、それが逆に余計なエネルギーを必要とさせたのだ。男性の中にはカリフォルニア州の警察機構の頂点に立つ女性とデートするのは恐ろしいと思う者もいただろう。だが、二人がどのような関係であったとしても、カマラ・ハリスは自分の個人生活を表に出すことはなかった。

エムホフはチャステン・ブティジェッジによってインターネットで公開された動画の中で二人の思い出を語っている。チャステンはインディアナ州サウス・ベンド市の元市長でホモであることを公表するまでの一時期民主党の大統領候補でもあったピート・ブッティギーグの夫だ。エムホフの話はこうだ。

ハリスの数十年来の友人のクリセット・ハドリンと、彼女の夫で映画製作者のレジナルド・ハドリンが、面倒な法律問題を相談するためにエムホフと会ったことがあったという。その時に、クリセットがエムホフが独身かどうかを尋ねた。

「なんでそんなこと聞くの?」とエムホフが言ったという。

クリセットは三〇年来友人の独身女性がいると説明した。エムホフはその友人の名前を聞いた。

「カマラ・ハリス」とクリゼットは答えた。

「なんだか聞いたことがある名前だけど」とエムホフが言った。

クリセットは弁護士の記憶を呼び起こさせた——カリフォルニア州司法長官。

「僕は言ったよ。『うぁ! 彼女は凄すぎだ』って」

クリセットはカマラの電話番号をエムホフに教えた。そして、この番号は絶対に秘密であることを告げ、何か面倒を起こしたら、他の弁護士に頼みに行くと伝えたのだった。ハリスが自伝で書いているところでは、クリセットは自分が会った男性についてすぐにハリスに連絡したという。

「なかなか素敵よ。弁護士事務所の共同経営者で、あなたならきっと彼のこと好きになるはずよ」

その夜、エムホフはレイカーズの試合会場からハリスにショートメールを送った。その週末、カマラ・ハリスはロサンゼルスに出かけたのだった。

「僕は弁護士として、ただ単なる気取り屋みたいだった」とエムホフはブッティギーグに話している。「それなのに、あの伝説的な映画製作者のレジナルド・ハドリンがセッティングしたブラインド・デートでカマラと会ったんだ」。つまり、言葉を換えれば、典型的なロサンゼルス恋愛物語だった。

二人の関係は瞬時に花開いた。エムホフの親友たちの中でも驚かれたほどだった。例えば、ロサンゼルスの狭い法曹界の中で、ロン・ウッドという弁護士はエムホフが働いていたセンチュリー・シティという高層ビルのロビーやブレントウッドにあるピーツ・コーヒー店で彼と会うことがよくあった。二人とも離婚経験者で、シングルファーザーだった。二人は昼食を取ったり、一杯飲んだりしながら、デートの面倒臭いことや法律事務所の重圧だとか、仕事が終わってもすぐに家に帰れないことから生じる損失だとか、週末に子供たちと一緒にいなければならないことなどを話題に意気投合していた。「離婚した独身パパの多くがそうであるように、彼も自分の家族への責任を真面目に受け止めていたよ」とウッドは語っている。

二〇一四年のある日、ウッドはエムホフといつも昼食を取る店の前の列に並んでいた。テイクアウトの中華料理店だ。その時、エムホフが婚約者からもらった婚約指輪を得意げに見せたという。エムホフが結婚を申し込んだのだが、二人は互いに指輪を贈ることにしたという。彼の指輪は当たり障りのないものだった。だが、婚約そのものは大変なニュースだった。しかも、突然だった。エムホフはそれほど二人の関係を秘密にしていたのだ。ウッドはエムホフが婚約者の名前を告げたときに腰を抜かすほどだった。ウッドは、ハワード大学の卒業生だが、在学中からハリスと友人関係にあったのだ。それ以来ずっと連絡を取り合ってもいた。しかも、ウッドはハリスの選挙運動に献金していたひとりだったのだ。数週間後、ウッドはたまたまエムホフとハリスの二人にピーツ・コーヒーの店で出会った。二人ともスピニング[*1]のクラスの後で、汗をかいていた。「八〇億人もいるなかで、どうやって出会えたんだ?」とウッドは不思議だった。だが、彼がこのことを考えれば考えるほど、なんとなく分かってきた。

二人ともそれぞれの世界の中のリーダーだった――賢く、活動的で仕事も出来た。「なにもかもピッタリだ」

ハリスは婚約の成立前に、エムホフにテストを与えていた。彼女の最初の選挙時の財政責任者だったマーク・ビューエルから、ゴルフをすると相手のことがよく分かると教えられていた。それで、彼女は彼とエムホフとが一ラウンド、ゴルフをするようセッティングした。ビューエルがマヤカマ・ゴルフ・コースを選んだ。ソノマ郡のワイン畑の中の会員制ゴルフクラブだった。エムホフはクラブを振ることはできた。だが、それは問題ではなかった。「彼は本当に良い奴だ」とビューエルは断言した。彼はこのテストに合格したのだ。

二〇一四年八月二二日に、ハリスとエムホフは結婚した。サンタ・バーバラ郡の郡庁舎でのごく内輪の結婚式だった。この郡庁舎は美しいミッション様式の建物で、南カリフォルニアの結婚式場として人気の場所だった。カマラの妹のマヤが式の進行を取り仕切った。カマラの自伝によると、彼女は花婿の首に花輪をかけたという。インドの伝統だった。ユダヤ人であるエムホフはワイングラスを踏みつけた。これはユダヤの伝統だった。

二人とも四九歳で、エムホフが七日だけ早く生まれていた。結婚式の後、ハリスとエムホフはサンフランシスコ市にいる友人たちのためにプレシディオ・オフィサーズ・クラブで結婚パーティを開いた。

「彼女は実に本当に幸せそうだった」とエリン・レハネは語った。彼女はハリスの支援者で、友人でもあり、カリフォルニア州の国家建設貿易評議会で仕事をしていた。

エムホフは結婚後、彼の弁護士事務所DLA・パイパーを退所した。まだそこにいた当時は、彼は利益団体のために議事堂でロビー活動をすることはなかった。だが、この法律事務所のワシントンの支局は軍事産業や健康保険会社、エンターテインメント企業やその他多くの会社のロビー活動を引き受けていた。

二〇一四年以後、人々はハリスの選挙運動でエムホフを見かけるようになった。二〇一六年と二〇一九年の選挙では彼はいつもいた。二〇一九年のサンフランシスコのプライド・パレード[*2]ではオープンカーに乗っているエムホフの動画がツイートされたことがあった。この動画では、オープンカーで立ち上がって、「お父さんたちは皆、自分の親父の体形で体を動かすのさ」と大

＊1　スピニング　屋内サイクリングのこと。
＊2　プライド・パレード　ＬＧＢＴＱの文化を広く認めてもらおうという世界規模の行進運動。毎年六月に世界各都市で開催されている。

声で言いながら、体をくねらせ、手足を動かすエムホフの横でハリスが全身で大笑いしているのだ。二〇二〇年には彼はもっとずっと大きな舞台にいた。バイデン＝ハリスの大統領選挙の組み合わせ実現に動いていたのだ。『ワシントン・ポスト』紙が彼のことを「進化した夫《ハズ》」と呼ぶほど、二〇二〇年の選挙戦で全く予想もしなかった目立ち屋になっていた。「これまでにない疫病でパンデミックになっている中で、ホワイトハウスを目指す戦いの花形役者だ」と描写したのだった。

エムホフの子供たち、コールとエラの名前はジャズの大物プレーヤーだったジョン・コルトレーンとエラ・フィッツジェラルドの名前を取っていた。エラ・エムホフはハリスを民主党全国大会で会場に紹介した。二人の子供はハリスを「ママラ」と呼んでいる。名誉の義母であるハリスは彼女のツイッターの自己紹介にこれを愛すべき言葉として載せているのだ。

＊　＊　＊

マンバンヘアの男はモスコーニ・センターから追い出された。それがサンフランシスコだが、彼はマスコミのインタビューに応じていた。だが、私はその場に立ち会わなかった。

第20章　急ぐ女性——司法長官二期目の途中から上院議員選挙へ

当面の問題は二〇一四年のカリフォルニア州司法長官の選挙でカマラ・ハリスが再選を勝ち取れるかどうかではなかった。問題は、彼女がその第二期目を最後まで全うするかどうかだった。

「そう願いたいわ」と二〇一四年の八月に彼女は恥ずかしそうに私に言った。

カマラ・ハリスは急いでいた。州民の多くは彼女が二〇一八年の州知事選挙に立候補するか、現職のバーバラ・ボクサーが引退した場合には、二〇一六年の連邦上院議員に立候補するものと予測していたのだ。上院の議席が空いたら、どうするのか?

「そんなことまだ考えたことないわ」。私は彼女を全面的に信じることが出来なかった。彼女はかなりの速度で前進していたからだ。

二〇一四年に司法長官の再選を目指すカマラ・ハリスに敢えて挑戦する民主党員はいなかった。ロサンゼルスの弁護士で彼女の挑戦者となった共和党のロナルド・ゴールドはマリワナを合法化するという考えを強調して司法長官の席を目指していた。このために、『クロニクル』紙に寄稿していたデブラ・サンダースは彼を「アカプルコ・ゴールド」（良質なマリワナの株のこと）と呼んでいた。ゴールドが選挙戦に費やしたのは一三万ドルに満たなかったし、カリフォルニア州の共和党からは明確な支持を得られなかった。

一方、医療用のマリワナ使用を長いこと支持してきたハリスは、マリワナの店頭での売買の合法化について記者たちから質問されると、彼女らしくない笑い声でこれをかわしていた。のちに、合法化に寛容にはなったハリスだったが、この二〇一四年の司法長官の選挙ではこの問題は選挙結果を左右するものではなかった。ハリスは最終的に政治的に必要だと判断できない限り、明確な立場を表明しようとはしなかったのだ。

ひとつの例が賭博だった。カリフォルニア州では司法長官が賭博の監視に責任を持っていた。州内の六一の先住民（インディアン）保留地には六三のカジノがあり、[*1] 年間で総額八〇億ドルの利益を上げていた。また別個の八八のカード・ゲーム専用の部屋では年間に八億五〇〇〇万ドルを稼いでいたのだ。州主宰の宝くじでは、年間二五億ドルの売り上げがあった。すべての保留地の収入を合わせると、カリフォルニア州はラスベガスなどを持つネヴァダ州に匹敵する全米で最大規模の賭博州となっている。

ハリスの任期中、州議会はインターネットのポーカーとスポーツへの賭けを合法化しようとしていた。カリフォルニア州での最大の選挙資金源でもある先住民の部族は分裂していた。カード・ゲーム部屋の経営者と競馬団体はこの動きによって何らかのおこぼれにあずかれるので、これを歓迎していた。二〇一四年の段階ではハリスはもっと調査する必要があると話していた。この問題によって、財界と潜在的な選挙献金者たちの中で意見の対立があった。彼女は決して自分の立場を明らかにしなかった。問題は未解決のままになった。

何年もの間、ハリスは小学校のずる休みを非難してきていた。ずる休みが癖になると、その子の生涯にわたって、「ずる休み癖」から抜けなくなってしまうと彼女は言い続けていた。しかし、二〇一四年の再選運動ではこうした自分の意見を表明しなかった。この問題がカリフォルニア州のより厳しい学校に通う多くの子供たちに影響するからだ。つまり、教員の在職権だ。ハリスの支援団体であり、選挙資金源でもあったカリフォルニアの強力な教員連盟は終身在職権を有する教員たちの権利を守ることを支持していた。だが、二〇一四年に州のひとりの裁判官がカリフォルニア州の教員の終身在職権は貧しい子供たちの権利を侵害していると判断したのだ。その理由は現行の制度では、より若い教員たちが生徒・児童数の多い学校に配属され、しかも彼らが最初に解雇される対象となっているからだった。

「提出された証拠によると、本法廷で、問題の法規が貧困家庭及び少数派の生徒たちに非常に大きな影響を与えていることが明らかになった」とロルフ・M・トルー判事の判決文に書かれたのだ。オバマ大統領の教育長官だったアーネ・ダンカンはこの判決を称賛した。ハリスの担当者たちはカリフォルニア州の諸法規の監督官の立場でこの判決に控訴手続きをした。二〇一六年、ハリスが連邦の上院議員に立候補した時に、この下級裁判所の判決は覆された。

ハリスは、自分が絶対に必要だと感じたとき、あるいは自分が表明する立場が政治的に自分に

＊1　インディアン保留地は合衆国の内務省の管理下にあるが、自治権を持ち、実質的には独立した国家という形式を取っている。保留地内の生活保障のために、特にカジノ（賭博場）を経営することで経済基盤を確保している保留地が多くある。

有利になると判断したときにだけ、自分の考えを表明した。だが、同時に、彼女は政治の世界のもうひとつの真実も理解していた。それは、政治家が自分の立場を明確にする場合には、その政治家は意見の異なる人々を自分から遠ざけることになるということだ。二〇一四年には実質的な挑戦者がいなかったので、ハリスは自分が避けたいと思う問題で立場を鮮明にしたくなかったのだ。そして、実際にそうしなかった。

ハリスは第二期目にふさわしい多くのことをした。住宅ローン危機で困窮した住宅所有者を救うために銀行から譲歩を引き出した。また、彼女は環境法を執行するために訴訟を起こした。汚染物質を排出する業界は近隣住民の肺を害する排出物を制限できない限り、事業を始めてはならないと判断するよう法廷で求めたのだ。彼女の言う「近隣住民」は基本的に貧しい、少数派の人々のことだった。別の訴訟では、ロング・ビーチにあるひとつの小学校の児童たちをディーゼルを動力とする列車が排出する排気ガスから守ったのだった。

ハリスはテクノロジー産業が主要産業である州において私生活の権利を守るために法の執行を強化しようとしたのだが、二期目に入ってそれまで以上のことをした。警察に拘禁されている間に亡くなった人の数をカリフォルニア司法省のウェブサイトで公開し、これに容易にアクセスできるように資料の数を大幅に拡大したのだ。

彼女は訴務局長を司法長官の権限の下に置き、連邦および州の最高裁判所での審理に携わらせようとした。自分たち自身の担当事件を弁論するという知的な挑戦を楽しみにしていたベテランの部下たちの中には、この処置に困惑した者たちがいた。だが、専門家たちは、この処置によって州の立場を訴える内容の質がかなり向上したと信じている。

確かに、彼女は他にもっと多くのことが出来たはずだ。警察の残忍性には十分に対処しなかったと思う支持者もいる。だが、ハリス自身は自分が何者であるかを十分に分かっていたのだ。かつて死刑に反対して警察官を激怒させた黒人女。だが、これから先も有効な変革をもたらすためには警察官たちの支持を取り戻さなければならないと分かっていた。殉職した警察官の葬儀には必ず参列して警官たちの反発を和らげる努力をした。また、警官たちの英雄的な働きに対して何らかの賞を与えるために地方の警察署にも出かけて行った。

ハリスは再選の選挙運動に三六〇万ドルを使った。それでも、将来の選挙戦出馬のためになる一三〇万ドルが残った。湾岸地区とロサンゼルス郡での大量得票差によって、彼女は五七・五パーセントの票を得た。しかし、最初の四年間の任期の間に各地の共和党の支配地区と南部カリフォルニアの郊外地区を取り込むことに失敗していたために、二期目にもかかわらずハリスは冴えない相手に対して州にある五八の郡の内二六の郡でしか勝てなかったのだ。

二〇一五年一月五日に州の最高裁判事だったタニ・カンティル＝サカウエがハリスの二期目の就任宣誓を取り仕切った。この日のサカウエの果たした役割はカリフォルニア州とその政治指導者たちの変化を表すものだった。サカウエの母親はフィリピンからの移民で、彼女はサクラメント市内のある路地にあった売春宿の隣にしばらく両親とともに住んでいた。サカウエはウェイトレスをしたり、リノの賭博場でブラックジャックのディーラーをしたりして、何とか大学を卒業した。そして、検事になり、第一審裁判所の裁判官になった。そして、シュワルツェネッガー知事によって主任判事に昇格していたのだ。彼女は共和党員だったが、連邦最高裁判事に任命されたブレット・カバノーの上院での承認審議を見守ったときに党籍を離脱した。

サクラメント市にあるクロッカー美術館に集まったそこそこの数の聴衆に向けて、ハリスはカリフォルニア州とその政治的指導者について野心的なことばで話をした。「国内の人々はカリフォルニア州に注目しています。つまり私たちに注目しているのです。どのような変化が起きるのかに注目しているのです。私たちを見ているのです。どのような改革が可能なのかを見つめているのです。私たちに注目しているのは、これまで州内であったことには私たちは責任がないからですが、逆にこれから起こることに勇気をもって対応すると期待しているからなのです」

ハリスは彼女が自信を持って言える自分の業績を挙げた。「ウォール街が小売業者に押し付けた最高額の銃を持つ殺し屋の一団と真正面から対決したこと」、カリフォルニア州の住宅所有者のために二〇〇億ドルをもぎ取ったこと、そしてカリフォルニア州住宅所有者の権利の宣言を採択させたことなどだった。彼女が言うには、最初の四年間で、司法省の係官は五四〇〇キログラムのメタンフェタミンを押収し、一万二〇〇〇丁の非合法な銃を街路から消し去った。

「皆さんにこのことを約束します。今後四年間で、この数字を二倍にします」。そして、言った。「司法長官としての権限を次の世代のカリフォルニア州民がより良い環境で暮らせるように使います」

彼女は自分が考える目標を明らかにした。それには中央アメリカを逃れてカリフォルニア南端の国境に到着した親からはぐれた子供たちを保護することと、警察機構の中の「自信喪失の危機」に対処することが入っていた。また、彼女は約束した。「当該女性たちの同意を得ずに彼女たちの画像をインターネット上に掲載して、女性たちを脅し、辱め、そして堕落させることで利益を得るような、オンラインを利用する略奪者たちを徹底的に取り締まるために」新しく創設した電子犯罪班を使うと。

「カリフォルニア州では子供たちに教育を受けさせずに放置するのは犯罪なのだと言うべき時です」とハリスは宣言した。

二〇一五年一月五日のことだった。しかし、カマラ・ハリスは急ぐ女性だった。

その一〇日後、ハリスは次の一歩を発表したのだ。

第21章　ジョー・バイデンが差し出した手――ダメ押しの応援演説

　カリフォルニア州司法長官としての第二期目への就任の宣誓をした三日後に、バーバラ・ボクサー上院議員が二〇一六年の再選挙には立候補しないと宣言した。これによって、一九九二年以来、彼女が占めてきた議席が空くことになった。二〇一五年一月八日、木曜日だった。

　その二日後の土曜日、カマラ・ハリスはサンフランシスコ市の彼女の選挙本部に朝早くやって来た。そこにはエース・スミス、シーン・クレッグ、そしてダン・ニューマンがいた。重要な問題について話し合うためだった。会議用のテーブルのそれぞれの席に着いた。このテーブルは元来はカリフォルニア大学バークレー校のカリフォルニア記念スタジアムから回収された古いオーク材の座席で作ったものだ。古い座席はスタジアムが改装されたために放出されたのだが、スタジアムの真下をヘイワード断層が走っていることからの地震対策の改装だった。会議室の壁はトマス・ナストの絵画や『ハーパーズ・ウィークリー』紙の表紙、それもリンカン大統領の時代からの表紙で飾られている。また、中には一九世紀後半から二〇世紀初頭にかけての『パック』誌の表紙もある。この雑誌は政治ユーモアと皮肉を主体にしたものだった。そのシェークスピア的なモットーは「人間て何て愚か者揃いなんでしょう」[*1]だった。

それまでハリスはジェリー・ブラウンが二〇一八年に引退した後の知事選挙に出馬するつもりでいた。彼女の周囲の人たちは一様にハリスを全米最大の州の最初の女性知事として想定していた。同じサンフランシスコ人のギャビン・ニューサムも州知事に立候補するつもりでいた。彼はすでに一度二〇一〇年にブラウンに挑戦してその可能性を確かめてもいた。この週の初めにはハリスはニューサムが副知事としての二期目に就任する宣誓の式典を監督していた。その時にも、彼女はたとえ彼が自分の対抗馬になったとしても、この「友なる敵」は倒せるはずだと考えていた。だが、ボクサー上院議員が引退することで、彼女は別の政治的な道を考え出したのだった。

ハリスは自分が上院議員になったとして、その一〇〇人の上院議員のひとりとして、どのような影響を与えることが可能なのか知りたがった。彼女はどのような形で一番よく人々を代表できるのかを知りたがった。その人々とは、彼女は言わなかったけれど、その会議室にいない人々のことで、救いを必要としている人々、移民たち、そして有色人種たちだった。二〇一六年には、ヒラリー・クリントンを応援したが、ハリスは民主党のオバマ派の一員だった。決してクリントン派ではなかった。しかも、この時は連邦議会の下院も上院も共和党の手にあった。ハリスは少数派政党の政治家としての自分、そして年功序列が厳格な議会で最下層の序列にいる自分自身を想像しようとしていた。

*1　シェークスピアの『真夏の夜の夢』の中の第三幕第二場のパックという妖精の台詞。

この数十年間、ジミー・カーターも、ロナルド・レーガンも、ビル・クリントンも、そしてジョージ・W・ブッシュもみな州知事を経験して大統領になっていた。だが、ジョン・ケリー、バラク・オバマ、ジョン・マケイン、ヒラリー・クリントン、そしてバーニー・サンダーズなどの上院議員やその他の人々が、知事職だけが大統領への打ち上げ台ではないことを示してくれていた。今やアメリカの政治は全国規模に拡大していた。結果として、州や地方の報道機関が減っているという不幸な結果になっているし、それに伴い、州議会や市議会の報道も減少しているのである。特にカリフォルニア州では、知事が持つ権力がどの様なものであろうと、報道機関はワシントンに集中し、同時に有権者たちの注目もそこに向いているのだ。

ハリスが相談した専門家たちはマサチューセッツ州の二人の政治家の話をした。ハリスは自分自身をエリザベス・ウォーレン上院議員のような指導者と考えるのか、あるいはディーヴァル・パトリック知事のような指導者として考えるのか、だった。前者は常に全国的な話題の中心となっているし、後者は州外ではほとんど知られていない。

地方検事と州司法長官を経験した上院議員として、ハリスは最高裁判所に任命された判事候補者の承認審査で並外れた影響力を持つことになるはずだった。二〇一五年の段階では、翌年二〇一六年の大統領選挙がどう展開するかを分かる者などいなかった。だが、カリフォルニア州からの聡明で野心ある上院議員ならアイオワ州やニューハンプシャー州で大統領選挙の流れを早々に試すことが出来るはずだった。ハリスはすべてを飲み込んで、夫や妹や、その夫のトニー・ウェストと相談するために帰宅したのだった。

次の日曜日の夜、ニューサムが上院議員選挙には出馬しないとハリスに連絡してきた。そして月曜日にはこのことを公表した。だが、二〇一八年の知事選挙には立候補するつもりであることも明らかにした。その翌日の火曜日、ハリスが司法長官として二期目に突入して八日後、彼女は自分の意思を公表した——上院議員選挙に出馬する。それもいつものように、大々的に。その最初の日だけで彼女は九万二四五二ドルの資金を集めた。彼女の選挙チームは、彼女には敵はいないとの噂を流した。噂としてだが、それは確かなことだった。

「彼女は女性版オバマだと言われていた。料理はする。フード付きの衣服を着てジムにも通っている」と『ガーディアン』誌は書いた。ウォーレン上院議員は「賢く、強健で、経験豊かな検察官で、ウォール街にいつも正面から向かっていった」と彼女を紹介した。ニュージャージー州選出コリー・ブッカー上院議員は彼のツイッターのフォロワーにハリスに献金できるサイトを開くよう要請した。ニューヨーク州選出カーステン・ギリブランド上院議員は「彼女こそまさに上院がいま必要としている指導者だ」と語った。この三人の上院議員たちは二〇二〇年の大統領選挙で民主党の候補指名をハリスと競うことになるのだが、この時点では三人共、ハリスの選挙チームの仲間だった。

＊　＊　＊

一九九二年に、バーバラ・ボクサーは上院議員選挙に出馬した。アラン・クランストンが四期、二四年間守ってきた議席を得るためだった。だが、この年にはもうひとり、ダイアン・ファインスタインがもうひとつの議席を求めて出馬していた。この議席は共和党員が占めていたのだが、前職のピート・ウィルソンが一九九〇年にファインスタインを破って知事に当選していたために空席となったため、彼の任期の残りを全うするために臨時の上院議員が任命されていただけだった。[*2] ボクサーもファインスタインもどちらもかなり厳しい戦いを強いられていた。その時の競争相手には後日一九九八年に知事となったグレイ・デイヴィス、現職の副知事だったレオ・マッカーシー、そしてロサンゼルス出身で有力な連邦下院議員だったメル・レヴィンが民主党の指名争いに参加していた。二〇一五年の選挙には州民は相当に高い興味を示していたのだ。再選を求める現職が出馬しない上院議員選挙はなんと二五年ぶりだったからだ。しかも、野心十分の政治家に不足はなかったのだ。

南部カリフォルニア州選出の民主党の連邦下院議員たち――アダム・シフ、ザビエル・ベッセラ、ロレッタ・サンチェス――は皆同様に出馬を考えていたし、サンフランシスコのヘッジファンドの億万長者で気候変動活動家のトム・スタイヤー（民主党）もその仲間だった。スタイヤーは自分の資金だけで出馬できた。メグ・ホイットマンや他の富裕層で名が挙がった人たちは、カリフォルニア州民は自分の資金だけで選挙を戦う候補者を好きになれないと感じていた。スタイヤーもこの点を考慮するべきだった。

ベッセラもシフもベルトウェイ[*3]の外ではほとんど知られていなかった。前のロサンゼルス市長だったアントニオ・ヴィジャライゴサも出馬を考えた人物だったが、出馬していたら相当に手ごわい相手になったはずだった。彼は人の話に耳を貸すことなく選挙運動をするタイプで、百万ドルの笑顔を持ち、根っからのヒラリー・クリントン支持者で、多くのカリフォルニア州民に訴えることの出来る政治的立場を表明していた。

彼とハリスは友人関係にあり、ヴァラレゴーサがまだ州議会の下院議員の一期生だった一九九五年に会っていた。しばらくの間、二人はほぼ定期的に連絡を取り合っていた。また、ヴィジャライゴサはハリスが電話を切るときの親しみ深い、彼を愛していると思わせる切り方に感動していたのだった。当時、州下院の議長だったウィリー・ブラウンはそろそろ引退を考えていたのだったが、ヴィジャライゴサの中にほんの少しだけれど自分自身を二重写しにしたのだろう、二人の仲を取り持とうとしたことがあった。ヴィジャライゴサはイースト・ロサンゼルスに育ち、独身の母親がいた。父親は家にいたことがないアル中の怒りっぽい男だった。子供の頃のヴィジャライゴサは靴が古くなって穴が開くと、段ボールで塞いで使い続けたものだった。高校は中退で、レストランでの暴力沙汰で逮捕された経験を持っていた。だが、その後、自分を信じてくれる教

＊2　上院議員の六年間の任期中に空席が生じた場合は、その議員を選出していた州の知事が臨時に議員を任命する。この任命された議員は直近の連邦選挙（二年毎）まで務めることになる。この時に選挙が行われ正式に次の議員が選出されるのだが、この議員は本来の議員（空席を作った議員）の任期切れまで務めることになる。上院議員はひとつの州から二名選ばれるが、選出時期をずらすことで、二人同時に選挙になることはない制度になっている。だが空席が生じた時期と残りの任期の年数によって、この時のカリフォルニア州でのように二人同時の選挙となる。この場合はファインスタインは六年の任期ではなく、九四年までの任期となる。彼女はその後再選を続けて現在まで議員の席にいる。

＊3　ベルト・ウェイ　ここではサンフランシスコ市の環状高速道路のこと。

師と出会い、UCLAを終え、ロースクールに進み、最後はロサンゼルスの教職員組合で仕事をしていた。一九九四年にロサンゼルスの小さな選挙区から州議会に選出され、下院で最もリベラルな議員として頭角を現していた。まだ、それほど話題になっていなかった時期に銃規制を訴え、カリフォルニアの富裕層への所得税増税を訴えていた。

任期切れ制度が適用される前に州下院議長にまで上り詰め、ロサンゼルスに戻って、二〇〇五年に第四一代市長に選出されていた。ヴィジャライゴサの選挙参謀には同じくハリスを助けているサンフランシスコに基盤を持つ人たちがいた。彼が上院議員選挙への出馬を考えだすと、ウィリー・ブラウンがむしろハリスへの忠誠を表明し、彼女を応援するべきだと諭した。「彼のハリスへの忠誠心と彼女との関係こそが重要なのだ。だから、と私は考えたのだが、いまこそそのことを明らかにする機会だと思うべきだったのだ」とブラウンは説明した。ヴィジャライゴサの相談役のひとりも、「彼が州全体の選挙で立候補したときに、今回のハリスへの支援はきっと実を結ぶはず――いつか、きっと」と付け加えていた。

ブラウンは当時六二歳だったヴィジャライゴサに今回はハリスのために道を空けて、自分の番を待てと告げていたのだ。その自分の番がいつ来るかは別にして。本来は、かなり相手を傷つける発言だ。特にヴィジャライゴサがそれまで州内で成し遂げてきたことを考えると余計に――カリフォルニア州には彼と同じラテン系の人口が四〇パーセントを占めているのだから。

全米第二位の都市の市長だっただけに、ヴィジャライゴサは本心では行政の主役になるのを好んでいたのだ。ニューサムがそうであったように、彼は州知事になりたかったのだ。彼と他の南部カリフォルニア人にとっては、最終的な決断は資金調達の能力と、世論調査の結果、そしてカリフォルニア州選挙民の基本的な事実に基づいて下すべきものだった。その基本的な事実とは、カリフォルニア州は人口的には確かに南部が有利なのだが、北部カリフォルニアの民主党員には強みがあった。というのは湾岸地区の住民は圧倒的な割合で投票場に足を運ぶのだ。（ヴィジャライゴサは二〇一八年にハリスの応援なしで、ニューサムに挑戦して知事選に出た。）とにかく、選挙に出馬しようと思えば、誰でもハリスを相手にすることをまず考えるべきなのだ。例外のないことはないが。

＊　＊　＊

二〇一五年五月一四日、ハリスが出馬声明を出した五か月後に、ロレッタ・サンチェスが出馬を発表した。彼女はオレンジ郡選出の連邦下院議員で一〇期（二〇年）、その任務についていた。書類上ではサンチェスは相当に手ごわいはずだった。その人生は感動ものだった。移民してきた両親の七人の子供の一人で、もう一人の下院議員のリンダ・サンチェスの妹だった。彼女はヘッド・スタートのプログラム[*4]で育ったのだ。彼女が期待していたのは、南部カリフォルニアの人口

※4　ヘッド・スタート　ジョンソン大統領の「貧困との戦い」の政策として一九六四年に打ち出されたもので、直訳は「有利なスタート」である。低所得層の三〜四歳の幼児に識字能力や語学・数学の能力の向上などを目的とする教育を施そうとするもの。テレビ番組の「セサミ・ストリート」（一九六九年開始）はその一環である。

の中心であるラティーノたちの票が彼女を上院に送り出すことだった。だが、候補者としては、彼女は失言が多すぎた。

選挙に参入してすぐに、サンチェスは典型的な先住民族の戦い時の鬨の声を上げて、先住民（インディアン）と家族がインドから渡ってきた人（インド系移民）との相違を説明したのだが、それは、結局、先住民の指導者たちに謝罪する結果となった。また候補者同士の討論会でも、彼女は自分が賢いと思うことを表現し、「ダブ」という奇妙なダンスの動きをしたのだ。このダブはNFLのカロライナ・パンサーズのクォーターバックだったキャム・ニュートンによって、その当時、人気が出ていた振りだった。

ハリスは笑って見過ごそうとしたものの、気を変えた。

重要な政策では、サンチェスはカリフォルニア州の民主党員と歩調がずれていた。議会で、彼女は銃製造業者やジョージ・W・ブッシュ大統領の味方で、銃製造業者をその製品に関しての訴訟から免除する法案に賛成票を投じていた。当然、この法案はNRAが強く推すものだった。この結果は、大量射殺に使用された武器の製造業者たちが、射殺事件の被害者家族からの訴訟を免れることになったのだ。

出馬を表明してからのハリスはとにかく忙しかった。支援を確実なものにし、電話で資金援助を申し入れていた。サンチェスが出馬した五月中旬には、ハリスは三九億七七〇〇万ドルを集めていた。これは連邦法で規定されている一人の個人が一回の選挙で献金できる上限が二七〇〇ドルであることを考えると、決して悪い数字ではない。資金はマークとスージーのビューエル夫妻のような古くからのサンフランシスコの友人たち、ジョージ・ソロスやロナルド・ペレルマンのようなウォール街の億万長者たち、バーバラ・ストレイサンド、ロブ・ライナー、シーン・ペン、ケイト・キャプショー、そしてドン・チードルのようなハリウッドのスターたちからのものだった。また同時に、弁護士仲間や、シリコンバレーのベンチャー企業主や労働組合、そして無数の少額献金者たちからも集まった。三九億七七〇〇万ドルという額はサンチェスが選挙戦全般を通じて集めた四二〇〇万ドルとは比較にならなかった。ハリスの選挙運動チームは対立候補者の姿がほとんど見えない状況に驚いていた。だが、それも長続きしなかった。

結局は問題となっていることが分からずに、ハリスは二〇一五年の早い時期には記者たちを避け続けていた。出馬声明から三か月経った四月にハリスは遊説の第一声をサンフランシスコ市であげた。前のミシガン州知事ジェニファー・M・グランホルム、ニュージャージー州選出のコリー・ブッカー上院議員、そして数名の下院議員と市の関係者が同席した。しかし、『クロニクル』紙のカーラ・マリヌチが報じているように、報道陣は完全に締め出されたのだ。選挙運動を始めるには余りにも奇怪千万なやり方だった。

連邦の上院議員に出馬していたのに、ハリスは国際問題に関しては、自分の考えを述べなかった。例えば、ウクライナへのロシアの侵攻やＮＡＴＯとの同盟問題、中近東など国際的な問題があった。カリフォルニア州と連邦政府の問題かもしれないが、環境や水質に関する問題も国際的なものだった。インタビューを拒むことで、ハリスは用心深すぎるという印象を記者や選挙戦の相手に与えてしまっていた。この状況は時間が経つにつれてますます悪くなっていった。

カリフォルニア州でのハリスの相談相手たちは州全土を選挙区にする選挙での勝ち方に精通していた。これまで彼らが働いてきたのには、ジェリー・ブラウンやギャビン・ニューサムなどがいたし、今回のハリスももちろんだった。彼らの目的は、まず何百万ドルも集めること、だが、二〇一五年には倹約して支出を抑え、投票日が近付いてきて、有権者たちがより注目するようになったら必要なだけのテレビ・コマーシャルを流すために十分に蓄えておくことだった。

ワシントンの情報通たちによって作られ、マヤ・ハリスが運営担当する民主党上院議員選挙委員会はカリフォルニア州で勝利を競っている候補者が必要としているものに対して、異なった考えをしていた。この委員会は浪費している組織をまとめた情報を持っていた。それによるとハリスの選挙戦は支出過剰だというのだ。二〇一五年一〇月に『サクラメント・ビー』紙が「ハリスの選挙は、彼女が集金するとすぐに、その金を湯水のごとく浪費している」と報じたのだ。郵便での献金依頼に数十万ドル、ロサンゼルスを担当する大勢の選挙運動員たち、全米に散らばっている著名な集金専門家たちにも相当額が支払われているという。『ロサンゼルス・タイムズ』紙は一一月に選挙陣営の組織替えについて報じた。カリフォルニア人のジュアン・ロドリゲスが選挙管理主任として入り、ワシントンDCから来ていた数名のスタッフは外されることになった。だが、選挙運動に大きな一撃が落ちた。『アトランティック』誌の一二月号が、ハリスの選挙運動がいかに贅沢に散財しているのかを報じたのだ。「最高級の車、飛行機代、そして諸々のすべて一級品」と。ワシントンのセント・レジスやシカゴのウォルドーフ・アストリアやロサンゼルスのWなどの高級ホテルへの支払いが総額一万八〇〇〇ドルに及んでいる、とこの雑誌が報じた。

さらに、「活力を失った資金集めは彼女が持っていたこの人だけという不思議な光をぼやかしてしまっている」とまで書いたのだ。

献金した人々は動揺した。自分たちの金が無駄になるのではないかと思い出し、ハリスのチームも選挙は勝つものと二〇一五年四月に思っていた状態から、もしかしたら負けるのではないかという不安に陥っていた。ロドリゲスはこれに厳しく対応した。選挙陣営の行動を規制し、給与を削り、そして支出を抑制した。このときハリスの味方だったのは、サンチェス相手の戦いは難しくはないというひとつの事実だけだった。

二〇一六年になると、共和党は考えを改めた。もしカリフォルニア州で勝てるという万が一のチャンスがあるなら、共和党の候補者として必要なのはシュワルツェネッガーかレーガンのようなスター性を持ち、一億ドルほどを容易に費やせる億単位の銀行口座を持つ者であればよい。だが、共和党の全国本部はカリフォルニア州では一セントでも使いたがらなかった。そんな金があるなら、数百万ドルで上院議員戦をもぎ取れるずっと小さな州に使った方がよほどよいと考えていたのだ。

カリフォルニア州の予備選挙制度では、所属政党に関わらず、予備選挙の投票で最大得票した上位二人が本選挙で相まみえることになる。二〇一六年の予備選挙では、共和党は自分たちを支持する少数で、しかも縮小一方の有権者を二つに分けた。勝利が当然と思われていたハリスに本選挙で対抗させるためにサンチェスを第二位に押し込もうという作戦だった。

一一月の本選挙を少しでも希望のあるものにするために、民主党員としてリベラル度が不足するサンチェスは共和党の支持者に訴えるしかなかった。だが、それも民主党員を完全に遠ざけてしまうほどまでには右寄りになることはできなかった。サンチェスは元ロサンゼルス市長のリチャード・リオーダンの支持を取り付けることで共和党側からの支援を勝ち取った。ただ、リオーダンは二〇〇一年以来公職についていなかった。保守的なセーラム・メディア・グループのラジオ番組のトークショーで司会をしていたヒュー・ヒウィットも彼女を支援した。サンフランシスコ郡の共和党員だったダレル・イッサ下院議員もこれに加わった。イッサはオバマ政権に対する声高の攻撃で民主党を怒らせたことがあり、さらにリビアのベンガジにあるアメリカの特別任務施設（コンパウンド）でクリストファー・スティーブンス駐リビア大使を含む四名のアメリカ人の殺害に関して度を越した調査をしたことでも評判が悪かった。

ハリスはカリフォルニア州民主党の支持を確実なものにすることを目指した。そのために、彼女は副大統領のバイデンに電話をかけ、二〇一六年二月に予定されているサンノゼでの民主党大会に参列してほしいと要請した。バイデンはこの要請を受けた。その日の演説で、バイデンは冒頭からハリスの個人名を挙げ、彼女が前年に癌で亡くなった自分の長男のボウと親しくしてくれていたことを打ち明けた。約一時間の演説が四五分ほど過ぎたところで、バイデンは主題に入った。二〇二〇年の大統領選挙で彼が訴えることになったのと同じ問題だった。「わが国の国民が問題なのではありません。わが国の政治が問題なのです。わが国の政治は余りにも狭量で、余りにも個人的で、余りにも怒り狂い、余りにも醜くなってしまったのです」。バイデンがハリスに神の恵みあれと言って演説を終えると、民主党大会はハリスの応援ひとつになった。オバマ大統領もハリスへの支援を約束した。サンチェスはオバマの支援を意味ないものにしようと躍起になった。あるスペイン語放送のテレビ局とのインタビューで、オバマがハリスを支援するのは二人とも黒人だからだと言った。カリフォルニア州でオバマ以上に人気のある民主党の政治家は他にいなかった。彼女のこのコメントは失言だらけの選挙運動の象徴であるとされ、ハリスには俄然有利に働いたのだった。

二〇一六年が始まると、どちらの候補者が勝つかにはまったく疑問の余地はなくなった。ハリスはやらなければならない日々の仕事、カリフォルニア州の司法省を管理運営する仕事に没頭していればよかったのだ。

第22章　彼女が狙った――〝悪徳〟大学を起訴、弱者の立場

かつては全米で最大の営利目的の大学だったコリンシアン大学は利潤追求の教育施設として、ただでも恥ずべき歴史に特異な地位を占めていた。自分自身をより向上させたくて教育を求めていた人々を犠牲にしていたのだ。

ドナルド・トランプが自分の商標と自分が出演する「アプレンティス」というテレビ番組を利用するために創った営利会社であるトランプ大学は同様にそれ相応の悪名を得ていた。司法長官としてハリスはコリンシアン大学を告訴したが、トランプ大学は無視した。この判断はハリスが公的な仕事をする方法を示している。

＊　＊　＊

政治家は選挙資金を調達するために、よくニューヨーク市に行く。それはちょうど、同じ目的でニューヨークや他の州の政治家たちがカリフォルニア州にやって来るのと同じだ。

二〇一一年九月に、ハリスは資金調達と、全国的に自分を売り込むためにマンハッタンへ巡礼の旅をした。当時、ニューヨーク州の司法長官だったエリック・シュナイダーマンが人を集める手伝いをしてくれた。それには一人のニューヨーク市の弁護士が関わっていた。その弁護士の仕事は問題を抱えた依頼人の弁護を州の司法長官の前ですることだった。この時の旅行はいつも通り政治的なものだった。いや、少なくともそう思えた。トランプはこの旅行のためにハリスに献金したニューヨーク人の一人だった。二〇一一年九月二六日付けで五〇〇〇ドルを寄付していた。二〇一三年二月二〇日に彼はもう一〇〇〇ドル献金した。翌年六月三日には娘のイヴァンカ・トランプが二〇〇〇ドルを追加献金した。トランプ・オーガナイゼーションはカリフォルニア州を含む多くの州で事業を展開していた。それぞれの州で主体となる弁護士を育てておくことは意味があった。その方法は自分の事業を広げていく際にトランプ本人やその家族がする一種の献金だった。

二〇一一年五月に最初のニュースが報じられた。トランプの名前を冠するニューヨーク市にある「大学」をシュナイダーマンが調査し始めたというのだ。不動産を通してひと山当てたいと願う人々を何も価値のないセミナーに過剰な受講料をつけて集めたというのが、その調査の理由だった。二〇一三年八月にシュナイダーマンは教育機関での過剰事業の容疑でトランプを告訴した。

トランプは反撃した。シュナイダーマンが選挙資金への献金を続けざまに要求してきたというのだ。シュナイダーマンが取りつかれたように調査を急いだ裏には、何か邪悪なものがあるとトランプは主張した。その調査は、ニューヨーク州の番犬機関とも言える公共倫理に関する合同委員会が担当していた。この事件は二〇一五年に告訴されることなく終わっていた。それはトランプがトランプ・タワー内の金ぴかのエスカレーターを降りて来て、信じがたいような大統領選挙への出馬を表明したからだった。二〇一五年六月一六日だ。

トランプと彼の名前を冠した大学と言われるものはニューヨーク州と個人の告発者による訴訟を二五〇〇万ドルで解決していた。二〇一六年一一月だったが、この時すでに彼は大統領に当選していた。

二〇一六年の上院議員選挙運動でもがいている中、ロレッタ・サンチェス下院議員はハリスにダメージを与える問題があることに気づいた。サンチェスは政治的なことで間違ったことはなかった。二〇一六年のカリフォルニア州ではトランプほど人気のない政治家はいなかった。候補者トランプは政治家というのは皆腐敗していると発言して、選挙演説会場に集まった聴衆に、選挙献金は相互交流なのだと公言していた。献金の代わりに、政治家は頼みごとを聞いてあげるのだ、とトランプは語っていたのだ。「誰でもいい、献金をすれば頼みごとを聞いてくれるという候補者がいるとすれば、トランプが二度もハリスに献金した理由が分かるでしょう？トランプ大学は検察の捜査を受けるところだったのです。皆さんに問いかけたいのは、なぜハリスがトランプからの献金を受け取ったのか、ということなのです」。サンチェスの選挙報道官は当時こう語っていた。

サンチェスがこうした問題提起をするのは理解できた。とにかく彼女は争点を必要としていたのだ。だがハリスは一度も公にこの問題を語ることはなかった。しかし、ハリスが六〇〇〇ドルの献金と引き換えに、告訴に反対したという批判は、何でもすぐに信じる人々の間に浸透した。ハリスが初めて公職に出馬した二〇〇二年と二〇一六年の間に、彼女は選挙のために三二〇〇万ドル以上を集めていた。検事であろうがなかろうが、より高い地位の公職を目指そうとする野心的な政治家なら、このような問題で死んだふりはできなかったはずだ。それ以上に、告訴に値する法律問題があったなら、ハリスは二〇一六年の大統領選挙中にトランプを告訴して、全米の注目を集めていたはずなのだ。

トランプを告訴しなかったことをもっと的確に説明するとすれば、ただひとつ、カリフォルニア州民の中にトランプ大学によるペテンの犠牲者がほとんどいなかったということだろう。トランプのホラ話を真に受けて、何がしかの金銭を提供した人たちは確かにいたが、それほど大きな損失を被ってはいなかったのだ。すでに二〇一五年、サンチェスがこの問題を取り上げる前に、ハリスはそれを巧みに意味のないものにしていたのだ。トランプがハリスに渡した六〇〇〇ドルに適した使い道を見つけていたのだった。司法長官としての彼女の財務報告には、六〇〇〇ドルがロサンゼルスにある「中央アメリカ資源センター」に寄付されているのが記載されている。この団体は避難民と移民とを救済するための非営利団体だ。

＊　＊　＊

それでもハリスは、トランプのただ人々の心を惑わすだけの程度の低い作戦、しかもカリフォルニア州民を傷つけるだけの作戦に対応するよりも、もっとずっと大きな目標に狙いをつけていた。コリンシアン大学はオレンジ郡のサンタアナ市にあった。大学の株はナスダックで取り引きされ、その収益性によって値を上げ下げしていた。学生を集める能力と大学の高騰する授業料や手数料を支払うための連邦政府からの補助金を借りる能力とが大学の利益に影響していた。だが、学生たちが教育ローンを支払える仕事に就けるかどうかなどは、コリンシアン大学の株主たちには全く関心がないことだった。

二〇〇七年にカリフォルニア州の司法長官だったジェリー・ブラウンが、大学は学生たちを欺いているという不平不満を解決するために、大学から六六〇万ドルを提出させた。その直後に景気後退がやって来た。コリンシアン大学は、「ジェリー・スプリング・ショー」や「モーリー・ポヴィック・ショー」などのテレビ番組で大々的なコマーシャルを流した。午後の時間に暇を持て余している人々を標的にしたのだった。内部資料によると、この大学は「孤独で」、「忍耐の限度」にあって、「自己評価の低い」、そして「自分を心配してくれる人がいない」、そのために「将来を見つめることも、計画を立てることも出来ない」人々を取り込もうとしたのだ。『ロサンゼルス・タイムズ』紙は、この大学は経済不況によって大いに利益を上げたと報じている。就業訓練やよりよい生活を希望する失業者を大勢、コリンシアン大学の掲げる夢に引き付けたからだ。二〇〇七年の景気後退から二〇一一年までの間に大学はその財政を二倍にして一七億五〇〇〇万ドルに増やしていた。

ある時点で、コリンシアン大学には二万七〇〇〇名の学生がいた。彼らはカリフォルニア州立のコミュニティ・カレッジ（二年制大学）だったらほとんど無料で得られる準学士号のためだけに、最低三万九〇〇〇ドルを支払わされていた。また、その効力さえ疑わしい学士号を取得するためには、六万八〇〇〇ドル以上も支払わなければならなかったのだ。カリフォルニア州立大学であれば、同じ学士号のためにならこの金額のほんの一部ですんだのだ。それで、二〇一三年一〇月一〇日に、ハリスはコリンシアン大学に対してすべてを一掃する法的措置を取ったのだ。それまで営利目的大学に対してなされた最大の事件となったこの訴訟によって、コリンシアン大学の経営は傾き、最終的に破綻することになった。同時に、この件はワシントンの強力な民主党の政治家たちが注目するものになった。というのは彼らが学生ローンの形の連邦補助を制限しようとしていたからだ。この補助金制度によって、営利目的の大学業界が潤っていたためだ。マサチューセッツ州のエリザベス・ウォーレン上院議員などが特によく知られた存在だった。彼女がハリスの上院議員選挙出馬を公に支援した最初の全国的政治家だった。ウォーレンが大統領補佐官としてオバマ政権に入っていた時点で、彼女がその創設に尽力した消費者金融保護局はコリンシアン大学を最初の標的にしていた。また、彼女はオバマ政権のアーン・ダンカン教育長官に書簡を送った十数名の上院議員の一人だった。

その内容は営利目的の大学をなくすよう求めたものだったが、現実にはコリンシアン大学の名前だけが明記されていた。

この書簡には「コリンシアン大学法人は現在の学生のための奨学金制度や生活保障の条文をは

るかに超える規模で学生を危機的状況に追い込んでいるのです。この大学は営利目的大学全体のなかで最悪の存在であることを自ら証明しているのです」と書いていた。

他の大多数の営利目的大学と同じで、コリンシアン大学は高騰する授業料や手数料を支払うために連邦補助のある教育ローンを得ている学生によって支えられていたのだ。卒業時点で、学生たちが仕事に就けるかどうかは、ローンを返済できるかどうかの重要な鍵だった。だが、この大学の三分の二は中退していて、卒業生の四分の三はローンの返済ができないでいた。こうしたことが、学生から搾取し、なんの恩恵も与えていないとして、コリンシアン大学を起訴に持ち込んだハリスを突き動かしていたものだった。

選挙の投票日が近付いて来た二〇一六年三月二三日、ハリスは一一億ドルの判断を発表した。八億ドルを学生たちに払い戻せというのだ。しかし、この時までにはコリンシアン大学はすでに廃校となり、破産宣告もしていた。当然、支払う能力はない。そのため、ハリスは、他の州の司法長官と共に、コリンシアン大学の学生が借りた連邦政府補助による学生ローンの返済を免除するようオバマ政権に要請したのだ。オバマ政権の教育省はこれに同意した。トランプ大統領になると、逆の立場を取り、再返済を要求するようになった。当然、多くの学生はこのような要求に応じられなかった。

ハリスがコリンシアン大学を訴えた理由は明らかだった。設備の整った部屋に住む高級な背広を着た人々が、力のない犠牲者たちからむさぼり取ろうとしていたのだ。その犠牲者の多くは子供のいる独身者、退役軍人、そして持つ物もない肌の色の黒い人々だった。その誰一人として決断が下される部屋にはいないのだ――ハリスならこう言うだろう。

＊　＊　＊

司法長官だった時のカマラ・ハリスは余りにも慎重すぎた、と批判者はもちろん、友人たちにもそう言う人はいる。この見方を支える証拠はある。しかし、早急に告訴したり、早急に刑事告発したりすることには大きな危険が伴っているのだ。検事というのは一般の人々から自由を奪う権限を持っている。また、彼らの評判を落とし、財産を押収する権限もある。誰であれ個人や法人をその悪事で非難する前に、自分たちが絶対に間違っていないことを確信する必要があるのだ。カマラ・ハリスはこの権限を軽率に振り回さなかっただけだ。彼女が狙いをつけて事件を取り扱ったときには、失敗はなかったのだ。

第23章　永遠の戦争を戦う――人工妊娠中絶の合法化

ウェブサイトには、計画親権連盟の政治局が「カマラ・ハリスを愛する九つの理由」と題する一覧が存在する。

その中の一つに次の文言がある。彼女は心から避妊や生殖の医療を擁護している。

彼女は上院司法委員会で開かれた最高裁判事に任命されたブレット・カバノーの承認公聴会で、彼を打ち負かしたのだ。

ハリスが人工妊娠中絶の権利を主張する側に立っていることは、彼女の地元の州では多くの有権者の間でよく知られている。しかし、その四千万の州民を有するカリフォルニア州にはどんな人もいるのだ。たとえば、デビッド・デイライデンという男だ。カリフォルニア州のデイヴィスというリベラルな大学町での少なくとも高校時代から、デイライデンは自称、人工中絶に反対する戦士だった。二〇一三年一〇月と二〇一五年七月の間、彼がまだ二〇代だった時に、デイライデンと相棒は偽名を使って人工中絶を論じる会議室に入り込み、計画親権連盟の医師たちとその他の者たちの会話をビデオに隠し撮りした。二〇一五年七月、彼と彼が設置した「医療の進歩センター」が全国的な注目を浴びることになった。彼らはこのビデオを巧みに編集して、観た者を騙せるようにした。そして、計画親権連盟の役員たちが胎児の諸器官を販売することに合意したとして、これを公表したのだ。

デイライデンは実は自ら違法行為をしていた。カリフォルニアの法律では、会話を極秘で録音するのは犯罪だった。会話の録音には参加者全員の合意が必要だった。デイライデンは、自分がジャーナリストであり、非合法の実態を暴くべく活動しているので、この法律は自分には適用されないと信じ、そう主張した。

二〇一五年の夏、人工妊娠中絶の権利をめぐる永遠の戦いは熱く燃えた。計画親権連盟の活動はデイライデンのビデオの公開後、非常に面倒なものになった。その活動とは、生殖医療を避妊器具の提供と共に女性たちに施すこと、十代の妊娠を減らすこと、性的関係で感染する病気を根絶すること、などであった。先天性異常を引き起こす可能性のある殺虫剤に関して再審の請求をすると警告すること、などであった。共和党が多数を占める議会が調査を開始した。また同時に計画親権連盟を処罰するべきという新たな要求が生まれていた。その後数か月の間、計画親権連盟に向けられた脅迫や暴力が多発した。人工中絶を実施するクリニックが爆破されたりした。こうしたクリニックで医療を提供していた医師や看護師たちは暗殺の危険に怯えていた。録画テープの中で名前が挙がっていたカリフォルニア州のバイオ・テクノロジーの会社役員の殺害をほのめかし、その代わりに金銭を要求した男がワシントンで逮捕された。二〇一五年一一月には、コロラド・スプリングスにある計画親権連盟のクリニックで、ひとりの銃を持った男が、体の臓器の名前をわめき散らしながら三人を殺害した。被害者はひとりの警官、イラク戦争の退役軍人、そして二人の子供を持つ母親だった。後にこの男は警察で、自分が死んだら、天国で胎児たちが中絶を辞めさせてくれてありがとうって言ってくれると信じている、とわざとらしい話をしたのだ。

デイライデンはこの殺人事件は自分のビデオとは無関係だと言い張った。「プロライフ[*1]の運動も俺のビデオもこれとは全く関係していない。俺のビデオは非暴力の強烈なメッセージを伝えているんだ」と彼は『サクラメント・ビー』紙のショーン・ハブラーに語った。二〇一六年四月のことだった。

連邦議会の民主党員たち、例えばニューヨーク州選出のジェロルド・ナドラーやサンノゼ選出のゾーエ・ロフグレンなどが計画親権連盟の弁護に立った。そして、カマラ・ハリスに対して、デイライデンがしたことと、それに続く計画親権連盟への攻撃に合法性があるかどうかを調べるよう要請したのだ。

二〇一五年七月にロフグレンは「計画親権連盟は、私の選挙区では、非常に評判の良い重要な団体です」と書いていた。彼女はハリスに調査を勧め、「隠し撮りされたビデオテープはハラスメントと計画親権連盟に対する党派的な攻撃の最新の例なのです。余りにも非常識で、非常に重要な法的な問題を提示しているのです。いわゆる医療進歩センターなるものが法を破ったかどうかを調べるのは大いに意味のあることなのです」

二四年間カリフォルニア州で計画親権連盟の政治機関部門を担当してきたキャシー・クニールも、同じようにハリス司法長官の調査を希望していた。結局、問題は会話を秘密で録音することを刑事罰とする州法そのものになったのだ。

＊　＊　＊

二〇一五年七月二四日、ハリスはロフグレンやナドラーの要請に応えた。この事件の調査を開始すると公表したのだ。司法省内部では彼女はクリニックで働く人々の安全と医療を必要としていた患者たちの安全を相当気にしていると語っていたが、ハリスは公表した内容以上のことは公にはしなかった。

計画親権連盟はもともとハリスの選挙を支援していたし、献金もしていた。この事実が有利な状況を生み出したのかもしれない。だが、多分そうではないだろう。少なくとも始めのうちは、クニールはハリスの携帯電話の番号も彼女の個人的なメールアドレスも知らなかったからだ。ごく通常の手続きで、彼女はカリフォルニア州の司法省の係官たちと連絡を取り、時には実際に検事たちと面会したりしていたが、ハリスとは全く関係を持っていなかった。その関係はそのまましばらく続いていた。「自分たちの普通の、ゆっくりした官僚的な速度で働いていたのが彼らよ」とクニールは話している。

しかし、暴力の恐怖は減っていなかった。クニールも連盟の他の指導者たちも自分たちのス

＊1　プロライフ　人間の生命は受胎と同時に始まると考え、妊娠中絶に反対して胎児の命を守れという運動。

タッフの安全を気にして、各地区の警察はこの問題をあまり真剣に受け止めていないのではないかと思っていた。そこで改めて、カリフォルニア州の司法省に向かうことにした。二〇一六年三月に司法省の幹部との会合が設定された。

この時期のEメールによると、この会合の結果、計画親権連盟の総会で、司法省の代表が講演をすることになったという。二〇一六年四月七日に予定されていた総会だった。場所はサクラメントのシェラトン・グランド・ホテルだ。

この総会の二日前の四月五日に届いたEメールで、司法省の弁護士、ジル・E・ハビッグが会合で話をする予定の内容を告げてきた。「当連盟からの当面の安全を確保する要求または必要性(どちらも個々人の医師または個々のクリニックに関して)については、必要とされるだけの援助を地域警察の協力を得て提供する」とあった。ハビッグは総会で二〇分間の話をすることに同意し、残りの数分間は会場からの質問に応じるとのことだった。一日がかりの総会の演目としてはほんの小さな出来事にすぎないはずだった。

実際にはこの四月五日はデビッド・デイライデンにとっては非常に重要な日となった。彼自身が何度も繰り返し話したことだが、この日ハンティントン・ビーチにある彼のアパートから台所のゴミを外のゴミ入れに持ち出したときに、無印の白いバンからカリフォルニア司法省の係官が出てきて、家宅捜査状を示したという。ハリスが調査開始を宣言して九か月後のこの日、係官たちはデイライデンのパソコン、ハードディスク、そして各種文書を押収した。この家宅捜査を実施した係官たちは強力な公務員制度と公務員組合によって守られていた。公選される司法長官は入れ替わるが、彼らは持ち場に留まって、仕事をこなしているのだ。彼らは政治家ではなく、基本的には警察官だ。しかし、デイライデンとその弁護士は彼のアパートの家宅捜査はテッペン、つまりカマラ・ハリスの指示によるものだと主張した。

計画親権連盟の指導者たちとカリフォルニア州司法省の上級官吏たちは、この家宅捜査に至るまでの数日間、メールでやり取りをしていた。少なくとも、上級官吏の数名はメールを通じて家宅捜査が計画されていることは承知していた。だが、一切、そのことが漏れることはなかった。クニールも他の連盟の執行役員たちも、家宅捜査が公表されて初めてその事実を知ったのだった。「前もって何も知らされませんでしたし、そのヒントさえもらっていませんでした」とクニールは話していた。

もちろん、クニールは事態の進展に喜んだ。デイライデンのビデオの公開はまるで「火の中にガソリン」を注がれたような「苦痛」だったと彼女は言った。ビデオ公開の九か月後の今はやっと計画親権連盟が法によって守られそうになったのだ。

サクラメントでの連盟の総会は予定通り四月七日に開催された。ここで講演した司法省の職員は家宅捜査そのものにも、また事件の調査自体にも触れなかった。ハリスも総会に姿を見せなかった。また、家宅捜査についての記者会見もしなかった。ただ、これまで以上の沈黙だけだった。調査は夏にかけて秋へと続けられた。結局、ハリスが司法長官だった時点では、デイライデンが告訴されることはなかった。

＊　＊　＊

二〇一五年にデイライデンの録画テープが人工中絶を巡る戦いに火をつけたのだが、カマラ・ハリスは中絶を認める法案の主要な推薦者となっていた――「ウェルネスのための黒人女性」とか「ＮＡＲＡＬ　プロ・チョイス・カリフォルニア」などの中絶賛成派が危機妊娠センターの開設を目指す法案を支持したのだ。カリフォルニア州や全米各地で活動するセンターは保守的なキリスト教団体によって運営されていた。その多くが医療専門家ではないスタッフが、妊娠中絶などしないようにと女性たちを説得していた。この法案は「生殖の自由、説明責任、包括的ケアと透明性（ＦＡＣＴ）法」と呼ばれ、反人工中絶の危機妊娠センターが女性たちに選択肢の存在を教える標識をつけるよう求めるものだった。この標識には、女性たちの選択肢に公共の補助によって人工中絶を受けることが含まれていた。

この標識は次のようなものだ。「カリフォルニア州は公共政策として、女性たちに包括的家族計画の的確な相談（アメリカ食品薬品局が承認した避妊法を含む）と妊婦検診と人工中絶とを無料または低料金で提供する」

ここにあるように、法案の目的は「カリフォルニア州民が、自分の権利と自分に利用できる医療があることを知ったうえで、自分個人で生殖医療の判断を出来るようにすること」にあった。

これに反対するのは国立家族生活研究所（ＮＩＦＬＡ）や「人工妊娠中絶に目を向けている女性や家族に、まだ生まれ来ぬ子供の命を選ぶことを勧める生命重視の妊娠センターを守るために存在する」ヴァージニア州の団体などがあった。「話すことを強制するのは解決ではない」と、カリフォルニア州で危機妊娠センターを一〇〇か所ほど運営していたNIFLAは、法案に反対する文書の中で言った。

カリフォルニア州議会のために働き、議員たちにアドバイスしている弁護士たちはこの法案が憲法問題を引き起こすと理解していた。だが、彼らはこの長年問題となってきた法案が成功すれば、特に州民の健康問題で、誤った、詐欺的な、そして紛らわしい商業的な発言を規制できると信じていたのだ。

デイライデンの録画テープはFACT法を頓挫させようと試みる共和党の州議会議員たちの日常会話の一部となった。「人工中絶を受けようとする固い決心は、困っている人を助けることにはならないかもしれない……だが、臓器移植にはなる。ここにはおそらく壮大な利害対立があり、我々はそれに気づかなければならないのだ」とオレンジ郡選出の共和党員ジョン・モアラッチが法案に反対する演説で言った。

悪化する一方の状況で、共和党はカリフォルニア州ではどのような法案も阻止できなかった。法案は党派に分かれた投票で容易に採択された。民主党は全員賛成で、共和党は全員反対だった。

ハリスは余りにも用心深いと非難されることがよくあった。だが、この時は違った。ジェリー・ブラウン知事がこの法案に署名すると、ハリスは歓声を上げた。二〇一五年一〇月九日だった。「このFACT法の共同提案者となれたことに名誉を感じています。これによってすべての女性たちが包括的な生殖医療を受けることを可能にし、自分の健康と人生にしっかりとした情報を得てから判断することを可能にするからです」

ハリス司法長官が、この時点でさらに将来を見つめていたとすれば、あるいは連邦最高裁判所の判事の構成を考えていたとすれば、彼女はこれほどまでに喜んではいられなかったはずだった。

* * *

NIFLAはこの法が各センターの言論の自由の権利に違反するとして告訴した。センターに掲げるよう求める標識が自分たちの信念と矛盾する内容を含んでいるというのだ。下級裁判所は州に味方した。だがこの後、人工中絶反対派は連邦裁判所に訴えたのだ。NIFLAを弁護する弁護士たちの中にはクラレンス・トマス判事の元書記で、二〇一〇年にカリフォルニア州の司法長官選挙に共和党から出馬した経験のあるジョン・イーストマンがいた。そう、ハリスが選出された年だ。二〇一八年六月一八日、トマス判事が多数意見を書いた五対四の判決で連邦最高裁はNIFLA側に立ったのだった。

「認可されているクリニックは政府が指定した指示どおりに活動しなければならない。特に州が支援する医療を施すなどだ。また同様にそれらを得る方法について詳しい情報を与えなければならない」とトマスは書いた。「こうした医療のひとつは人工妊娠中絶だ——原告が強く反対しているものだ」

だが、これで終わりではなかった。

法によると、公民権の裁判では勝った側は弁護士費用の支払いを免除される。二〇一九年カリフォルニア州の司法長官ザビエル・ベッセラはFACT法を提訴した人工中絶反対の団体の弁護士に二百万ドルを支払うことで問題解決を図った。また、この年、この弁護士たちの数名がサンフランシスコの地方裁判所のウィリアム・オリックの法廷にいた。

この法廷で彼らは誰あろうあのデビッド・デイライデンの弁護をしていたのだ。人工中絶反対運動の大騒ぎの元凶となった訴訟事件は計画親権連盟の訴訟事件の影を薄くしていた。デイライデンが秘密の録画をするときに個人のプライバシーの権利を侵害し、同時に不法侵入していたというあの訴訟だ。彼の弁護団は一六人の弁護士と研修生で構成されていた。全員無料奉仕だった。二〇一九年一一月一五日に、サンフランシスコの連邦裁判所の陪審員はデイライデンが不法侵入、詐欺、極秘の録音録画、脅迫の罪で違法行為を行ったとし、計画親権連盟へ二二〇万ドルを支払うよう命じたのだった。彼は控訴、自分の憲法修正第一条の権利、言論・表現の自由を侵されたとしてハリスと州を訴えた。

＊　＊　＊

二〇一六年に上院議員選挙を戦っている間、ハリスは一度も記者会見を開くことなく、デイライデンの件に言及することもなかった。また、彼に対して刑事訴訟を起こすこともなかった。当然、この種の訴訟を起こせば、彼女の政治家としての経歴に有利になるはずなのに――特に、女性の自分自身の肉体を自分で管理する女性の権利を支持する州民の一般的な態度を考えれば、余計に有利だったはずだ。だが、それは彼女の後任者に委ねられた。

二〇一七年三月二八日、ハリスが上院にいるときに、ベッセラ司法長官はデイライデンとあの不正な録画に協力した人たちに対して刑事訴訟を起こした。だが、このデイライデンに対する訴訟は保留扱いとなっていた。彼が無罪を主張し、自分はジャーナリストとして真実を追求していただけだと主張していたためだった。彼には最高級の弁護士団がついていた。その中には二〇一〇年にハリスと対抗して司法長官を争った元ロサンゼルス郡の地方検事スティーヴ・クーリーもいた。クーリーはハリスの行動は不正だったと主張した。彼女が計画親権連盟とつながっていたからだという。デイライデンも同じように、「私だけがカマラ・ハリスの標的になった理由は余りにも明らかです。私が計画親権連盟をあえて批判し、また人工中絶産業を批判したからです」と、かなり巧みに編集されたビデオの中で彼は言った。

二〇一七年七月にキャシー・クニールは計画親権連盟を退団していた。彼女はハリスの役割をどう思っていたのだろうか。

「用心深かったと思うわ。直接会った時も、『あなたの味方よ』とは決して言わなかったもの。完全な中立ね」

ハリスは自信をもって女性の選択する権利を支持していた。だが、クニールが見ていたように、ハリスは根っからの検事だった。それこそがハリスの流儀だったのだ。

第24章 「奴らを捕まえて!」——ウェブサイト売春業者との戦い

カマラ・ハリスは子供の性的搾取に気づいていた。すでにオークランド市とサンフランシスコ市の検事として活動していたときだった。カリフォルニア州司法長官としての地位を利用して、彼女はこの問題を取り上げた。その結果、この問題は全米的な広がりをみせることになった。

「人身売買は現代の奴隷制度だ」と二〇一二年の報告書の中で彼女は述べている。司法長官として二年目だった。「これには肉体的な力、詐欺、または犠牲者を食い物にする強制力とによって人を支配し、労働、性的搾取、またはその両方を強要することが含まれる」

この報告書にはインターネットの時代にあって、「特に、性の売買がオンラインで行われている」と指摘している。そして、「バックページ・コムのような非良心的なウェブサイト」を名指しで特定した。

ハリスたちが判断したように、このバックページはオンラインの売春業者だった。オンラインでの性取引を独占するようになっていた。スマホさえあれば、誰でも三行広告の一覧にアクセスでき、売春婦を注文できたのだ。九七の国々に九四三の拠点を持ち、一年で一億ドルを超える収益を得ていたのだ。

バックページは一九六〇年代・七〇年代の無料のタブロイド新聞に起源を持つ。通常の新聞と同じで、これらの新聞もその収益の大部分を職業欄の広告から得ていた。二〇〇四年にクレイグ・ニューマークが無料の三行広告を彼が運営したクレイグスリスト・ウェブサイトで提供することでこの業界を混乱させることになった。

マイケル・レイシーとジェイムズ・ラーキンの二人は自分たちのヴィレッジ・ボイス・メディア・ホールディングスの一部である『フェニックス・ニュー・タイムズ』紙と他の出版物を取り扱っていた。クレイグリストの脅威に対抗するために、彼らはバックページ・コムを立ち上げた。タブロイド新聞の中に出ていた三行広告から名前をとったこのサイトは、靄のかかった売春市場だった。政府の取締機関とその支援団体の圧力でクレイグスリストは二〇一〇年にこのサイトの「成人」部門を閉鎖した。だが、バックページはその穴を埋めるために残り続けていた。

収益が伸びるにつれ、ラーキンとレイシーは贅沢な暮らしをし、常に海外に旅行して専用の財産を買い付けていた。サンフランシスコの金門橋を眺める丘の上の家は、最近の見積もり価格では一三九九万ドルの値を付けている。ナパヴァリーのワイン産業地区の中心にあるセントヘレナの寝室が五つある家は三四〇万ドルだ。

ハリスは、司法長官就任八か月後の二〇一一年八月に、バックページの顧問弁護士に書簡を送った全米の四五人の司法長官のひとりだった。この書簡には、「人身売買、特に未成年者の人身売買にますます関心を強くしている」とあった。これら司法関係者に言わせると、バックページ・コムは「そのような活動の中心」なのだ。だが、この書簡はほとんど何の効果ももたらさなかった。バックページ・コムの事業は続いていた。

そこで二〇一三年七月に四九の州の司法長官が、連邦議会の有力な上下両院の議員たちに書簡を送った。当然、ハリスもその中のひとりだった。この書簡は連邦の通信品位法があるために、州の警察関係者が「売春を促進する人々や、我々の子供たちを危険に晒している人々を調査し、告発する」職務を果たすことができないでいるというものだった。一九九五年にクリントン大統領が署名した通信品位法はオンラインでポルノ写真や映画を子供たちに見せないようにするはずのものだった。だが、そうはならなかった。通信品位法がフェイスブック、ツイッター、グーグル、レディットや他のインターネットを独占している会社は、そのサイトにどのような内容のものを載せても、刑事や民事の責任対象にはならないとしていたからだ。この責任免除はこうした事業者にとっては絶対に必要なものだった。

バックページ・コムもこの同じ免責条項に守られていたのだ。その執行役員たちは広告の内容に責任を負わされることはないと思っていた。二〇一三年に連邦議会に送った文書で、州の司法長官たちはこのサイトが子供たちが男性たちの性的満足のためと、売春業者およびバックページ・コムの経済的利益のために、売買されている証拠を明らかにしていた。ひとりのフロリダの売春業者は自分の名前を一三歳の女の子の瞼に入れ墨で入れ、この子が自分の財産であることを誇示していたというのだ。

その後の数年間で、犠牲者に関してもっと多くのことが分かった。東海岸でバックページ・コムで売られた少女が銃を突き付けられた状態で、オーラルセックスを強要され、首を絞められた上、最後は集団暴行を受けていた。二〇一三年と一四年に、自分の叔父とその友人たちによってバックページ・コムを通じて一時間二〇〇ドルで売られた一五歳の少女が、ホテルの部屋で何度もレイプされていた。二〇一五年六月二〇日にはテキサス州で売買された少女が彼女を買った者に殺害された。この男は少女の遺体を焼却して、証拠隠滅を図っていた。

「連邦政府の執行機関だけでは、インターネット関連の子供の性的売買の増加を止めることはできない。子供たちの性的搾取に対する戦いの最前線にいる者たち——州と地方の法執行者たち——に、こうした恐ろしい犯罪を助長させている者たちを取り調べ、告発する権威を与えなければならないのだ」と議会への書簡の中で司法長官たちは結論した。

二〇一三年には議会は動かなかった。その翌年も同じだった。いや、さらにその翌年も、だ。だが、ハリス司法長官には考えがあった。

* * *

マギー・クレルは二〇〇三年にカリフォルニア大学のデイヴィス・ロースクールを卒業した。すぐにサンホアキン郡の地方検事補として勤務した。このサンホアキン郡はアメリカで最も豊かな農業州の最も豊かな農業郡の一つだった。だが、同時に多くの農場が住宅団地やショッピングモールの建設のために掘り返されていた。若い地方検事補としてクレルは売春事件を取り締まる責務を負っていた。それは、つまり、売春が疑われる若い女性たちを告訴することを意味していた。彼女らは実に弱い立場にいた。彼女たちの話を聞くと、「本当に胃が痛くなったほどでした」とクレルは話した。何かいい方法があるに違いない。

二〇〇五年にクレルはカリフォルニア州司法省に転属になった。郡の境界を越える複雑な犯罪を取り締まる部局に入ったのだ。この犯罪は例の住宅ローン詐欺がその主体だった。それはそれで興味あり、また重要だった。だが、彼女の情熱は人身売買、特に性の取引の事件にあった。司法省にいた間、マッサージ・パーラーを装う売春宿を経営する人たちの捜索に関わった。一度しか売れない銃や麻薬と違って、少女や女性たちは何度でも売れると気づいた国内や国際的なギャングのメンバーたちを告発した。少女や女性たちは自分の人生を自分で決めることなどできなかったのだ。「すべての事件には共通の指示者がいました。それがバックページ・コムでした」とクレルは言った。

二〇一六年七月、クレルは八歳になる息子とドナー湖でカヤックを楽しんでいた。この湖は絵葉書にぴったりの場所で開拓時代のドナー隊から名前を取っていた。この開拓者一団は一八四六～四七年にシエラ山脈の恐ろしい冬に遭遇したのだが、死んだ仲間の肉体を食べることで生き延びたのだった。クレルの携帯電話が鳴った。だが、番号が表示されなかったため、彼女はこの電話を無視した。

数分後、ハリス司法長官の主任補佐官だったネイサン・バランキンが電話に出るようにと要請するメールを送ってきた。

また、電話が鳴った。

ハリスが電話の主だった。

クレルは急いで船着き場に漕ぎ戻った。そして裸足のままカヤックから降りた。携帯電話の通信状態が悪く、声は途切れ途切れだった。そこで彼女は少し高い所に移動した。ハリスはクレルがこの三年間関わってきた事件の詳細を知りたがっていた。犠牲者は何人か？　彼女らは皆未成年者か？　彼女らは証言してくれそうか？　この事件で特に障害になりそうな法律はあるか？

クレルは坂を上って来たので息が切れていた。だが、必死に答えた。「もうひとり別の検事と話をしています。彼女なら全部分かります」とクレルは言った。電話の最後にハリスはこう言った。

「奴らを捕まえて！」

カマラ・ハリス司法長官の後押しを受けて、クレルはカリフォルニア州法の限界を試すべく事件を捜査した。彼女はバックページ・コムの所有者を告訴した。この会社はすでに六億ドルの法人となって、最新技術を持ち、世界中で事業していた。それも最も古い悪なる犯罪で——売春だ。

＊　＊　＊

クレルがこの事件を調べ出したのが二〇一三年だった。バックページ・コムに関するニュースと全米行方不明・搾取児童センターが発表した報告がその始まりだった。その報告にはバックページ・コムの広告を利用してカリフォルニア州で買われていると疑われる子供たちの何百という例が掲載されていた。

この報告書ではバックページ・コムが売春に利用されていることをわざわざ証明する必要はなかった。彼女と仲間の係官たちはバックページ・コムに二つの広告を掲載した。料金は当然支払った。広告のひとつはソファーを求めるもので、もうひとつは「エスコート（女性に付き添う男性）」を求めるものだった。このサイトを見たひとりがソファーについて尋ねてきた。だが四八時間のうちに八〇三の電話がエスコート役の仕事を求めた男性たちから入った。

クレルの指示で、係官たちはバックページ・コムで宣伝されていた女性や少女たちに、サクラメント北西の郊外にあるロックリンの州際道路八〇にあるモーテルの部屋に来るよう要請した。これに応じた四人の女性は皆二〇歳代だった。また、二人の少女たちは一五歳で、さらにひとり一六歳がいた。もうひとり一七歳の少女がいた。この少女のひとりがE・V・というイニシャルだけ知っているという少女について話をした。その少女は一三歳で、その写真がバックページ・コムに掲載されていた。その写真を見たクレルは、この少女は、こんなことにならなかったら、友人と一緒にどこかの誕生日パーティでピニャータ[*1]を叩いて、楽しんでいたはずだ、と想像した。

バックページ・コムの世界ではE・V・は一七歳の世話役の指示に従って、売春斡旋業者に金銭を渡していたのだ。ある日、この一七歳がクレルに話した。売春斡旋業者が少女たちを衣料品店に連れて行ったことがあったのだが、その一三歳の少女は余りにも小さくて、子供服売り場で

＊1　ピニャータ　メキシコ発祥で、子供の誕生日などにお菓子やおもちゃを詰めた人形のこと。これを叩いて遊ぶ。

買い物をしなければならなかったというのだ。

「最後まで見つけられませんでした」とクレルが言った。「いつもこの子のことばかり考えていたのに」

カリフォルニア州の代理として、クレルは二〇一六年九月末にバックページ・コムの最高経営責任者のカール・フェラーとその主要株主だったレイシーとラーキンを、多くの売春斡旋の容疑で刑事告訴した。また、同時にフェラー、ラーキン、レイシーに対して逮捕状を取った。当局は、フェラーがヒューストンのジョージ・ブッシュ国際空港でアムステルダムから帰国した飛行機から降りるのを待っていた。一〇月だった。フェラーが拘束されてすぐに、ダラスのバックページ・コムの事務所に家宅捜査が入った。

二〇一六年一〇月六日にカリフォルニア州は原告として最初の申し立てをした。カリフォルニア州の係官たちに援助を提供したテキサス州の司法長官ケン・パクストンが記者会見を開き、逮捕を公表した。ハリスは報道陣に文書を配布したが、記者会見はしなかった。だが、一〇月一二日、三人の被告全員が召喚された日には彼女はサクラメントの法廷にいた。私を含む多くの記者たちも当然その場にいた。ハリスは、事件が何であろうと、容疑者の逮捕後に記者会見をしたことはほとんどなかった。また、彼女は被告たちをいわゆる「蛙の行進」状態でカメラの前を歩かせて、公の日に触れさせることもなかった。

搾取された子供たちの親や彼らのために活動する人たちが、その日、法廷の前の方の席に陣取っていた。バックページ・コムの役員たちが法廷に立たされるのを彼らは何年間も待っていたのだ。罪状を告げるなかで、ハリスはカリサ・フェルプスを名指しで褒めあげた。彼女が犠牲となった子供たちを見つけ出し、相談に乗るのに協力したからだ。検事だったフェルプスは彼女の著書、『逃げ出した女の子』の中で自分が子供の頃に人身売買の対象となりかけた話を書いている。「誰かが始める必要があった」と彼女はハリスについて語っている。「先端技術関係者の組織、そう、カリフォルニア・コネクションを相手にするのは勇気のいることよ。最先端技術の本拠地なのだから」

＊　＊　＊

バックページ・コムの弁護団はすぐにハリスを非難した。原告の申し立てを一一月八日の選挙日に合わせる調整をしたというのだ。たしかに、ハリスはこのとき、上院議員選挙を戦ってはいた。しかし、選挙結果はほぼ確定的だった。逮捕の二週間前の世論調査では、ハリスはサンチェスを二二ポイントリードしていたのだ。

法廷ではバックページ・コムの役員たちは自分たちのサイトの内容に関しては責任がないと主張した。通信品位法が自分たちを州の売春禁止法から除外対象にしているのだ。この主張を支えるために、弁護団はハリス自身の発言を取り上げたのだった。それは二〇一三年七月に彼女と他の州の司法長官たちが書いて、署名した連邦議会宛ての書簡で、通信品位法を改正して、州が性を目的に子供たちを売買することを宣伝するウェブサイトを取り締まれるようにするべきだとしたものだった。これは現行法では取り締まれないと、司法長官たちが認識していたことを表していた。

二〇一六年一二月九日にカリフォルニア州の裁判官はバックページ・コムの弁護団に同意し、この件を棄却したのだ。だが、それで終わりではなかった。バックページ・コムの事務所の捜索で、捜査官たちは膨大な数の書類を押収していた。その中にこの会社の金融取引の詳細を記録したものがあった。こうした証拠書類を使って、捜査官たちは次のことを明らかにしたのだ。大手のクレジット会社がバックページ・コムへの支払い処理を中止したときに、バックページ・コムが顧客に対して、郵便局の私書箱宛てに小切手を送るか、仮想通貨を利用するか、ペーパーカンパニーに送金するかの三択を指示していた事実だった。また、同時に明らかになったのは、バックページ・コムがアイスランドや、ハンガリーやリヒテンシュタイン公国の銀行を利用してマネーロンダリングをしていたことだった。

二〇一六年一二月二三日にクレルが三人に対して新しく申し立てをした時には、ハリスは上院議員に選出されていた。だが、クレルの動きの裏には前司法長官だったハリスの強烈な後押しがあったのは明らかだった。三人に対する申し立ては、マネーロンダリングを犯罪とするカリフォルニア州法に違反したというものだった。バックページ帝国はこれで崩壊していくのだ。

＊　＊　＊

バックページ・コムに挑戦しようというハリスの決断には政治的なリスクがあった。バックページ・コムはいい加減な会社だったかもしれないが、彼女の決意は全米のどの州よりも多くのインターネット関連企業を生み出してきた州で、そのインターネット会社のひとつを攻撃し、また連邦の通信品位法が保証していた権利に挑戦しようとしたからだ。この連邦の通信品位法はカリフォルニア州内の最大の法人や州内の最大の納税者たちを守っていたのだ。ある評論家は次のように発言している。「ある会社を攻撃するこの訴訟は恐るべき権力の乱用だ。それもただ単にカマラ・ハリスが、その会社を利用する人々の方法が気に入らないからというだけで、また彼女やそのスタッフが、本来の犯罪者を捕える情報を行使するという実質的な法の執行をただ単にしたくないからというだけで訴訟を起こしているのだ。恥ずべきことだ」

二〇一七年八月二三日にはハリスはすでに上院議員になっていた。サクラメントの州最高裁判所の判事ローレンス・G・ブラウンがハリスの決断の正当性を認めて、カリフォルニア州はラーキン、レイシー、そしてフェラーの三人に対するマネーロンダリングを捜査し、追及する権利があると判決した。

翌年四月にフェラーはこの州によるマネーロンダリング疑惑に有罪の申し立てをして、元の上司であるラーキンやレイシーに対しての証人となると約束したのだ。本書執筆の段階で、ラーキンとレイシーに対する訴訟はまだ決着はついていない。二人とも無罪を主張している。

二〇一八年四月九日に、アリゾナ州フェニックスにある連邦の司法長官の事務所が七人のバックページ・コムの役員に対して九三件の告訴をした。陰謀、州を越えた売春斡旋、そしてマネーロンダリングがその罪状の主なものだった。まだ、法廷での審議はなされていないが、全員が無罪を主張している。フェラーは連邦政府に協力しているが、この連邦政府の動きこそがカリフォルニア州での調査から始まっているのだ。クレルが言っていたように、「この問題は結局は全国的なもので、私たちがカリフォルニア州で始めたのは、他のどの州でもまだ取り上げていなかったからにすぎません」

二〇一八年に連邦政府はバックページ・コムを閉鎖処分にした。ただ新しくいくつかのサイトがその穴を埋めるように生まれている。ただこれらはバックページ・コムのようにはならないだろう。二〇一八年四月、通信品位法には子供に売春させるウェブサイトには免責事項などないとし、犠牲者と州司法長官はそのようなサイトを告発できると明言した新しい法案にトランプ大統領が署名したからだ。

第25章　上院議員として「戦う！」――ヒラリー・クリントンの敗北

二〇一六年一〇月にはカマラ・ハリスとロレッタ・サンチェスの上院議員争いはもう終わったも同然だった。もうすでに一年以上の間、すべての世論調査でハリスがリードしていたのだ。彼女が必要としていたわけではないけれど、選挙運動の最終盤に入ったところで、バラク・オバマ大統領がハリスに最後のひと押しをくれたのだ。州全土に放映されたコマーシャルに彼女のために登場してくれたのだ。

「皆さんの上院議員として、カマラ・ハリスはどのような日でもカリフォルニア州の州民のために恐れることなく戦う人になるでしょう」とオバマは言った。

カリフォルニア州の有権者たちは当時ドナルド・トランプに最も注目していたのだ。それは彼がテレビ番組「アクセス・ハリウッド」の録画テープのなかで女性を傷つける発言をしていたのと、ＦＢＩ長官のジェイムズ・コミーがヒラリー・クリントンのＥメールに関して調査を再開するという文書を発表したからだ。

州民が自分たちの州の問題に注目していたために、この年の投票には多くの住民発議の案件が出されていた。ひとつにはマリワナの売買を合法化するものがあった。別のものにはタバコ税を紙巻きたばこひと箱につき二ドルにするというのがあった。また、銃を合法的に所持できない人たちが弾薬を買うことを非合法にしようというのもあった。他の二つは死刑の廃止と逆に死刑執行を早めるようにするものがあった。

『ロサンゼルス・タイムズ』紙の政治記者で、パット・ブラウンが州知事だった頃よりずっとカリフォルニア州内の選挙を担当してきたジョージ・スケルトンは選挙の一か月ほど前に書いていた。ハリスとサンチェスの争いは「蚊の駆除事業団体の役員席を争うようなものだ。カリフォルニアには過去に多くの選ぶのが難しい上院議員戦があった。ボクサー対カーリー・フィオリーナ、ファインスタン対マイク・ハフィントン、ジェリー・ブラウン対ピート・ウィルソン、アラン・クランストン対マックス・ラファーティなどだ。でも、カマラ・ハリス対ロレッタ・サンチェス？　なんと退屈なことよ」

＊　＊　＊

二〇一六年一〇月二〇日、カマラ・ハリスの五二歳の誕生日にサンフランシスコ市内のしゃれたレストランのひとつ、ブルヴァードで選挙資金のための昼食会が開かれた。この時点で、彼女に勝つ自信があったとしても、何も問題はなかった。彼女の友人のニュージャージー州選出の上院議員コリー・ブッカーが特別ゲストとして招かれていた。

ハリスはその場で演説した。いつものように、銃規制、銃による暴力、そして学校での銃撃について語った。

サンフランシスコはいくつかの都市同様に銃による暴力には慣れていた。例えば、一九七八年には元サンフランシスコ警察官および消防士で、サンフランシスコ市の監督官を引退していたダン・ホワイトが、金属探知機を避けて市庁舎の脇の窓から侵入した。ジョージ・モスコーニ市長の執務室まで歩くと、自分を元の地位に復帰させるよう求めたのだ。モスコーニ市長がこれを拒むと、ホワイトはピストルを取り出し、彼に四発発射して殺害した。

さらにホワイトはゲイで監督官だったハーヴィ・ミルクを追いかけ、彼の部屋に入ると、五発発射した。銃声を聞き、火薬の匂いを嗅ぎ取った当時監督官のダイアン・ファインスタインがミルクの下に駆け寄ったが、すでに脈はなかった。その時、サンフランシスコ市の条例に従って、ファインスタインがショックを受けたまま、市長の後継者となった。

一九九三年七月一日にはファインスタインは連邦の上院議員になって半年経っていた。この日、このブルヴァードから徒歩で一〇分もかからない高層ビルの三四階で、事業に失敗した男が、二丁のイントラテックDC9というセミオートマティックのピストルと、45キャリバーのセミオートマティックピストル、それに何百発という弾薬を持ち、消音装置をつけて、ある法律事務所内で発砲した。八人が死亡した。この虐殺を知ったファインスタイン上院議員は連邦として自動小銃を禁止する法案の採択に成功した。だが、この禁止条項は一〇年後に期限切れとなった。

ハリスは、ブルヴァードの参会者に警察の報告書について語った。「可愛い子供たち、そう、子供たち、子供たち、よ」と殺害を細かく扱った箇所を読み上げていたが、突然、演説を止めた。

「エリン、ごめんなさい。忘れてたわ」

エリン・レハネはこの日の献金者の一人で、ローズという七歳の娘を同伴していた。参会者の中の唯一の子供だった。

ローズを赤児のときから知っていたハリスは、彼女の眼を見つめると、宴会が終わったら改めて直接彼女と話をすると約束した。参会者たちが立ち去ると、ハリスは椅子を二つ近づけて、ローズに向かって、彼女の演説が怖くなかったかと聞いた。

レハネはハリスの声をすべて聞き取れたわけではなかった。ローズが母親に後で話したところでは、ハリスは怖がらないでね、と言ったという。ローズを守ってくれる人は大勢いるのだと――彼女のママ、先生たち、そしてお巡りさんたち。

「彼女は安心させようとしていたのね。ローズに何か聞きたいことはないかと言って、長い時間を使ったの。カメラはなかったし、報道陣もいなかった。他に誰も。でも、あの瞬間、彼女は本当に人間だったのね。ローズに安心してもらおうとしていたの」とレハネは語っている。

レハネはハリスが側近たちを待たせたままにしていたのを知っていた。彼らは一様にイラついていた様子だった。他に出席しなければならない集まりがあった。

「人間らしくする時間が少ない人にとってまさに人としての瞬間だったのです」とレハネは言った。

＊　＊　＊

選挙戦の終盤には勝利は確定したと確信したカマラ・ハリスは州議会や連邦議会の選挙を戦っている他の候補者たちの応援に回り始めた。彼女は味方を作り、彼らの飲食代などの伝票も集めた。自分がある時点でこれらの伝票を支払うつもりで。票が投じられ、数えられる前に、次に彼女が何をするのかを推量する人たちがすでに現れていた。

「彼女をよく知る人々は次にはホワイトハウスに出馬すると思っている」と『クロニクル』紙のフィル・マタイアーとアンディ・ロスは二〇一六年一一月六日に記事に書いている。運命的な選挙投票日の二日前のことだった。

二〇一六年の大統領選挙の投票日（上院議員の投票日でもある）の夜、アメリカ東部の投票所は閉まった。ハリスの選挙スタッフたちはロサンゼルス市のカリフォルニア州司法省の建物の近くにあるレストランでメキシコ料理のワカモレとポテトチップスとタパスを注文した。しばらくはスマホの画面を見つめていた。『ニューヨーク・タイムズ』紙の投票結果予測の針をチェックしては、それをやり直ししていた。自分たちが目にしているものが信じられなかったからだ、とハリスの報道官ネイサン・クリックが思い出しながら語った。

「マジかよ」とハリスの選挙参謀のひとりシーン・クレッグが叫んだ。

自分たちが考えていたことを最初に口にしたのがクレッグだった。あり得ないことが起きたことに動揺して、クレッグはハリスのその夜の本拠地に急いだ。「エクスチェンジLA」という改装されたアールデコ調の集会場で、かつてはパシフィック証券取引所が入っていた場所だ。

ハリスはこの建物の中の別のレストランに家族と、クリセットとレジナルド・ハドリン夫妻とその子供たちといった近しい友人たちといた。ハリスが自伝に書いているところでは、ハドリンのまだ小学生の息子アレクサンダーがもうすぐ上院議員に当選する彼女に向かって言ったという。目に涙を溜めて。

「カマラ小母さん。あんな男、勝てないよね。勝つわけないよね？」

彼の恐怖がハリスには痛烈だった。彼女は「エクスチェンジＬＡ」に急行した。奥の方の小部屋にグレッグとジュアン・ロドリゲスと籠って、ヒラリー・クリントンの勝利を予測して書いた希望溢れる演説を引き破った。

その夜、全米の他の所にいた指導的民主党員の中には勝利したトランプ候補に勇気を持って協力を申し入れた者たちもいた。ハリスはそうしなかった。少なくとも、この夜は。ハリスはちょうど一三年前に初めて選挙に出たときに語ったインドの神話で戦士である女神カリのように切り取った首の首飾りはしていなかった。だが、紙の切れ端に彼女が筆記したことばは、彼女がそのカリのようになっていることを示していた。これまで度々、立場を明らかにしないと批判されてきた政治家がいまやその用心深さをゴミ箱に投げ捨てたのだ。

午後一〇時頃、ハリスは演説台に立った。彼女の夫が横にいた。おそらくは一千人の人々が見守っていた。彼らの多くは目に涙を浮かべ、信じられない状態の中にいた。彼女は「戦う」という言葉を二六回も繰り返して話を進めた。この演説はおよそ八分間続いた。原稿を示すテレプロンプターはそこにはなかった。

「引き下がりますか？　それとも戦いますか？　私は戦うと言います。それよりも戦うつもりです。我々の理想のために戦うつもりです」

「黒人の生命と人権を守るブラック・ライヴズ・マターのために戦うつもりです」

「真実と透明性と信頼のために戦うつもりです。戦います」

「私は女性たちが医療を受け、子供を産むための健康管理の権利を容易に行使できるようにするために戦うつもりです」

「気候変動などはないと発言するような、何でも反対する人々に対して戦います」

ハリスはすべての人々の権利のために戦うこと、そして結婚の平等を守ることを約束した。学生たちをローン返済の重荷から守ることを誓った。また、巨大な石油企業と科学を否定する人たちに対して戦い、労働者の団体交渉権を守るために戦い、そして銃から安全を守る立法のために戦うと誓ったのだ。

「ですので、皆さん、ここから始めましょう。我々の理想はいま危険にさらされているのです。我々はみな、いまの自分を守るために戦わなければなりません」

その夜、ハリスは楽勝だった。六一・六パーセントの得票で、サンチェスは三八・四パーセントにすぎなかった。彼女が獲得したのは七五〇万票で、カリフォルニア州の五八の郡のうち負けたのは四郡だけだった。カリフォルニアではハリスはトランプよりも三一〇万票も多く獲得したのだ。ただ、ヒラリー・クリントンの八七〇万票よりも一二〇万票少なかった。

ハリスの演説が終わったとき、彼女のスタッフはこのような場ではつきものの、天井から多くの風船を落とすバルーン・ドロップをしなかった。誰も本心から祝う気分ではなかったのだ。会場はあっと言う間に空になった。ハリスとスタッフは翌朝にウィルシャー大通りにある彼女の選挙事務所で会うことにした。

翌日、ハリスは支持者たちに感謝の電話をし、上院で自分が一番活躍できる委員会について考え出した。また、彼女とスタッフは上院議員当選者として公に姿を現すことについて決め、移民の支持団体である人道移民連合のロサンゼルスの本部をその場所に選んだ。この場に集まった報道陣は彼女が、自分たちは強制送還されるのかと聞いてきた子供たちに言及したときに、ことばに詰まったのに気づいていた。

「皆さんはひとりではありません。皆さんひとりひとりが大切なのです。私たちがあなた方の後ろについています」と彼女は集まった人たちに告げた。

ハリス上院議員は自分がワシントンに持ち込む姿勢を示してきていた。あの当選の夜も翌日も、彼女は次の選挙運動については一切語らなかった。だが、彼女の相談役だった人たちは前もって考えない訳にはいかなかったし、二〇二〇年の選挙には何があり得るのかを熟慮していたのだった。

第26章　全国的な舞台へ――評判の高い四つの委員会に所属

二〇一六年の投票日前に、カマラ・ハリスとそのスタッフはすでに彼女を全国的なスポットライトを浴びる上院議員として成功させる青写真を何か月も考えていた。

しかし、その計画は必ずしも彼女自身の考えではなかった――スタッフたちが彼女に押し付けたものだった。それはハリスが余りにも迷信にこだわって、投票結果が出るまでは自分の勝利の可能性について考えようとしなかったからだ。ほんの一瞬でも、何か他のことを考えると、候補者の足は掬われることになり、その政治的生命はダメになると彼女は考えていたのだ。しかし、九月の半ばには、彼女は対立候補のサンチェスを気持ち良いほどリードしていた。そのため、スタッフたちは広くハリスの支持者たちの意見を求めた。問題は議員となったあと、任期終了のたびに選挙を戦うようになったらどうなるのかだった。そのようなとき、ひとりのオバマ政権の上級官吏が直接ハリスに告げたのだった。大統領選挙日の結果をしっかりと見極めないのは大きな間違いだということと、すぐに上院で配属されたい委員会を表明するべきだと。ハリスは、まだ選挙に勝っていないのに、委員会の希望など出せるわけないと応じた。この官吏はワシントンでの物事の動き方を説明した。待ったとすれば、希望者の一番最後に回されるだけだと。

迷信は別にして、ハリスはこの官吏の忠告に従った。早速、スタッフに上院議員としての職務について検討するよう指示した。スタッフはすぐに取り掛かった。それは当然、ハリスが希望する委員会に配属されるようにするにはどうしたらよいのかであったが、それは特に彼女の野心的な選挙公約を実現するのにふさわしい、全国的に高い知名度を得るような委員会でなければならなかった。

まず手始めに、彼女は環境・公共事業委員会を望んだ。委員会は河川と森林の管理・監督権を持っているからだ。気候変動にとって不可欠だし、特にカリフォルニア州には殊のほか重要だった。当時、日照りが長く続いていて、シエラ地区の森と樫の木、さらに西海岸沿いの山々の灌木の茂みは過去にない勢いで燃え続けていた。二〇〇五年、オバマが新人上院議員としてこの委員会に入っていたし、そのことを特に喜んでいた。また、ハリスは、退役軍人問題委員会にも興味を持っていた。カリフォルニアには二〇〇万人もの退役軍人がいたからだ。

何はともあれ、彼女が最も所属したかったのは司法委員会だった。ここは検事としての自分の能力と経験とに最もふさわしく、刑事司法の改革を希望する彼女にぴったりだったからだ。しかも、この委員会は上院の委員会の中で、最も高い評価を得ている委員会なのだ。

この委員会での公聴会は頻繁にテレビ中継されている。ただ、委員会は誰もが知るほど、その配属を求める議員が大勢順番を待っていたのだ。

＊　　＊　　＊

二〇一六年の大統領選挙は、一般常識も、世論調査も、また他のすべての要因も、ヒラリー・クリントンが勝つとしていた。そのためハリスとすれば、ただ単に上院の職務を引き継ぐことを計画するだけでなく、これからのクリントン政権という権力機構にどう食い込んでいくのか、またこの新政権がワシントン中に巻き起こすはずの改革の波にどう効果的に乗っていくのかを考えなければならなかったのだ。

ただ、ハリスは他の新人議員にない特性を備えていた。つまり、オバマ一派の支援だ。彼女が職務移行を賢くこなせるように助けただけでなく、オバマ政権の関係者たちは彼女に特別な地位を与え、おそらくはいくつかの綱を引いて、彼女を他の新人議員とは別格にしてくれていたのだ。

そのために、ハリスはすでに全国的に名前を知られ、全米の最も著名な民主党員たちからの支持も受けていた。オレゴン州のロン・ワイデンは彼女の上院議員選挙運動を支援してくれていた上院議員のひとりだった。マサチューセッツ州のエリザベス・ウォーレン上院議員、ニュージャージー州のコリー・ブッカー上院議員やニューヨーク州のカーステン・ギリブランド上院議員もハリスが出馬表明した時点で支援を申し出てくれていた。

また、金銭の問題もあった。ワシントンの選挙参謀たちは上手に戦うには四千万ドル集める必要があるとハリスに告げていた。これはウォーレンが二〇一二年の選挙で集めた金額だった。カリフォルニア州のスタッフはこれほどの額は必要ないと分かっていた。その上、ハリス自身は余り熱心に集金する方ではなかった——知り合いに金の無心をするのを快く思ってもいなかったのだ。二〇一六年には彼女は一五〇〇万ドル集めただけだった。それも実際に選挙運動に投じたのは一四一〇万ドルにすぎなかった。だが、民主党にとっては現金支払機として知られている州から選出されたために、彼女は残額の一〇分の一を他の地域での選挙戦に使うために、民主党の上院議員選挙委員会に寄付することにしたのだ。この他の仲間を助けたいという彼女の思いが、ニューヨーク州選出のチャック・シューマー上院議員との関係を良くすることに役立った。シューマーは民主党の全国的な上院議員戦の戦いの監督官として、ハリスの寄付の直接の受取人となった。しかも、シューマーは再選されて、ちょうど引退していくネバダ州選出のハリー・リード議員の後継者として少数派のリーダーである院内総務になると思われていたのだ。

誰をどの委員会に配属させるのかは複雑で不可解な手続きだった。明確に定められた規則はない。いや、たとえあったとしても、実質すべての決定は、院内総務のシューマーによってなされるのが伝統だった。であるがために、ハリスには楽観していられる理由があった。

だが、ハリスが越えていかなければならない地雷原は委員会だけではなかった。年功序列と仲間意識で動く立法府では、ハリスが切り開いて、うまく立ち回らなければならない重要な人間関係が存在しているのだ。最も重要な関係のひとつがカリフォルニア州の先任議員であるダイアン・ファインスタインとの関係になる。しかも、年功もあるために、ファインスタインは上院内で重要な権限を持っていた。ハリスを助けることもできたし、無視することもできた。ファインスタインと仲間になるのは決して容易ではない。というのは、二〇〇四年のアイザック・エスピノーザ巡査の葬儀場での出来事に軋轢の源があった。あの時、ファインスタインはエスピノーザ巡査を殺害した容疑者に死刑を求刑しないハリスを、公然と批判したのだった。ハリスはファインスタインに対して恭しく接するか、生意気な態度または距離を置いた立場を取るかという、かなり厳しい綱渡りをする必要があったのだ。だが、配慮と用心深さとが必要だった。ハリスは結局ファインスタインの世界に入って行った。ハリスは、全く無名だったドナルド・トランプ新大統領同様、これからの職務に就くには改めて調整し、検討し直す必要があったのだ。それは国民にとっても同じだった。

*　*　*

上院の伝統だが、新人議員はワシントンに早めに来ることが求められていた。非公式に上院ブート・キャンプと呼ばれていた一一月一四日の月曜日から一週間の新人研修に参加しなければならなかったのだ。

ハリスはスタッフに二つのことを頼んでいた。ひとつは前々からハリスが話していたことだった。つまり、新しく様々な要素を持つスタッフをそろえることだった。たとえば、当時、仮にいたとしても黒人の主任補佐官というのはほとんどいないし、唯一の黒人が立法局長だとハリスが告げていた。立法局長はまた別の意味でカギとなる地位だったが。

もうひとつの願い事は新しいものだった。それはヒラリー・クリントン政権に加わる計画をしていた人で、彼女の敗戦で結局、無職になってしまった人なら誰でも、出来るだけ多くの人を大事にして、面接をするようにということだった。

ただそれは数百件の電話をかけ、Eメールを送り、ハリスか、または上級スタッフとの面談の予定を調整することを意味していた。最も身近な補佐官の二人、ハリスが公職に当選する以前からずっと一緒だったデビー・メスローとカリフォルニア州司法長官時代のハリスのスタッフの中心にいたマイケル・トロンコソがワシントンに来て、この難事業の指揮を執り、すべての候補者にそれぞれ適した連絡が取れているかどうか確認していた。この二人はこの後数か月の間、留まることになった。

二〇一六年の選挙でも、希望の光は三人の少数民族の女性が白人男性の占める上院に入ったことだ。ハリスがハート上院事務所ビルの地下に着任報告に出向いたとき、自分に割り当てられた部屋が他の二人の部屋の同じ階だと知った。住宅ローン危機で銀行と戦った時からの仲間だったネバダ州からのキャサリン・コルテス・マストはアメリカ初のラテン系上院議員だった。イリノイ選出の戦争で身障者となってしまったタミー・ダックワースはアメリカで最初のタイ人の血を引く女性上院議員となった。三人はすぐに親しくなった。

ハリスが驚いたのは、ファインスタインが最初から重要なパートナーとなり、味方になってくれたことだった。ファインスタインが示した優しさは、ハリスのスタッフたちでさえ驚いたのだった。スタッフたちはもちろん最善を期待してはいたが、最悪も覚悟していたからだ。ファインスタインと引退していくバーバラ・ボクサーの二人が予測もしていなかった議員として直面する細かい問題、たとえば事務室の大きさなどの問題でハリスを援助してくれたのだ。ファインスタインはハリスがその陣営を整えるのを手伝ってくれた。また、ハリスが必要とするどんなことでも応援できるように、自分のスタッフを預けてもくれたのだ。ハリスの上院での過ごし方に助言してくれるだけでなく、政治的な未知の世界にも導いてもくれたのだった。その結果、ハリスは情報委員会に加わることを考えるようになった。

この委員会で最も長く勤めていた議員の一人として、ファインスタインはこの委員会は大嫌いで、疲れさせるばかりの長い公聴会と、国家の最も繊細で火急の問題を話し合う、数多くの秘密会議があるのだとハリスに教えた。上院議員は日々殺到する極秘情報の扱いを自分のスタッフに手伝わせることができないので、すべて自分自身で始末しなければならない。ファインスタインが教示してくれたのは、万一この委員会に配属されると、秘密扱いになっているスパイ情報や、メモ類の膨らむ一方の束を、翌朝の会議や決定に間に合わせるために、夜中遅くまで検討しなければならないことを覚悟するようにということだった。

また、この委員会には別の欠点があるとも教えてくれた。委員会のすべての仕事は、その性質上、秘密扱いになっている。そのため、仕事は感謝されることもないし、とにかく面倒なことばかりだというのだ。また、ハリスが議員としての立場を上院で確保するにしても、全国的に知られる存在になるにしても、また政治家としてさらに上の地位を狙うにしても、この委員会にいる間は、自分がハリスにしてあげられることは何もないとまで言ってくれたのだった。そういう訳で、上院議員は、それも特に新人議員やより上の職務に野心を持つ議員は、配属委員会の希望を提出するときには、伝統的に情報委員会とは別の委員会を希望するというのだ。だが、ハリスはそれでもこの委員会に希望を提出した。

＊　＊　＊

多忙な時だった。ハリスは数名の重要委員会の古参の民主党議員たちからの申し出を受けていた。その中には、財政委員会の上級メンバーで、耳が聞こえないふりをして共和党議員を怒り狂わせたオレゴン州のワイデンがいた。選挙が終わってワイデンがハリスにした最初の質問が、「やぁ、カマラ、財政委員会に興味ないかい？」だった。ワイデンは同時にハリスが環境・公共事業委員会に入るのを見たがっていた。あの大変な山火事から西海岸の諸州を守るという共通の関心があったからだった。またワイデンには強力な尋問者としての彼女の評判が役に立つと分かっていたのだ。

皆がハリスを望んでいた。「だって、彼女はあれだけ才能があって、上院議員としての価値もあるからだよ」とワイデンは彼女を評している。「彼女は多くの議員が列をなしているのが分かっている。でも、こう言っても問題はないと思うよ。自分たちの委員会に彼女に来て欲しいと思っている古参議員は大勢いるってね」。ハリスはワイデンには自分のやりたい課題と自分が何を成し遂げたいかを告げることで、返事としていた。

「まぁ、あの人は我が道を行くって何となく感じていたよ」とワイデンは言った。「全部の委員会に入るんじゃないの」

＊　＊　＊

二〇一六年一二月二〇日、シューマーが新しい委員会配属を発表した。彼女より以前から何年間も配属を希望していた議員が順番を待っていただけに、ハリスは司法委員会に入れなかった。だが、彼女には四つの委員会の席が与えられた。すべて評判の高い委員会だった。ひとつは上院情報委員会、そして、環境・公共事業委員会。さらに財政委員会だった。この委員会はオバマ・ケアとして知られる包括的医療保険法の予算配分に重要な権限を持っている。そして、もうひとつ、全国的に知られるには最善の陽の当たる場所、国土安全保障・政府問題委員会だった。ハリスはすぐに自分の新しい職務を公表した。トランプ新政権を見張り、またトランプ新大統領自身を監視するのに完璧な職務に就かせてくれたと感謝を述べたのだった。

「この四つの委員会は我が国の将来のための戦いの重要な戦場となるでしょう。いま多くのカリフォルニア州民とアメリカ国民が自分たちの将来に不安を感じている時、私はその人たちの家族と我が国の理念・理想のために夢中で戦う所存です」とハリスは言った。

ハリスがその名前を全国的な舞台で知られる道を歩み出した事実は、彼女をよく知るカリフォルニア州民には驚きではなかった。だが、彼女は自分の流儀を変えつつあった。おそらくそれは、彼女が訴訟でカリフォルニア州を弁護する必要がもうなくなったこと、また自分の意見をもっと自由に発表できるようになったことに気づいたからだろう。トランプの当選――そして、彼女の当選――は重要ではなかった。自分の立場を与えられて、ハリスはトランプというこの最もありえない、とんでもない異端者で、敵対的で、そして彼女が知ることになるように、最も強い人種偏見主義者の大統領に対して先頭に立って抵抗していく決心をしていたのだ。

第27章　抵抗――トランプ政権への批判者として

二〇一七年一月三日、副大統領ジョー・バイデンがカマラ・ハリスのカリフォルニア州第四五代の上院議員となる宣誓式を取り仕切った。シャーマラ・ゴパーランとドナルド・ハリスという、高等教育とより良い生活を求めてインドとジャマイカからアメリカに渡って来た夫婦の娘がこの最も排他的な集団で働く二番目の黒人女性、そしてインド人の血統を持つ最初の女性となったのだ。

ハリスはすでにワシントンやカリフォルニアで最高の政治家たちから、上院で成功する方法についての講釈を受けていた。また何よりも、良いスタッフを雇い、準備万端でワシントンに乗り込んで来た。それだけではなかった――ハリスも、また他の上院議員たちも、議会の第一一五会期が始まると同時に幕が上がる大渦巻に十分な準備を整えていたのだった。

すべてのワシントン関係者が期待していたこと――オバマ大統領から元々は好敵手であって最後は盟友となっていたヒラリー・クリントンへの権力の友好的な移行――ではなく、ドナルド・J・トランプが民主党を崩壊させつつあった。トランプの狙いはただオバマと民主党議会が成し遂げたことを出来るだけ多く破壊することにあった。

この破壊作業を取りしきる役職にトランプが任命した人々はすぐに承認のための公聴会に出ることになっていた。しかもこれまで誰の記憶にもないほど完璧に党派的に分裂していた上院の公聴会だ。

上下両院の多数を得ていた共和党は新政権が重要な問題に関して望んでいたすべてを強行しようとしていた。その重要な問題には移民、環境、健康保険、税制、そして最高裁判事の人事などがあった。民主党に出来ることはただ抵抗するだけだった。

トランプの就任式に至るまでの日々、交代で去っていくオバマ政権の役人たちは、一様にある秘密情報に強い関心を持っていた。それはトランプの選挙陣営が、いやおそらくはトランプ自身が、ヒラリー・クリントンに勝つためにロシアと何らか結託をしていたのではないかというものだった。極秘で動いていたが、オバマの国家安全保障担当者たちは一月二〇日にトランプが権力を握る前に何とかしてその関係を見つけようと必死に調査していた。彼らの目標はトランプが問題に蓋をしてしまわないうちに、犯罪を示す情報を確保し、資料として残すことにあった。このことによって議会が始まるのとトランプの就任式までの間に、非常に緊迫した時間が過ぎて行った。

二六年間を検察の仕事に費やしてきたハリス、しかもその大半が検事一筋だったハリスを民主党員たちは、非常に役に立つ能力を有している人物として見ていた。実際にはすでに一〇年以上も彼女自身が事件を担当してはいなかったのだが、彼女は法廷での経験を駆使して、他の上院議員の誰も出来ないほど、非協力的なトランプ政権の役職者たちを徹底的に尋問することはできる力があった。

それこそが、上院の民主党指導者だったチャック・シューマーが彼女を、通常なら新人議員には手の届かない多くの重要な委員会に配属した理由だった。その一つが上院情報委員会だった。その委員会でかつてないほど長い間務めていたのがロン・ワイデンだったが、この委員会に新人議員が配属になった記憶がないという。だが、ハリスが上院議員として宣誓した数日後には、彼女が選ばれたのは、これ以上にないよいタイミングだったことが、次第に明らかになっていたのだ。それは彼女自身にとっても、彼女の政治的野心にとっても、さらにロープ際にまで追い込まれた民主党にとっても最高のタイミングだったのだ。

情報、国土安全、環境と公共事業の各委員会で、トランプが攻撃しようと狙っていた問題の、たとえすべてとは言えないまでも、その多くの問題に立ち向かっていくよう民主党員をひとつにまとめる指導的な役割をハリスが担うようになっていった。この役割をこなしたり、トランプに抵抗する役割を果たすことで、彼女は上院における自分の立場を知らしめることになったし、自分の立場を明確にすることになった。そして究極的にはホワイトハウスへの道を開かせることになったのだ。

＊　＊　＊

カマラ・ハリスが上院議員となって六日目の二〇一七年一月一〇日はその後にやってくる論

争だらけの猛烈に忙しい日々の前触れだった。この日の午前中、国土安全保障委員会が海兵隊の退役将軍ジョン・F・ケリーの公聴会を開いた。ケリーはアメリカ南方軍の司令官として、二〇一二年一一月から二〇一六年一月まで、中央アメリカ、南アメリカ、そしてカリブ海区域のアメリカの全軍事活動を監督していた。強力な国家安全保障省長官としてトランプが任命したケリーはカリフォルニア州という国境沿いの州や合衆国にとって、殊のほか重要な多くの問題を担当することになる。非常に高い評価を受けていた四つ星の将軍には超党派の支持があったし、議員たちの歯の浮くような褒め言葉も多くあり、それは議会も無視できないほどだった。

ノース・ダコタ州選出の民主党員ハイディ・ハイト・キャンプなどは、「この方はすばらしい公僕です」と言い出した。「ただ国家安全保障省がこのような方を勝ち取れたと私が信じる理由は――もちろん、今、お手持ちの書類からも分かる通り――この方はわが国を脅かす地域と、我がが国の南部の国境と、実際には我が国のすべての国境の安全保障に関して実に幅広い経験を持っておられるのです」

ハリスは自分の質問する番が来た時には、それほどのお祝い気分にはなかった。

ケリーのこれまでの仕事に感謝してから、国境に壁を造るとか、何千人もの人々を国外追放するとか、政府の法執行の権力を拡大するとか、不法入国者の拘禁施設の数を全国的に増やすとかという、トランプが公言している様々な計画を実行するつもりなのかと聞き出したのだ。これらの問題の中には南北ダコタ両州には大して重要でないものがあった。だが、これらの問題すべてはカリフォルニア州民には極めて重大な関心事だった。何しろ、カリフォルニア州民の四〇パーセントはラティーノであって、彼らのほとんどは中央アメリカに故郷があったからだ。しかも州人口の二七パーセントは外国生まれだった。

彼女はすぐにDACAに的を絞った。これは「若年移民に対する国外追放延期措置」のことで、一般に「夢見る人々」と呼ばれている大勢の若い人々を保護するためのオバマ大統領肝入り政策のひとつだった。自分たち自身と子供たちにより良い生活を求めた親が子供たちを引き連れて国境を越え合衆国に入国した。当然、この「夢見る人々」はアメリカ市民ではないし、自分の両親の母国にも特に強い関係を持っているわけでもない。カリフォルニアには他のどの州よりも多い一八万三〇〇〇人の「夢見る人々」がいた。彼らの多くは大学生で、その他は仕事に就いていた。彼らを国外追放することをトランプは最初の政策のひとつにすると言っていた。当然のようにハリスはケリーの考えを知ろうとしたのだ。

「あなたの前任者の下では、国土安全保障省の指揮官が決定をし、その決定のすべてを部隊にきちんと伝えていたのをご存じですか？」

「はい、議員」とケリーは応じた。

「そうですか。では、この若い人々の多くが子供の時にわが国に連れて来られて、アメリカだけを自分の故郷だと思っていることはお分かりですよね？」

「彼らの多くはそう分類されています」ケリーの答えだった。

「では、ご存じですね？　彼らはいま全米各地の大学や大学院で学んでいて、大小は問いませんが、重要な施設や業界として『フォーチュン１００』に選ばれている会社で働いている人たちちをわが国から追い出そうと考えているのですか？」

「それでも、あなたは国土安全保障省が持つかなり限定された法執行権を行使して、この若者た

「そういう人もいることは気づいています」とケリーが言った。

もいるということを」

「法に従うだけです」ケリーが言った。

この質問の間、ハリスは丁寧だったが、さらに向かっていった。公聴会を通して、彼女は仲間の何人かが期待した猛烈なブルドッグのように向かっていく検事というよりも、むしろ洗練された立法者であることを示した。だが、この場合は、彼女は自分の質問にしっかりした返答を得た。ケリーは最終的に、明確には述べなかったものの、「夢見る人々」の国外追放につながる政策を実施すると暗示したのだった。これはハリスの出身州の一五万以上の人々に直接脅威になるものだった。

ハリスはケリーへの票決を九日後まで延期させた。そして、最後に、彼には反対投票すると宣言した。

「残念ですが、私たちは夢見る人々を直接見ることが出来ません。ジョン・ケリー将軍が彼らを国外追放しないと保証することもできません」と彼女は言った。「そして、この保証が出来ない状況では、彼の国土安全保障省への任命を支持できません。倫理的かつ道徳的な理由で、こうした若者たちに対してアメリカ合衆国政府がした約束を大切にしなければならないのです」

ケリーは上院で八八対一一の票で予定通り承認された。トランプが就任宣誓をしたその当日、

一月二〇日だった。そして数時間後に宣誓して長官となった。ハリスは当然一一人の反対者のひとりだった。ファインスタインは賛成投票した。

＊　＊　＊

ケリーの公聴会を終えた後、一時間かそこら経ったとき、ハリスは上院情報委員会の最初の公聴会に出席していた。

召喚されていたのは国家安全保障に関わる四人の役人だった。彼らが呼ばれたのは、トランプが勝利を画策して、大統領選にロシアが多面的に関わっていたことを明らかにした公開されたばかりの報告書について、上院で証言するためだった。

当時、トランプの選挙運動にロシアが関わっていたかもしれないと推定──そして、警戒──していた国民の関心は異様な盛り上がりを見せていた。だが、大統領当選者のトランプはこれを「フェイク・ニュース」と非難する以外はほとんど何もしなかったし、対応を拒んでいた。

二〇一六年一二月、まだその職にあったオバマ大統領は国家情報長官室とＦＢＩ、ＣＩＡ、そして国家安全保障局に『最近の選挙でのロシアの活動とその意図の評価』という極秘の報告書をまとめるよう指示していた。この報告書の最新版で秘密解除されたものが、公聴会の数日前に公表されていたのだ。しかも、その結論は寒気を催すものだった。

この報告書によると、ロシアは大統領選挙を混乱させ、トランプを有利にするために選挙運動に包括的なサイバー攻撃を仕掛けていたというのだ。しかも、これを個人的に命じたのはウラジミール・プーチンだというのだ。

「二〇一六年の大統領選挙に影響を与えようとしたロシアの試みは、アメリカが主導する民主主義的秩序を傷つけようというモスクワの長期に及ぶ願望を実現するものである。しかも、こうした活動は、これまでの活動と比べると、その指令、活動範囲、そして対象範囲が飛躍的に拡大していることが明らかだった」と報告書は書いていた。

トランプもオバマもこの報告書について説明を受け、同時にそのコピーを受け取っていた。

後日、トランプは声明を発表し、ロシアだけでなく中国も他の国々も、あるいはいくつかの団体も、民主党と共和党のコンピューター・システムを破壊しようとしているようだと明言した。非難の矛先を広げたのだ。「だが、選挙結果には絶対に何の影響もなかった」と付け加えていた。

しかし、この公開された報告書には選挙結果への言及はなかった。だが、この報告書のまだ厳しく秘密扱いになっている部分にはこのことは含まれているはずで、報告書が言う「影響された選挙運動の重要な要素」としたものに関して、もっとずっと詳細な叙述があるはずなのだ。

『ワシントン・ポスト』紙によると、報告書にはアメリカのスパイ機関が証明はされてないものの、かなり信頼できる情報として、モスクワはロシア語で言うコンプロマット、つまり恥をかかせるような、そして名誉を傷つけるような情報を、トランプの個人的な生活と財政状況に関して持っていたというのだ。それは直近でホワイトハウスの住人になる男、世界で最大の権力を持つことになる男が、選挙に当選してからはアメリカの最も厄介な敵陣営からの、脅迫状や強迫の潜在的な対象となっていることを意味していたのだ。

こうした内容は報告書全体に添付された二頁の要約に述べられていた。また、『ワシントン・ポスト』紙は、報告書の付随文書にはトランプの近親者とクレムリンの代表との間でまだ進行中の接触が続いていると書かれていると報告した。

カリフォルニア州司法長官として、カマラ・ハリスは国際的ギャングやテロリストの脅威などに関する微妙な取り締まり情報に接してきていた。上院の情報委員会は州とは異なった、ずっと厳格な秘密をその根底において活動していた。委員会全体のスタッフは地下壕のようなＳＣＩＦ、つまり秘密情報隔離施設といった上院事務室ビルの奥まった部屋の中で働いているのだ。数日前に上院に来たばかりのハリスには、国家の安全保障にとってこれほど死活的な問題を「読まされる」ことは驚くべきことだった。

情報委員会の公聴会そのものは、まるで見世物だった。大手のケーブル・ニュースが生中継で放送し、一五〇台以上のカメラが上院議員を追い、まるであのウォーターゲート事件をめぐるニクソン大統領の弾劾審議のときの華やかさがあった。彼女の番になるまでに、重要な質問のほとんどはなされていた。

そこで仕方なく、ハリスは国家情報局の局長だったジェイムズ・クラッパーに、すでに知られている問題について質問した。アメリカの情報機関はコンピューターのネットワークと大統領当選者、そして彼の政権移行チームの個人的なパソコンが、いまもなお続いているロシアのサイバー攻撃による侵入作戦から十分に保護されているという確信はあるのか、と。

クラッパーは、「政権移行チームには安全地区などでも携行機器には落とし穴があると、我々が出来る限り指導していました」と答えた。

「その努力が十分に実を結んでいると信じておられますか?」ハリスは聞いた。

「あちらに聞いてください」とクラッパーは謎めいた答えをした。

その後数か月間、メディアは次々とハリスが質問した、まさにその安全確認の不履行について報道した。たとえば、トランプ政権の「上層」の職員が個人の携帯電話とパソコンをホワイトハウスの業務を行うのに使用していたというようなことだった。

公聴会では、ハリスは公聴会が秘密会になる前に、FBI長官のジェイムズ・コミーにいくつかの質問をした。だがそれほど内容のあるものではなかった。

しかし、二日後、ハリスは転じて攻勢に出た。CIA長官にトランプが任命したマイク・ポンピオの承認審査の公聴会だった。ポンピオはカンザス州選出の共和党下院議員だった。

ハリスは公開されたばかりの情報報告の中にあるいくつかの事実から始めた。

「これらの事実をそのまま認めますか? はいか、いいえか?」。彼女が聞いていたのは情報委員会での報告書にあったことだった。

「その報告書の内容に関して疑いを持たせるものは何も見ていません」とポンピオは答えた。

ハリスは少し遠回りをして、委員会にはほとんど未知の分野に入って行った。上院の仲間たちに公聴会に向けて彼女がどれほど準備をしてきたのかということと、彼女がどれほど情報問題に進歩的な政策を取り入れようとしているかということを示そうとしたのだ。

彼女はポンピオに長いこと聞き続けた。とくに、彼が気候変動に懐疑的だということが知れ渡っていたからだ。合衆国政府が委託した科学者たちが全員一致で合意した気候変動である。ハリスは彼が実際にどの程度疑念に思っているのかを正確に知りたかったのだ。いや、もっと重要だったことがあった。ハリスはポンピオに聞いた。彼の個人的な信念が、地球規模の温暖化がすでに世界中の不安定な状況や紛争に原因しているのか関しての情報を集めるという、現行のCIAの業務に否定的な影響を与えるのではないか、と。

ポンピオが質問をはぐらかしたので、ハリスは公聴会の終盤で彼を追い詰めるために、もう一度戻った。

「ポンピオさん、気候変動の件ですが、あなたは科学者ではないですよね。私が知りたいのは、そしてあなたご自身から聞きたいのは、提出された圧倒的に重い証拠をCIA長官としてのあなたが受け取るかどうかということなのです。それは、つまり、たとえその証拠が政治的に不都合なものであって、あなたに以前持っていた意見を変えることを要求するようなものであったとしてもです」

ハリスの質問に対するポンピオの肯定的な答えはしっかりと記録に残った。

続いてハリスはCIA長官に任命された者に告げた。彼女に関心があるのは「時にCIAのために、危険を冒して、すばらしい働きをしている」LGBTQやモスリム教徒のアメリカ人従業員たちを雇用し、また雇用し続けようとしている現在のCIAの試みを無駄にするような差別的な方策をトランプ政権が取ろうとしていることだと言った。

適用する特別な法律について一連の質問をしている間に、ハリスはポンピオからすべての被雇用者は平等に守られるという確約を取り付けたのだ。こうした初期の公聴会を通じて、ハリスは、のちにメディアが描いたような一夜にして飛び出した有名人ではないことを示していたのだ。また、同時に、彼女はスポットライトを浴びるために必死になっているのではないことも示していた。彼女はきちんと仕事をしていたのだ。

＊　＊　＊

カマラ・ハリスは上院議員になるべくしてなったことを明らかにしていた。公聴会では、彼女は彼女の書類やノート類を収めた分厚いバインダーを開いて、小さな白い付箋に自分の質問をこっそりと書きつけるのが慣例だった。また、ハリスは上院の手続きや儀礼の難解な規則をすばやく覚えた。また、彼女は上院の上下関係の中で自分と同じ位置にいる仲間や知り合いを大切にしているようだった。

ハリスは、計画していたように、賢く、様々な背景を持ったスタッフを雇った。サクラメントで司法次官をしていたネイサン・バランキンを彼女の主任補佐官として連れて来たし、連邦議会に詳しいロヒニ・コソグルを次席補佐官に、そしてクリント・オドムを迎えた。彼は後日、上院でただひとりの黒人の立法局長になった。さらにタイロン・ゲイルがいた。彼は以前ヒラリー・クリントンの下にいたのだが、二九歳の黒人の報道官となった。

彼女の全国的な報道戦略を監督するために、ハリスはリリー・アダムズを登用した。かつてテキサス州知事だったアン・リチャーズの孫娘で、ヒラリー・クリントンのために同じような仕事をしていた。彼女は上院のスタッフたちの間でもすぐに受け入れられ、同時にハリスが非常に強い印象を与える瞬間、たとえばトランプ政権の重要な人々への質問などを準備することで不可欠な役割を果たしていると知られるようになった。サンフランシスコでハリスが何かというと出かけて行った政治顧問のエース・スミス、シーン・グレッグ、そしてダン・ニューマンは今まで通り彼女の相談相手だった。

ハリスはまた民主党、共和党に関係なく双方に利害関係のある問題を解決するために手を差し伸べた。その中のひとりはケンタッキー州選出の共和党上院議員ランド・ポールだった。二人は共に現金と引き換えの保釈制度の改革に関心があった。また、二人はDACAの下で入国書類のない若者を保護する法案の共同提出者になった。さらに、ハリスはアリゾナ選出の共和党上院議員ジョン・マケインを一杯のコーヒーに誘った。彼が自分の連邦議会での経験や選挙運動から得た知識を彼女に教えてくれたのだ。

そうこうするうちに、ハリスの広報機関は忙しくなった。ツイッターやその他のソーシャル・メディアを通じて、重要な問題に関する彼女の考えを公表したり、トランプ自身について、また彼の政権の政策やその疑わしい悪行や隠蔽工作などについての彼女の関心をニュースとして大々的に報道したりしたからだ。

ハリスには彼女に忠実なツイッターの登録者が全国的にも広がり、ときにトランプの移民や共働き家族や有色人種に反対する行動に焦点を当てたりしていた。冬から春になる頃には、ハリスはますます攻撃的になった。決して終わることのない攻撃で各公聴会での証人たちに質問していったのだ。全国的に視聴率の高いテレビのニュース番組に出演することも多くなり、著名な新聞のページに載ることも増えていった。ワシントンにいる多くの外国特派員のおかげで、彼女は世界規模でも知られるようになっていった。彼らは母国の国民にトランプ政権を醜く報道していたのだ。

夏の初めには、ハリスはトランプ政権の最も攻撃的で、最もよく知られた批判者になっていた。二〇一六年のあの投票日当夜の演説に忠実に、カマラ・ハリスは上院でのトランプに抵抗する民主党の指導者に早くもなりつつあったのだ。もっと言えば、彼女はワシントンの新しい世代の象徴として見られていたのだ。

ハリスが来て以来、上院に変化がやって来た。いや、まだまだもっとやって来るはずだった。

第28章 「私が質問しているのです」——真相を求めて妥協を許さず

二〇一七年一月二九日、カマラ・ハリス上院議員は、一九六〇年代に公民権を求めてデモ行進に参加していた両親の後を追うように、ホワイトハウス前のデモに加わった。トランプ大統領がイスラム教を信奉する七か国からの入国を禁止すると発表したからだ。この命令は違法であることは明らかだった。

ワシントンでは、共和党の上院議員ジョン・マケインとリンゼイ・グラハムがこの禁止命令を非難していた。「テロリストと闘わなければならない今、これは自分で自分を傷つけることになる」と警告していた。カリフォルニア州では、このイスラム教徒の入国禁止措置は反トランプ陣営が最も恐れていたことが正しかったと認識された。カリフォルニア州のギャビン・ニューサム副知事は、すでに知事選挙への出馬を表明していたのだが、サンフランシスコ国際空港でふって湧いたような抵抗運動を始めた約千人の中に加わっていた。彼らはウディ・ガスリーの抵抗ソング、「This Land Is Your Land」[*1]を歌ったのだった。

その夜、ハリスは国土安全保障長官のジョン・ケリーの自宅に電話を入れた。自分と自分の選挙民たちの関心を伝え、政権が計画していることの詳細を引き出そうとした。
「何で自宅にまで電話してきたんだい？」とケリーは不満げに言った。ハリスはケリーの対応に驚いたが、説明を続けた。ケリーからかけ直すと言ったので、この電話はすぐに終わった。だが、彼はかけて来なかった。彼女はこのことを自伝で明らかにしている。

その後数か月して、ハリスは次第にトランプ政権の関係者たちへの反対尋問の強度を高めていった。ケリーが国土安全保障委員会に現れた二〇一七年六月六日に、ハリスの尋問は新しい猛烈な段階になっていた。ハリスはこの日を待ちきれなかったのだ。

ハリスはまず移民を国外追放するようにという新しい大統領命令を執行しない都市へは、連邦の反テロリズム資金からの援助を打ち切るというトランプ政権の脅しについて、執拗にケリーに迫った。この命令はカリフォルニア州の大きな都市に対しての直接脅威になっていたのだ。都市側の弁護士たちはこの命令を執行すると市民の生活を守る自分たちの責務を果たせないことになると主張していた。

ハリスは機関銃のように次々と質問していった。また、しばしばケリーの発言を遮った。彼が質問に対してきちんとした返事をしないためだった。通常は冷静さを保っているハリスは、まともに話をしようとしていないと、ケリーを非難し始めた。相当にイラついていた。

最後に、不快感を露わにしたケリーは、「一度ぐらい、最後まで話をさせてくれませんか？」と言った。

「はい？」と答えたハリスは「私が質問しているのです」と返したのだった。

そんな感じだった。委員会の共和党員たちは気分が悪かった。ハリスは彼らの気持ちをかき乱したことなど全く気にしている様子はなかった。

＊　＊　＊

二〇一七年六月七日、司法副長官のロッド・ローゼンスタインが上院情報委員会にやって来た。上院議員たちは、一か月前にFBI長官だったジェイムズ・コミーを解雇したトランプ大統領の決定に、彼がどう関わったのかを知りたかったのだ。また、同時に、トランプの大統領選挙運動とロシアとの間にあったとされる関係を司法省が調査するのを監督するために、ロバート・ミューラーを特別顧問として任命したことについて聞きたかったのだ。

ハリスの順番になったとき、彼女はローゼンスタインに「イエスか、ノーか」だけで答える質問を浴びせかけた。そして、ケリーの時のように、彼が答えをはぐらかそうとすると、すぐに割り込んだ。彼女の狙いはホワイトハウスからの介入や報復からの防波堤として、ミューラーを完全に独立させる内容の文書をローゼンスタインに書かせることにあったのだ。

ハリスは、ペンを片手に、ローゼンスタインを指した。相当に動揺した彼は、問題は複雑なの

＊1　もともとアメリカの民謡として存在していた曲に、ガスリーが編曲・作詞して一九四〇年に発表した楽曲。一九六〇年代には特に反戦の歌として多くのフォーク歌手によって歌われた。一九七二年民主党の大統領候補に選出されたジョージ・マクガヴァンがその指名受諾演説の最後にこの歌を感動的に引用した。

で、自分が答えるには、ハリスとの「非常に長い話し合い」が必要だと説明した。

「ただ、イエス、か、ノーで答えられませんか？」とハリス。

「短い答えではないんです、議員」とローゼンスタインは言った。

ハリスは返した。「そんなことありません。短く答えようとするか、しないかだけの問題です」

ハリスの質問は次第にとげとげしくなっていった。そのため、ノース・カロライナ州の共和党員で委員長だったリチャード・バーが彼女を止めた。彼女を見つめながら、バーが言った。「上院議員、ちょっと待ってくださいな。委員長として証人が質問に答える権利を行使させたいと思います」

信じられない様子のハリスだったが、彼女は基本的に自分自身を抑えたり、黙れと言われることに馴れていなかった。彼女は額を拭うと、バーを睨みつけた。合意していないと目を細めながら、彼が彼女に反論するのを聞いていた。これは推定一〇〇万人以上が見ていると思われたテレビで生中継されていた。バーはハリスに言った。自分は委員長としての権利を行使しているだけで、ローゼンスタインを「これまでのところ与えられていなかった、自分がふさわしいと思う答えをしてもらうという礼儀で遇したいだけ」だと。ハリスが自分の質問の流れを説明しようとすると、バーはまた止めた。民主党員たちは黙っていた。自分のノートを見ている者もいた。だが、カマラ・ハリスが強烈な印象を残したのはたしかだった。

このやり取りはすぐにネットで炎上した。高齢の白人男性議員たちがハリスの発言に「シー」と連発したからだ。ハリスは委員会でただ一人の黒人女性だった。ツイッターで、このことは爆発した。恨み多き党派間の言い争いは共和党と民主党の上院議員、そして民主党とトランプ政権との間でますます悪い状態に落ち込んだのだ。

数時間後には、ハリスとそのスタッフは非常にうまいことばで、この出来事を自分の功績になるように巧みに利用していたのだった。

「勇気だ。礼儀じゃない」

この言葉もまたネットで拡散した。また同様に関連した商売でも実をあげた。「これをリツイートして！『勇気だ。礼儀じゃない』のスティッカーを注文された方で、友人や家族にもうひとつ持たせたいとお思いなら」とハリスはツイートした。リツイートされた中には、ハリス自身とは無関係だったが、「ハリス二〇二〇」という言葉が書き込まれていたものもあった。その六日後、ハリスは自分自身で、これまでにないほどの大拡散を巻き起こすことになった。

＊　＊　＊

その日、二〇一七年六月一三日に情報委員会に現れたのはジェフ・セションズ司法長官だった。ハリスのスタッフの中には大声で彼の正式名を叫ぶ者がいた。ジェファソン・ボーリガード・セションズ三世と。なぜなら、彼の父親や祖父と同じように、彼の名前には南部連合の大統領と将軍の名前が入っているからだ。[*2] アラバマ州選出の上院議員として、セションズは二〇一六年二

＊2　南部連合の大統領の名前がジェファソン・デイヴィスで、将軍にP・G・T・ボーリガードがいた。

月の時点でトランプの大統領選出馬に支援を表明した最初の共和党員だった。しかし、司法長官として彼は司法省の指針に従って、トランプとロシアの関係を調査することから自分を切り離したのだ。理由として、自分がトランンプの選挙運動で国家安全に関する研究会を率いていたことから生じる利害相反をあげた。

これはトランプを激怒させることになった。本来は文官であるはずのローゼンスタインを調査に向かわせることになるからだった。こうしたことや他の理由もあって、このローゼンスタインの公聴会は大注目されるテレビ放送になったのだが、ハリスがローゼンスタインを厳しく尋問するのを見たくてチャンネルを合わせる人たちも多かった。その人たちはローゼンスタインが当然あったと考えているはずのトランプとロシアの選挙期間中の、またはその後の密接な関係について、ハリスが何を引き出すかに強い関心を持っていたのだ。また、トランプがコミーを解任した理由や、彼が調査を妨害していることに関しても知りたがっていたのだった。

「火曜日のジェフ・セションズから煙が立ち上ったよ」と、大学教員でしばしばツイッターに書き込んでいるルイジアナの住人、ジム・スピアーズが言った。ハリス宛てのツイートの中でだった。「徹底的にやってほしいのです」。スピアーズは民主党支持者で、ハリスをセションズに対抗する最高の武器だと考えていて、「ジェフ・セションズの戯言と人種差別主義に切り込んで、彼女が必要とする答えを何でもいいから引き出して」くれるものと思っていた。

ハリスの素早い質問の仕方は、南部訛の強い、お茶目な感じの身長一六二センチの七〇歳代の、見かけは穏やかそうなセションズには、特に不快感を与えるようだった。優雅そうな気質は別として、セションズは公聴会では移民に対して最も厳しい強硬態度を示した。公聴会のほとんどを質問をはぐらかすだけに使ったのだ。

「記憶にありません」と何度も繰り返した。

ハリスはオハイオ州クリーブランドでの二〇一六年の共和党全国大会の会場で、ロシア人の実業界の代表か情報機関の人間に会ったことがあるのではないか、とセションズを厳しく追及した。この全国大会こそクレムリンの作戦の中心とされていたからだ。彼は会っていないと言った。だが、その後で、彼はクリーブランドではかなりの数の人と会ったと言い換えた。自分の今の答えを明確にするためだと言った。ハリスは続けて彼に応えるよう求めた。目に見えて動揺したセションズはもっとゆっくりと質問するよう要請したのだった。

ハリスの現在のスタッフも昔のスタッフも皆同じように証言しているのだが、彼女は周囲に同じ印象を与えていた。一度狙いをつけた彼女は、セションズから多くの具体的な答えを求めた。彼が重要な問題を委員会では論じられないとか、委員会に資料を渡せないと言っているのは、どのような法律または政策に基づいているのかを問い詰めた。セションズは「その質問には答えられません」と言っていたのだが、ハリスはそれを受け入れなかったのだ。

「また、それですか。今日あなたが尋ねられた質問の大部分に対する答えを拒否した基礎となる根拠を、あなたのスタッフに見せてもらうよう頼んでみましたか？」

彼女は続けた。だが、再び、質問を封じられた。

「ハリス上院議員。彼に答えさせなさい」委員会の古参の共和党員が言った。

後に、共和党の上院議員と保守的な評論家たちはハリスを非難した。相手を尊重せず、上院の秩序重視の慣例に従っていないと。古くからワシントンにいた人々、特に男性たちはハリスの持つ正当性と彼女の頑固さに戸惑ってはいた。しかし、カリフォルニア州で彼女を知る者には疑う者は誰もいなかった。これこそがカマラ・ハリスの流儀なのだと。

第29章「イエスかノーか」――カマラ・ハリス流の功罪

ジョン・ケリー、ジェフ・セションズ、そしてロッド・ローゼンスタインというトランプ政権の高官たちを苦しめた二〇一七年六月の公聴会のあと、カマラ・ハリスは上昇するスターとして輝きだした。

驚くことではないが、共和党員たちはハリスのやり方に批判的だった。気分を悪くした者は民主党員たちにもいた。国土安全保障省の高官の中には、反論も出来ずに、ただ彼女に馬鹿にされたと感じていた者もいた。

私的な場では、彼女のボクサーのような口調はほとんど自分を見せるためだと信じていた民主党員もいた。また、彼女が陽の当たる場所を渇望しているのは「もうひとりのオバマになる」という長期的な計画があるからなのではと疑う者もいた。上院に長く留まって、大統領に出馬する資格を得ようとしているのだと。こうした思いを煽るように、ハリスは四月中旬に中東への一週間の旅から戻ったばかりだと発表したのだ。外交政策への自分の資格を磨き上げ、全国的な舞台で自分の場を求める上院議員として重要な道だった。イラクで彼女はＩＳＩＳ（イスラム国）と闘う地方部隊を支援するカリフォルニア出身の軍人たちと出会った。そこで、必要とされる援助は十分に得られているのかとか、派遣されている間、あるいはその後でいつカリフォルニアに戻れるのかなどを尋ねたのだった。さらにヨルダンに行って、アサド大統領が引き起こしたシリア人避難民の悲惨な状況を自分の目で見たのだった。

「中東でのテロリストたちと戦うためには、我々が理にかなった、長期的な国家安全のための詳細な戦略を持つこと、そして暴力と圧政とを逃れた人々に安全な避難場所を用意してあげる移民政策を持つことも重要なのです」。ハリスは帰国後の記者会見でこう語った。

この旅は公式な議員団の一部としての参加ではなかった。だが、上院情報委員会と国土安全保障委員会の委員としての立場で参加したものだった。しかし、彼女は軍事委員会とか外交委員会と言うような軍隊を直接監督する委員会のメンバーではなかった。そのため、議員の間では、噂する者たちがいた——まるでバラク・オバマが誉れ高い外交委員会に入って、外交政策に十分な資格があると見せて、大統領戦に立候補したのと同じ様だと。特に古参の議員たちの間でそうささやかれていた。

国土安全保障委員会では恨みつらみが根深くなっていたと、二〇二〇年の夏に国土安全保障省を退職した高官で、匿名を条件にした人物が話してくれた。上院議員や委員会のスタッフの中に、ハリスは委員会業務の大部分である退屈極まりない仕事をきちんと責任を持って果たしてないと信じている人たちがいた。ここの仕事は一年生議員には特に苛《いら》つくものだった。悪いことに、彼女の不愛想で、対立を好むやり方が党派を超えて協力していこうとする努力、それは何年もかけて築き上げてきたもので、特に安全保障上の問題など重要な問題に関してだが、それを駄目にしているると信じるようになった高官もいたというのだ。

「私が持った印象は国土安全保障委員会で彼女と関わらなければならなかった人たちの多くには、余り好まれていないのではないかということです」とその元高官は語ったのだ。彼は上院議員や委員会のスタッフと広い交流があった。

上院の公聴会を取り仕切っていた国土安全保障省の高官たちが、彼らが直接扱っていた問題かどうかに関わらず、ハリスを良く思っていなかったことは当然ありえただろう。特にトランプの移民政策を実施する役に就いていたとすれば、なおさらだ。だが、国土安全保障省には二四万人が働いているし、多くは政治問題以外を扱い、また全員がアメリカを安全にすることに全身全霊を傾けているのだ。

この国土安全保障省の恨みつらみの根深さは次のことにも表れている。現職および退職した高官たちは公にジョー・バイデンの支持を表明していたのだが、彼がハリスを副大統領候補に選んだ瞬間に少なくともその内の四人がバイデン支持を取り止めた。共和党と民主党両方の政権で働いた経験があり、公にトランプに反対するために退職した国土安全保障省の元職員が話してくれた。「連中は、『すみません。私には出来ません』というタイプだよ」とその人物は語ってくれた。さらに「彼女のやり方の何かが、こういう奴らを本当に困らせるんだろうね。こいつらには彼女はいつも政治、政治で、使命感がないように映っていたんだろうよ」

*　*　*

官僚たちを戸惑わせた問題のひとつが、トランプが国土安全保障省の上級職員として任命した多くの人たちに、ハリスが会おうとしなかったことだった。その代わりに、彼女は彼らが承認公聴会にやって来た時に、単純に答えることなど出来ない複雑な問題でも「イエスか、ノーか」の答えを求めて徹底的に追及したのだ。トランプが任命した者たちが答えられないか、答えを拒否したことは、都合のいい印象操作となったかもしれなかったが、その時々の最も重要な政策課題への答えを国民に与えることにはならなかった。同時にまた、上院の行政監視役として必要な管理能力を発揮するのに役立つこともなかった。当然、最も重要なことだっただろうが、上級官僚と彼らを監視する上院議員のひとりであるハリスとの間に何ら生産的な関係を生むことにも繋がらなかったのだ。

ハリスが公聴会で質問したかった緊張を伴う種類の問題は、これまでだと伝統的に最初に私的な会合で話し合われてきたのだ。表敬訪問として知られていたこの私的会合は、省庁の果たすべき任務に批判的な、ごく少数の特別な政治任用官が上院の承認を必要とするときの手続きとして行われていた。

こうした任用候補者は監督委員会に膨大な量の個人的および職業的な情報を提出する必要がある。これらを検討して、委員会はこの人物に対して多くの政策関連の質問を送付する。答えが出されたところで、委員会のスタッフと、基本的には数時間、面会する。そしてその後に来るのが、上院議員たちとの表敬訪問になる。これはかなり重要なのだ。というのは、これによって上院議員と上級スタッフがその人物と彼の管理能力に関して何らかの感触を得るからだ。表敬訪問は大仕事の前の面接と同じなのだ。この会合はそれほど党派的にならないので、承認するか、拒否するかを明確にすることができる。委員たちが、合意できないことに納得したとしても、上院議員と被任命者の間には何らかの感情的なつながりと信頼を築きあげることができるのだ。

二〇一七年の春、トランプが国土安全保障省の上から二番目の役職に任命したエレイン・デュークは国土安全保障委員会の全委員との会合を求めた。彼女は特に民主党議員たちと会いたがった。そうすれば、新聞の見出しになっているような問題、また公聴会という場では余りにも複雑すぎると思われる問題に細かく答えられると思ったからだった。デュークは二八年間を官公庁で過ごしてきたベテラン官僚だった。しかも、ジョージ・W・ブッシュとバラク・オバマの両政権で勤務経験があった。民主党の上院議員はほとんど彼女と個人的に会ったことがあったのだが、ハリスだけは別だった。デュークはハリスに公聴会の場でこう言った。

「あなたが会いたがらないのは私だけではないと分かっています」とデュークは言った。彼女は党派的な立場をとらない中道派だと広く知られていた。「でも、私の理解では、あなたは共和党の被任命者とは会わなかったのです」

デュークはハリスの検事のような質問は、将来に最適な方法を見出すことよりも、新聞の見出しを作ることを目指しているようだと言った。そして、「あなたは監督のための情報を得ようとしているのですか、それとも起訴しようとしているのですか?」と自分の疑念を明確にした。

二〇一七年にデュークは八五対一四で承認された。ハリスは反対票を、カリフォルニアの先任上院議員ファインスタインは賛成票を投じていた。デュークは二〇一八年四月まで勤務したが、この間の五か月間は国土安全保障省の長官代理としての勤務だった。[*1]バイデンがハリスを副大統領候補に選んだことが、公にバイデン支持を表明しない理由なのかと聞かれたとき、彼女は答えなかった。

「ハリスさんの公開されている記録や公聴会や選挙運動を見ると、そこに潜在的な怒りがあると思いませんか?」とデュークは尋ね、「それで、同情から離れ、もっと怒りの方向に向かっていくのでしょう。それはわが国をもっと分断させることになってしまうのではないでしょうか?」

＊　＊　＊

大統領としてのドナルド・トランプの姿勢は選挙運動期間中と変わらなかった。彼はリアリティー番組の中の役割を演じていたのだ。それは非常に興味深い登場人物を使い、視聴者を画面にくぎ付けにし続ける番組だった。意図的だったかそうでなかったかは不明だが、ハリスはトランプ自身のゲームに参加した数少ない民主党員の一人だった。彼女は彼女自身、非常に分かりやすい登場人物になっていった。しかも、トランプのやり方で——自分の伝えたいことを伝え、スポットライトを独り占めにするのだ。

通常だったら、議員（立法者）たちはいかにも政治家のように目立って振舞ったり、脚光を浴びようとすると批判の対象になる。おそらくは嫉妬と競争心のために、あからさまな自己PRは善ではなく、悪と見られるからだ。だがトランプがワシントンを占有したように、ハリスも雑音を乗り越えた。明確なイメージ操作の能力と、受け入れられやすい動画と、すぐに目につく見出しによって、彼女はリアリティー番組の単なる出演者から、まさにスターに上り詰めて行ったのだ。共和党が彼女を民主党の抵抗する顔に仕立てれば仕立てるだけ、それだけ一層、彼女はさらなる高みに上っていった。もちろん、報道陣が果たした役割も大きい。彼らはハリスがトランプとその政権を相手に、ダビデとゴリアテの戦いを演じているのだとのイメージを形作ったのだ。

この手の話は地元の人々にトランプ劇を伝えるためにワシントンに集まっていた報道陣に特に人気があった。だが、こうした話を広めた当人たちが見落としていたのはハリスだけがトランプと闘い、それなりの勝利を収めていたたったひとりの民主党員だったのではないという事実だった。他の多くの民主党議員たちも多くの問題でトランプ政権の官僚たちを問い詰め、トランプが個別に彼らを名指しで批判しなければならなくなるようにしていたのだ。

その一人がアダム・シフ下院議員だった。彼はハリスが勝ち取った上院の議席を狙って出馬を考えていたことがあった。ロサンゼルス郊外のバーバンクから選出されていた民主党員で、いまやトランプ＝ロシアの下院の調査を率いていた。もう一人はニューヨーク選出の新人下院議員の

＊1　二〇一七年七月三一日に長官だったジョン・ケリーが大統領首席補佐官となったため、同日から同年一二月六日のキルステン・ニールセンの就任までデュークが長官代理を務めた。

アレクサンドリア・オカシオ＝コルテスだった。

上院にはトランプ反抗者が満ちていた。ハリスほどにはその経歴に注目を集めなかったが、検事経験者が二人いた。シェリダン・ホワイトハウス上院議員とリチャード・ブルーメンソール上院議員だ。ホワイトハウスはロード・アイランド州の連邦検察官として多くの検事を監督していた。ブルーメンソールはコネティカット州選出だが、ハリスが司法長官だったよりも長い期間州の司法長官をしていた。また、上院情報委員会の他の六人の民主党議員たちも敵意あふれる証人たちから答えを巧妙に引き出していた。委員会の民主党で最も古参のマーク・ワーナー議員は特に優れていた。

上院最高齢のファインスタインも完璧な準備をして、それに基づく質問をすること、そして必要とする答えを引き出すことで評判がよかった。ただ、ハリスが直接対決を好んだのに対して、ファインスタインはもっと彼女自身の本能に従っていたのだ。

ファインスタインはトランプ＝ロシア関連の公聴会で最も価値ある証言を引き出した。前FBIの長官だったジェイムズ・コミーの公聴会だった。これはローゼンスタインの翌日に行われたのだが、トランプが彼をホワイトハウスでの二人だけの夕食に呼んで、彼の忠誠を要求し、コミーが拒否すると理由もなく彼を解任したという報道が流れている最中だった。

コミーが詳細なメモを——それも現場で、当然法廷でも有効なメモを——取っていたという事実がこの日の公聴会を特に重要なものにしていた。

また、この報道に対してトランプがツイートでホワイトハウスには秘密の録音テープがあって、コミーの嘘は簡単にバレるのだと書き込んだ事実がさらにその重要性を増していた。

コミーは数時間を使って証言した。時に長い答えをしたり、また時に漠然としながらもハリスをはじめとする友好的な民主党の委員たちの質問に答えていた。ファインスタインからの質問に答える途中で、彼は「そうです。あのテープについてのツイートを見ました。もちろん、テープは存在するものと思っています」と言ったのだ。

そして、本来の問題に戻っていった。このやり取りの場面が切り取られてインターネットに載った。この日のうちに、何百万人もがこれを見たのだった。

＊　＊　＊

通常だったら、ハリスの活きのいい自信と、過ちを認めない野心とは超競争社会である上院で相当な軋轢を生んだはずだった。だが第一一五議会の始まりから、上院の民主党員たちは自分たちがお互いから感じていた以上に、トランプ政権からのより大きな脅威に直面しているとすぐに理解をした。彼らはその代わりに協調することになった。

上院を動かしている職員の多くはハリスのことを、彼女の同類のなかではもっとも親しみやすいと思っていた。そのことが、ハリスにはうまい具合に働いた。

上院情報委員会のある民主党議員を担当していた一人の上級スタッフは、こう語っている。

「ハリス議員との関わり合いの中で気づいたのですが、彼女はとっても気さくで、面白い方なのです。とくに私たち職員との関係では」。「上院議員の多くは職員と接触するときには、何というか横柄な態度を取るのですが、ハリス上院議員だけは全く違っているのです」

オレゴン州選出のロン・ワイデンとハリス上院議員は特別な絆を形成した。二人はよく上院の廊下などを一緒に歩いていたり、話をしているのを見かけられていた。身長一八一センチのワイデンが一五五センチ少々しかないハリスを見下ろすようにして話しているのが見られていたのだ。ワイデンはバスケット・ボールの奨学金で大学に進学していた。ハリスは仕事の合間に彼女の地元のゴールデン・ステイト・ウォリアーズやワイデンの地元のポートランド・トレイル・ブレイザーズのことを話していた。

「カマラ・ハリスは毎日試合をしに来ているんだ。そう、一日一日だ。彼女は準備万端で、集中して、賢くて、実に感動的だ。彼女はしっかりと仕事をしているよ」とワイデンは語っている。「ああいう人は上院という職場では本当に大切なんだ。仕事をしっかりとする人、すぐに報道陣に報告する人、でも本当はそのことを全く気にかけていない人がね」

ワイデンは何年間も、重要な問題と関心のある事について人々を覚醒させるような質問の方法を頑固に追求してきていた。例えば、彼は一六年以上も政府の権力拡大の問題にかかわっていた。監視や拷問、そしてドローン攻撃やその他のテロリズムとの戦争を追求していく上での連邦政府の情報関連や司法関連の問題だった。しかし、彼は一三対二とか一四対一というような圧倒的な差で、いつも負けてばかりいた。ハリスが委員会にいてくれるのは、彼には心強かった。委員会での重要な問題の投票では彼女は常にワイデンと同じ票を投じていた。でも、それは彼女が自分自身できちんと調査した結果としてであった。

しかし、ほとんどの場合、彼女の一票では投票バランスを崩すのには足りなかった。だが、彼女が支援してくれたことで、ワイデンは米国愛国者法の二一五条の適用を禁止することになる修正動議を提出することができたのだった。この法はアメリカ人のインターネットの検索履歴を集め、またウェブサイトの閲覧記録を集めるためのものだった。だが、彼らは一票差で敗れた。

二〇一七年一月、ワイデンが第四期目に再選されると、ワイデンは娘のスカーレットを伴って、旧上院会議場での儀礼的な宣誓式にやって来た。赤毛の四歳の少女は、上院議員たちの宣誓に立ち会っていた副大統領のジョー・バイデンを奇妙な、不思議そうな目で見つめたことで、周囲の笑いを誘った。

ワイデンは言っている。「会場にいた何人かに頼まれたので、娘を見せたかったのです。そこに皆がいて、『あの子何をしているの?』って言っていたんだ。そしたら、ハリスが甲高い声でこう言ったんだよ。『皆さん! スカーレットが合衆国副大統領を横目で見ているわ。今よ!』ってね」

この出来事を後で思い返して、ワイデンはハリスは本当に何か新しいものを上院にもたらしたと語っている。彼女は料理法を教え合う。チャック・テイラーズのスニーカーを履いている。軽い食事に上院議員たちを招いている。興味深い家族がいる。バスケット・ボールを愛好している。

「そばにいるだけで、本当に楽しい女性なんだよ」

第30章　ハリス対カバノー——連邦最高裁判事の承認を巡って

二〇一七年一〇月九日、ツイッターでカリフォルニア州選出のダイアン・ファインスタイン上院議員は二〇一八年に再出馬すると発表した。彼女はツイッターという新しい世界を正確には分かっていなかったのだが。彼女には最終的に七五五七人のフォロワーがついた。カマラ・ハリスは、現在ではもうそう新しくはなくなったこの通信手段を駆使して、六九〇万のフォロワーがいる。これは大いに助けになるだろう。

カリフォルニア州でもワシントンでも、ファインスタインは一九九二年の上院選挙で始まった職務から、もうそろそろ退いてくれるものと多くの民主党員が願っていた。二〇一八年も勝利すると仮定すると、その任期の終わりには彼女は九一歳になる。しかし、ファインスタイン自身はまだやり残していることが沢山あると信じていた。上院の司法委員会で最古参の民主党員の彼女は公聴会の承認審議に深く関わっていたし、それは場合によっては、連邦最高裁の終身職の判事にトランプ大統領が任命した者を拒絶することも関係していたのだ。ファインスタインが再出馬を発表した数分後には、ハリスは自分自身の支持者たちにファインスタインの再選運動に献金してくれるよう依頼する手紙を出していた。

「一月に上院に加わって以来、ドナルド・トランプの過激な政策を止めるという戦いの中で、ダイアン以上に優れた味方はいませんでした」とハリスは書いていた。「大きな戦いごとに、彼女は私たちに加わって下さったのです」

しかし、その味方の関係はいまや試されようとしていた。

＊　＊　＊

これまでのハリスを見ていた上院の民主党指導部は彼女を司法委員会にも配属することにした。二〇一八年一月八日のことだった。彼女はついに念願の委員会、それも外交委員会と並ぶ、上院の最重要な委員会のメンバーになったのだ。その九月に新しい最高裁判事の任命に関わる公聴会が開かれ、ハリスにはさらに際立った活躍の機会が与えられた。だが、カマラ・ハリスはこの時の被任命者ブレット・カバノーの最高裁判事就任承認を止めることはできなかった。力及ばず、が適当な表現だろう。だが、それは決して努力が足りなかったからではなかった。この時の公聴会を通して、ハリスは力のある男たちと対決するのを恐れていないこと、彼女が闘士であること、そして傷つけられた女性を慰めなければならないと思っていることを、より広い人々に知らしめたのだ。

民主党は計算が分かっていた。共和党が上院の一〇〇議席中五一議席を有している以上、上院院内総務のミッチ・マッコーネルがカバノーを承認するに足るだけの票は持っていたのだ。しかし、民主党としては途中の過程で干渉できるはずだった。ハリスがそれを示していた。

二〇一八年九月四日、火曜日に承認のための公聴会が開かれたとき、司法委員会の委員長だったチャック・グラスリーは八四歳だった。上院全体で二番目の年長だったが、ファインスタインの一歳下だった。彼女はこの委員会の序列一位の民主党員だった。グラスリーが槌を振り下ろして公聴会を始めた。民主党はハリスの第一声で彼の発言を遮った。もちろん、その声は大音声へと変わった。

「委員長、この公聴会は先には進めません」とハリスが言った。グラスリーはもう一度、公聴会の開始を告げた。ハリスも、他の民主党員も、自分たちは四万五〇〇〇頁にも及ぶカバノーの履歴をわずか一五時間前に受け取っただけで、まだ読み通すだけの時間はなかったと指摘した。

議事堂の外ではデモ隊がいた。中には深紅色の「侍女の物語」の衣装を身に着けている者もいた。「委員長、なぜ急ぐのですか？ この履歴をしっかりと明らかにしないというのは、何を隠そうとしてるんですか？！」とニュージャージー州選出の民主党議員コリー・ブッカーが叫んだ。グラスリーは、彼独特の気取らない調子で、延期の要請は審議秩序を乱すことになる、と繰り返し宣言した。そして公聴会は進行した。上院議員、法の専門家たちが、七時間近くを使って、だらだらと続く長いだけの承認に向けた冒頭陳述をし、カバナーが良いのか悪いのかに関して共和党の意見を表明した。

その後数日間、民主党はカバノーから情報を引き出そうとした。彼は明確な答えを与えるのを避けた。ハリスはその真っ只中にいた。しかし、感情の爆発ととげとげしさの議事進行のなかでは、彼女は実際には静かな闘士のひとりだった。おそらくは、彼女がまだ委員会では下位のメンバーにすぎなかったからだろう。この委員会には二〇二〇年の大統領選挙への出馬を計画していたコリー・ブッカーとミネソタ州選出のエイミー・クロブチャーがいた。評論家たちは、三人の議員がこの公聴会をより高位の公職への発射台にしようとしていると冗談を言いたがった。この冗談は共和党の上院議員たちには余り面白いものではなかった。民主党がカバノーに根ほり葉ほり追及することで党員と有権者からの得点を得ようとするのは、実に不公正だと民主党員を非難した。それは共和党が逆の立場になった時には同じことをするだろうということを完全に度外視してのことだった。

ハリスがカバノーと直接対決するのは公聴会の最初の日が丸一日過ぎた頃だった。すべての上院議員がそれぞれの質問を終えた後だ。「カバノー裁判官、これまでトランプ=ロシアの調査を特別顧問のミューラー氏か、他の誰かと話し合ったことがありますか?」

もちろん、とカバノーは答えた。ミューラーが主導する調査について仲間の裁判官と話し合っていた。それで、ハリスは次の質問をした。では、同じ問題をトランプの個人的な弁護士であるマルク・カソヴィッツの法律事務所の誰かと話し合ったことはあるか?　カバノーは記憶にないと言った。だが、これはあえて記憶にない振りをうまくやってのけただけだったのかも知れなかった。彼があいまいな、不明確な答えを口ごもりながら発言したのをハリスは見逃さなかった。まるでドラマの一瞬にあるように、彼女はさらに追い打ちをかけた。「ご自分の答えに自信を持ってくださいよ、カバノーさん」

共和党の議員が割って入った。ユタ州選出のマイク・リー議員がハリスの質問を止めて言った。法律事務所には多くの弁護士がいるし、年中入れ替わっているので、カバノーがいちいち覚えているなどと思うのは間違いだ、と。

「弁護士たちはいつも移動しているんだ」とリーは言った。「分裂し、また新しい事務所を立ち上げる。弁護士たちはウサギみたいなんだ。新しい事務所を次々と産むんだ。本証人が事務所全体に誰と誰がいるかなんて知っていると思う方がおかしいのだ」

誰が、いつカマラの審議の進行を邪魔できるか、他の議員たちが小競り合いをしたあとで、ハリスは同じ質問に戻った。カバノーはトランプの個人弁護士の事務所で誰かと話をしたか？ と。

「あなたは私がその法律事務所の弁護士の一覧表を見せなくても、この質問には答えられるはずです」とハリスは言った。

最終的には彼女はカバノーが事務所の誰かと話したことは明確に否定しなかったとして、次に進んで行った。このやり取りは公聴会の話題として最も取り上げられた。しかし、このやり取りは、せいぜい結論なし、だった。トランプの個人弁護士カソヴィッツも他の人々もそのような会話はなかったと主張した。ハリスはメディアや保守派によってからかいの対象にされた。余りにもドラマティックにしようとし過ぎて、結果として自分の試みを失敗させた、と。彼女のスタッフは特別な情報があるのだと言っていたが、それが明らかにされることもなかった。ハリスは答えを知らない質問をしたようだった。経験のある検事なら決してしない質問だった。だが、この質問方法が失敗だったとしても、ハリスには挽回する方法があったのだ。

＊　＊　＊

ハリスは一九九九年にカバノーが『ウォール・ストリート・ジャーナル』紙に書いた評論を見つけ出した。余り世間に知られていない裁判についての評論のなかで、カバノーは二度、「人種的甘やかし制度」[*1]という言葉を使っていたのだ。この言葉はどのような意味なのか、とハリスは聞いた。彼は答えようとしなかった。そのため、もう一度この質問を繰り返した。また、カバノーは逃げた。同じことがこの後四回繰り返された。ハリスは諦めたのだが、この連邦裁判官にひと言告げていた。

「あなたは分かっているはずです。あなたがこの評論を書いた同じ年に、ある雑誌が特集を組んだのです――白人至上主義の雑誌と言われている雑誌です。その雑誌の記事の中に次の言葉が使われています。引用します。『人種的甘やかし制度』、さらに引用すると、『アファーマティブ・アクション、犯罪の二重判断基準、黒人の欠陥への寛容性』、そしてその他諸々のことばです」。

ハリスはまた「人種的甘やかし」に言及したひとりの「自称ヨーロッパ中心主義者」の著作を引

＊1　「人種的甘やかし制度」　ジョンソン政権で始まったアファーマティブ・アクション政策を揶揄する表現。人種ゆえに差別されてきた黒人を社会的・政策的に優遇しようとした政策だったために、白人たちは「逆差別」と批判した。また、女性に対する優遇措置は男性から見た「性差別」と批判した。黒人や女性を「甘やかす」政策だととくに白人男性が主張した。

用した。

ハリスが指摘したのは、最高裁判事というのは、言葉の中には「一定の物の見方、またあるいは一定の政治目標を持ったものやそれらと結びついたものがある」ことに当然ながら気づいていなければならないということだった。

「そうですね。よく分かりました。感謝します」とカバノーは答えた。

それでハリスは、さらにけた違いの重要性を持つ問題に移った。連邦最高裁は、かつて州は結婚しているか、していないかに関わらず、カップルが避妊器具を使うことを禁止できないと判断していた。ハリスは六つの点からこの判断が正しいと思うかどうかを質問した。カバノーはまた答えなかった。ハリスは現職の最高裁長官のジョン・ロバーツもサミュエル・アリトー判事も正しい判断だったと語っているという事実を披歴した。

「それは彼らの意見です」とカバノーは応じた。だが、私生活への権利が避妊器具の使用にまで及ぶのは正しいのかという問題に関してはあいまいなままだった。

「私生活への権利によって女性たちが妊娠回避を選択することが守られているとお考えですか?」とハリスが聞いた。

カバノーは明らかに当惑していた。そこでハリスは一九九三年のルース・ベイダー・ギンズバーグ判事の公聴会での発言を引用した。「このことは女性の人生にとって非常に重要なことです。女性の尊厳にとってですね。それは女性が自ら、自分でする決断です。それで、政府が女性に代わって決断をするということになると、その女性は自分自身で選択する人間としての責任が不十分な成人以下として扱われていることになるのです」

カバノーはそれでも逃げまくった。ハリスが目指していることが分かっていたためだろうと思われた。だが、実際には、ハリスが向かっていたのは、カバノーが全く意識していないところだったのだ。

「裁判官、あなたは今の質問に全く答えていませんが、仕方ありません、公聴会に関わることですので、先に進みます」とハリスは述べた。

まるでその場の思い付きのように、彼女は聞いた。「男性の肉体について決断を下す権利を政府に与えている法律を何か思い起こせますか？」

カバノーは物が言えないふりをした。彼女はもっと特別な質問をしてくるのではないかと思っていたのだろう。

「質問を繰り返します」とハリスは言い、「男性の肉体について決断を下す権利を政府に与えている法律を何か思い起こせますか？」

静まり返った会場と彼の顔のクローズアップを狙ってくるテレビカメラを意識して、カバノーは答えた。「あのぉー、いいえ――あのぉー、いいえ――いいえ、いかなる権利も思いつきません、上院議員」

もちろん、思いつく訳はない。そんな法律などそもそもないのだ。

この展開はその日のニュース番組で大々的に取り上げられた。ケーブル・テレビでは専門家たちがこれを話し合った。報道に熱のこもった劇的な瞬間だった。自分自身の肉体を管理する女性の権利を広めようとしていた計画親権連盟やその他の団体は自分たちのホームページにこのニュースを載せた。

学年のトップでエール大学とエール・ロースクールを卒業したカバノーと異なり、ハリスはサンフランシスコ市のテンダーロイン地区にある公立のロースクールに行った。しかも、絶対に学年のトップではなかった。だが、彼女は法律を十分によく分かっていたし、問題の本質に切り込んでいくために質問をする法廷弁護士としての能力を明らかに示していたのだ。

しかし、それは小さな勝利にすぎなかった。カバノーの承認を阻むほどの勝利ではなかった。ダイアン・ファイスタイン以外の上院議員には分かっていなかったことだが、次ぎの展開は公聴会の進展に大きな影響を持つものになるのだった。

＊　＊　＊

二〇一八年七月五日、カリフォルニア州パロ・アルト出身の心理学教授、クリスティーン・ブレイシー・フォードが地元選出の下院議員アンナ・エシューにある情報を渡すよう議員の事務所の受付に頼んだ。それは四〇年ほど前、クリスティンが一五歳で、その時に一七歳だったカバノーが彼女にしたことについてだった。彼女はいま自分が懸念していることを何とか止めたいと思っていたのだ。それはカバノーが連邦最高裁判所の判事として任命されてしまうことだった。同時に、彼女は匿名のままでいたかった。四日後、トランプ大統領が正にブレイシー・フォードが恐れていたことを発表した。カバノーを連邦最高裁判事に任命したのだ。

七月二〇日に、フォードは下院議員エシューにすべてを語った。エシューはすぐに上院議員ファインスタインに電話をして、事情を話した。もちろん、ブレイシー・フォードの名前は告げずに。ファインスタインはエシューに自分の選挙区の誰かにそのことを手紙にしてもらうよう頼んだ。エシューは了解して実行した。ファインスタインはブレイシー・フォードの匿名要請を重んじて、手紙を手元にしまい込み、民主党の指導者たちにもこのことを明かさなかった。時間は過ぎて行った。『ワシントン・ポスト』紙のルース・マーカスは、カバノーの公聴会についての著書『最高の野心』のなかで次のように書いている。

九月九日に、カバノーの承認がほぼ確実視されていた頃に、エシューがハリスに話しかけた。手紙のことに触れ、「この告発に関して何もされていないようなの」と告げたのだ。

マーカスによると、ハリスは怒って、ファインスタインに電話した。「秘密の手紙についてきちんとした答えが欲しい」と。民主党の上院議員たちは内輪だけの会合を開いた。そしてファインスタインと対決した。マーカスはファインスタインに告げたハリスのことばを、次のように記している。「はっきりと説明しないと駄目ですよ」

その数日のうちに、この話の一部が『インターセプト』誌や『ニューヨーカー』誌に漏れ出していた。そして、九月一六日の『ワシントン・ポスト』紙で、ブレイシー・フォードは議論の的となる告発をして自らを公にしたのだった。フォードは四〇年前に起きたことの詳細を覚えている訳ではなかった。だが、彼女はカバノーと彼の高校時代の友人のマーク・ジャッジの二人がワシントンDCの裕福な郊外の家でのパーティで、二階の寝室に彼女を巧妙に連れ込み、カバノーが彼女を抑え込み、衣服をはぎ取りながら体をまさぐったと告発したのだ。彼女は叫ぼうとしたけれど、酔っていたカバノーは彼女の口に手をかぶせて、叫ばせてくれなかったと、語ったのだ。「もう殺されると思いました」という彼女の言葉を『ワシントン・ポスト』紙は載せている。誰かが二人の上に飛び乗ったので、皆が床の上に落ち、それで何とか逃げ出したとフォードは言っている。

この告発によって、フォードとカバノーの両方の支持者たちの間で驚くほどの非難合戦が沸き起こった。司法委員会の民主党員と共和党員は激を飛ばして口論し、互いを罵り合った。上院内外の人たちは、なぜファインスタインが、ブレイシー・フォードの手紙に書かれていた告発のことを世間に公表しなかったのかを不思議に思っていた。

ファインスタインは声明をもって応じた。「この方が強く匿名を望んでいて、表に出たりもっと詳しく話すよう強要されたりするのを拒んでいましたので、私としてはその決意を尊重しないわけにはいきませんでした。しかし、私は連邦の調査機関にこの問題を渡しておきました」

九月二七日にカバノーは公聴会に呼び戻された。ブレイジー・フォードの告発に応えるためだった。二人は証人席に並んで座らされた。二人は全く異なるものの、それぞれが同じように人をくぎ付けにする証言をした。

ハリスは、性犯罪の犠牲者の手をとって闘った検事としての経験から、まずブレイシー・フォードに慰謝《いしゃ》のことばをかけた。共和党員たちがカバノーの承認への脅威にならないようにしようとしていることに対しての謝罪だった。

「フォード博士。まず最初に、はっきりとしておきたいのですが、いまあなたは法廷にいるのではありません……いまあなたは合衆国上院の司法委員会の委員たちの前に座っているのです。あなたが前面に出て来られるという勇気をお持ちだったから、そしてまたそうすることが市民としての義務だとあなたが信じられているからです」。それから、ハリスは性犯罪での被害者には誰にでもしていたような一連の質問にフォードを導いて行った。

カバノーに向き直ると、ハリスは彼からある事実を引き出そうとした。それはこの告発が公になったときに、彼がホワイトハウスに依頼して告発の裏にあるものを決定的に暴くためにＦＢＩに背景調査をさせてくれと言ったことだった。だが、ハリスの思惑通りにはいかなかった。

翌日、共和党が多数の司法委員会は、彼の承認を上院本会議の採決に委ねることにしてしまったのだ。それで、二〇一八年一〇月六日に、カバノーは最高裁判事としては史上最少の票差、五〇対四八で承認されたのだった。

＊　＊　＊

カバノーの公聴会には、一九九一年のクラレンス・トマスの承認審議の影が間違いなく存在していた。当時、カマラ・ハリスはまだオークランドの地方検事補だった。その時は法学教授のアニタ・ヒルが余り気乗りのしない証人だった。二〇一八年には心理学教授のブレイシー・フォードも証言したがらなかった。一九九一年の時にはダイアン・ファインスタインはヒルの証言をテレビで見ていた。それも英国のヒースロー空港で帰国する飛行機を待ちながらだった。上院の男性議員たちによるヒルの扱いに反発した有権者が一九九二年の上院議員選挙でファインスタインを勝利させた。「婦人の年」だった。その二六年後今度は上院議員として、ファインスタインは自分の責任でブレイシー・フォードの手紙をしまい込んだ。彼女の人生への影響を考えてのことだった。またフォードの匿名を求める気持ちを守ろうとしたからだった。しかし、彼女は同時にこの告発の中心にあることはしっかりと調査されるべきだと信じてもいた。

二〇一九年、雑誌『タイム』はカバノーとブレイシー・フォードの二人を前年の最も影響を与えた一〇〇人の中に選んだ。共和党の上院院内総務ミッチ・マッコーネルはカバノーの写真に次の文言を添えていた。その中で彼は「揺るぎない党への忠誠心」と彼の素晴らしい資格を審議する「上院を混乱させようとした特殊利益団体」とに言及した。

ハリスはブレイシー・フォードの写真の隣に掲載された推薦文でこう書いていた。

涙をこらえながらの彼女の話はワシントンだけでなく、全国を揺さぶりました。彼女を黙らせようと望んでいた人たちの目の前での彼女の勇気は、アメリカ人に元気をくれました。市民としての義務感から出た彼女の深遠な自己犠牲は、我々が性的暴力を受けた人たちに対応する道を明るく照らし出してくれました。クリスティーン・ブレイシー・フォードが強く望むのは自分の名前がなじみ深い名前になることではなく、この一覧に載せることでもありませんでした。彼女は幸せに暮らし、成功した職業人でした――それでも、すべてを犠牲にして、重大な結果について一瞬の警告を発して下さったのです。彼女の核の部分は教師です。彼女の勇気を通して、彼女は通常は無視され、暗闇に葬られてしまってきていた問題について、よく考えるよう全国の人々に教えてくださったのです。

ブレイシー・フォードの手紙に対するファインスタインの扱いをめぐる軋轢は別として、ハリスはファインスタインの再選挙の支援に応じた。二〇一八年、ファインスタインは次の六年間の任期を勝ち取った。

第31章　仲間《ファミリー》の死——人気上昇と公僕への自覚

ジェフ・セションズ司法長官をまごつかせて以来、カマラ・ハリスはコメディアンのサマンサ・ビーや、スティーブン・コルバートや、その他の深夜の風刺番組で好んで取り上げられるようになっていた。また、面白いことに、彼女は保守的なフォックス・ニュースの評論家たちやドナルド・トランプ、そして彼の仲間たちの格好の標的にもなっていた。トランプ大統領の忠臣であって、話し出したら止まらないCNN放送のジェイソン・ミラーなどは、ハリスを「ヒステリー」と呼んだ。セションズへの質問攻めのときだったが、古典的な女性蔑視の表現だった。「本当に？　実際、誰かがヒステリーだって言うなら、彼女の質問が怖いと言っているそのお爺ちゃんのことだよ」と言って、コルバートはハリスを守った。

セションズへの質問によって、彼女は大勢の民主党上院議員を飛び越えることになった。カバノーの承認公聴会の後、スターとしての彼女はさらに高く上って行った。二〇一八年の中間選挙の運動が終わりの週に入った頃、彼女は引っ張りだこだった。どんなに難しくても、出来るだけの要望に応じていたが、彼女は再び、人間の命の脆弱性に直面した。特に公にはなっていなかったが。彼女の身近なスタッフの一人が癌を患い、しかも、もうそれほど長く持たないとハリスは直観的に分かっていた。

表面的には普通に活動し続けていた。すでに大統領選挙挑戦をはっきりと考えていたのだ。すべての重要州を訪問することにした。アイオワ州、ニューハンプシャー州、サウス・カロライナ州、そしてネバダ州だった。二〇一八年の投票日が近付くと、彼女は自分の選挙資金の中から、少なくとも七〇万九五〇〇ドルを使って、民主党の上下両院の候補者を助けた。また、フロリダ州、ウィスコンシン州、ペンシルヴァニア州、ミシガン州、アイオワ州、ニューハンプシャー州、サウス・カロライナ州、そして故郷カリフォルニア州のオレゴン郡の党と個人候補者に献金したのだ。

二〇一八年一〇月一九日、サウス・カロライナ州にいた報道陣の前で、ハリスは共和党を激しく非難した。共和党が団結して、オバマの健康保険法（オバマ・ケア）を無効にしようとしていることと、どんなに小さなグループであろうと、トランプ大統領を批判する集団をことごとく潰すことで、「嫌悪と分裂」を助長するばかりのことをしていたからだ。そこに集まっていた聴衆は彼女のために「ハッピー・バースデー」を歌った。その前日に彼女が五四歳になっていたからだ。一週間前、ジョー・バイデンがサウス・カロライナ州を訪れていた。この州はヒラリー・クリントンやその前にはバラク・オバマの大統領候補としての民主党の指名獲得に向けて大いに後押しとなった州だったからだ。バイデンもこれにあやかろうとした。

一方、ハリスは年収一〇万ドル及びそれ以下の人々を救うための中産階級に対する減税を提案し、大手銀行への増税を主張していた。彼女の提案はトランプ大統領と共和党の議会が二〇一七年にごり押しした減税政策に対抗するものだった。トランプの減税は法人企業と富裕層の人々に恩恵を施した。だが、州や地方政府への納税額分を連邦政府への所得税から控除するというそれまでの慣行を、かなり制限する条項が含まれていたのだ。この控除制限は、カリフォルニア州やニューヨーク州などのように、固定資産の価値が高く、それ故に多額の州税や地方税を支払っている州の住民の生活を脅かすものだった。

ハリスはサウス・カロライナ州からアイオワ州に飛んだ。一〇月二三日に、CNNのメーヴ・レストンはシーダー・ラピッズ市で若い国語教師を取材していた。その教師は、「ハリス上院議員が、司法委員会でブレット・カバノーとクリスティーン・ブレイシー・フォードに質問した時に、性的暴行を経験したことのあるすべての女性の見方をしてくれた」とハリスに話をしたというのだ。ハリスはその教師を近くに来るように招き、涙を浮かべていた彼女を優しくハグして包み込んであげたのだ。

レストンはハリスについての分析を報告した。「おそらくは二〇二〇年の大統領候補になり得る。大勢の人たちがいる中で、ハリスの可能性を論じるのはまだ早すぎるのは確かだ。しかし、カバノーの公聴会で見せた検事らしい物言いと、動じることのないクールな態度で、彼女が女性たちとかなりユニークな関係を形作ったのは明らかだ。彼女が出馬を決意さえすれば、彼女の選挙運動で相当に強力な推進力となり得る関係だ」

『デモイン・レジスター』紙にカマラ・ハリスのことを「トランプへの毒消しかも」という見出

しで記事を書いた女性記者、レカ・バスは上院司法委員会でのカバノーの公聴会の直後に、ハリスがアイオワ州で熱狂的に受け入れられていたと書いている。「そして、ハリスは公聴会室を落胆して出たかもしれないけれど、彼女と同じように感じていたあらゆる場所にいる女性たちに声を与えたのだった。『ただここに座ってはいられない。私も立ち上がるわ』という声を、彼女は議事堂の廊下で聞いたはずだ。『あのまま進むなんて、絶対にありえない』」

バスの記事は続く。「彼女は懸命で、温かい心を持つ、そして心に情熱を持つ指導者として理解されたのです。あるいは最も重要なことかもしれませんが、すべてのアメリカ人の持つ希望と努力を具現化している人と思われたのでしょう」。さらに、「この日の早朝にハリスがアイオワのアジア人＝ラティーノ連合の人たちに話をしたときには、聴衆に、アメリカ最初の黒い肌の大統領が発揮した抜群の力量と、彼が主張していたたったひとつのアメリカしかないということばを思い出させていたのだ。このことばは最近では真実らしく響いていない。だが、バラク・オバマの多様な背景に、ぜひ女性の姿を付け加えてみてください」

エドワード＝アイザック・ドーバーはアイオワ州でハリスを追いかけていた報道記者の一人だが、二〇一八年一〇月二六日の『アトランティック』誌にこう書いている。「彼女の行く所はどこでも、また利用する飛行場ごとに、年齢と人種を越えた女性たちがいた。彼らは目に涙を浮かべ、そして感謝の言葉を発していた。自分たち自身の話を聞いてもらおうと」

そして、彼はハリスのことばを紹介して続けている。「いまは診察している段階ね。これから治療を決めなきゃ、でしょ？　そうなのです。真実を告げるのです――診察なのです。癌にかかっているとしましょう。そうすれば、これこそが真実だ。さぁ、これから治療しよう。どんな治療法が必要なのか？　これを否定して、真実を話さなければ、悪化させるだけなのです」

治療は比喩と同時に文字通り治療なのだ。その週に彼女の心を占めていたのは癌という厄介な獣だった。

＊　＊　＊

政界で仕事をしたいと願う多くの若者たちのように、タイロン・ゲイルは賢く、努力家で、勘もよく、そして理想家だった。彼には人を惹きつける笑顔があり、冗談が通じ、彼を悩ます記者たちを黙らせる話術があった。二〇一二年にはヴァージニア州のティム・ケインを連邦上院に当選させ、二〇一四年には民主党議会選挙委員会の報道官をしていた。二〇一六年の大統領選挙ではヒラリー・クリントンの報道担当者を取りまとめていた。

この二〇一六年の選挙運動の期間中、ゲイルは大腸癌と診断された。治療して何とかこれを克服した。二〇一七年に上院議員選挙に当選したばかりのカマラ・ハリスが彼を最初の報道官として採用した。彼はすぐにハリスの活動とワシントンDCでの生活には欠かせない存在になった。同時にハリスの報道陣対策を練り、彼女が知っておくべきニュースに通じているようにしていた。同時に二人には共通の遺産があった。彼の両親はジャマイカからの移民で、ハリスの父親もそうだった。彼はスポティファイでの音楽配信のリストを作る手助けをした。彼女の好みがボブ・マーレ

と教えた。イヤヒップホップと分かると、彼はハリスを説得してボーイズ・Ⅱ・メンの方が聞く価値がある

　だが、彼の大腸癌は再発した。ハリスは二〇〇九年の母親の癌との闘いを思い出さずにいられなかった。タイロンは事務所を休まざるを得ないことがあったが、ハリスは彼を自分の身内としておこうとした。彼にショートメールを送り、電話をかけ、彼の考えを聞いた。彼の髪の毛が抜け落ちたとき、また体重が減って痩せたときには、素敵になったわ、と告げていた。二〇一八年、五月五日、彼が長年愛していたベス・フォースターと結婚したときには、心から彼の幸せを願った。四月にはハリス夫妻は二人のためにブライダル・シャワーをしてあげて、水晶の花瓶を贈った。ベスとタイロンは、ベスが二〇一二年にオバマ大統領の再選運動で、そしてタイロンがケイン上院議員の再選運動のために働いていた時に出会ったのだ。

　ほぼ六か月後の二〇一八年一〇月二五日、ゲイルの友人でハリスの広報担当官だったリリー・アダムズがベス・フォースター・ゲイルから電話を受けた。状況がひっ迫していた。

　アダムズは車に飛び乗ると、ニューヨーク市に向かった。ハリスにも連絡を入れた。中間選挙の一三日前だったが、入っていた予定はすべてキャンセルして、彼女はレーガン・ワシントン国内線専用空港に向かった。ニューヨーク行のシャトル便[*1]に乗った。マンハッタンのアッパー・

＊1　シャトル便　ワシントンDC、ニューヨーク、ボストンなどの大都市を結ぶ航空サービスのこと。予約なしで利用でき、空のバスとも言われる。昼間は一〇分～一五分間隔、夜間は一時間間隔で二四時間利用できる。主にビジネスで利用されるが、低料金で利用できる便利な定期便である。

イースト・サイドにあるメモリアル・スローン・ケタリング癌センターに向かった。

ベス・フォースター・ゲイルがCNNのアンダーソン・クーパーに、こう語っている。「控えめな様子で入って来られたの。そして、タイロンの手を握って、彼についての愉快な話をされたわ。そして、最後に、『さよなら』って」

「それから私をハグして下さったの。私の全世界がバラバラになりそうでした。私の目をじっと見つめて、私をずっと見守るからって言って下さったわ。それはもう私が生きている限り忘れることのない瞬間でした」

＊　＊　＊

投票日が近付くと、トランプはまた移民を攻撃し、有権者の恐怖心を煽るという古いシナリオに戻った。彼は中央アメリカから北に向かっている移民と思われる一団がいると警告した。まるで侵略行為が始まりそうな感じで、アメリカ合衆国の総司令官は軍隊を派遣して、武器も持たない、困窮して、絶望状態にある移民たちから南の国境を守ろうというのだ。

ゲイルが亡くなった翌日の一〇月二六日、トランプの喧嘩好きが、すでに恐れていた人々の心に不安を生じさせた。フロリダ州プランテーションでのその日、連邦政府はセザール・サヤック二世を逮捕した。彼は元レスラーとダンサーで、トランプ支持とメディアや民主党を非難する文言を書いたサインをつけたヴァンのなかで暮らしていた。トランプ大統領に批判的な著名な民主党政治家の何人かに爆発物を送ったことで告発されたのだ。その送られた政治家にはハリスも含まれていた。送られた箱には受取人の顔写真が貼ってあり、その写真の顔の上に大きく×が書かれていた。ただ、ひとつも爆発しなかった。それでもサヤックは二〇一九年に懲役二〇年の判決を受けた。

ハリスは自分の政治日程をこなしていた。アトランタ市ではアメリカで最も古い私立の、かつては黒人だけの文科系の女子大であるスペルマン大学で演説した。

「期日前投票でも、私たちは先人たちを引き継ぐことができるのです。同時に一〇日後に、もし誰かが私たちの投票を抑え込もうとするようなら、我々は投票でその人たちを公職から追い出せるのだということをしっかりと知らしめようではありませんか」

その後、彼女はフロリダ州に行った。そこで民主党上院議員のビル・レルソンとテラハッシー市の市長で知事選挙を戦っていたアンドリュー・ギラムを応援した（どちらも敗れた。）

ウィスコンシン州では共和党知事のスコット・ウォーカが負けるよう応援した。それからまたアイオワ州に行き、さらにアリゾナ州に行き、その他の州を回った。二〇一八年には民主党は下院の多数を取り返した。だが、上院は駄目だった。また、彼女は少数派に属することになった。

だが、彼女はスターとして上り続けていた。そして、彼女はすべての選挙戦を勝利すべく動き出していたのだった。だが、その前に、尋ねなければならない所があった。

投票日後の週末に、タイロン・ゲイルの家族とその友人たちがハワード劇場で追悼のために集まったのだ。この劇場は彼女が大学の卒業証書を手にした場所からそれ程遠くなかった。ゲイルを讃える追悼文の中で、ハリスは彼を「戦士、それも優しい友情あふれる戦士」と呼んだ。「彼は分かっていたのです。権力を持つ職務に就いている私たちは誰もが、その職務に就いていない人々のために、自分たちにできるすべてのことをしてあげる聖なる責任を負っているのだということを」。そして、こう付け加えた。「タイロンのおかげで、私は以前よりもずっとよい公僕になれました。そしてより良い人間に」

第32章 「国民のために」――大統領選挙に出馬

二〇一八年七月一八日と二九日、マンハッタンのセントラル・パークを見下ろすパーク・ハイアット・レジデンスにあるマヤ・ハリスの住居に、カマラ・ハリスと側近のスタッフと、彼女の家族とが集まっていた。彼らがそこに集まったのは、ハリスの相談役だったエース・スミスやシーン・クレッグ、ジュアン・ロドリゲス、そしてダン・ニューマンたちが「そのこと」と呼ぶ問題に関して話し合うためだった。彼女は「そのこと」をするべきなのか？　実際に「そのこと」をしたら、どうなるのか？　「そのこと」はどんな結果をもたらすのか？　「そのこと」は自分たちの仕事や生活にどのような影響をもたらすのか？

「そのこと」はハリスの仕事や人生にとっても、また他の人たちの人生にとっても、最も重大な決断だった。合衆国大統領選挙に出馬するべきか、だったからだ。マヤ・ハリス、トニー・ウェスト、ダグ・エムホフ、スミス、クレッグ、ロドリゲス、そしてハリスの上院の主任補佐官のネイサン・バランキンと彼の後任のロヒニ・コソグル、ハリスの広報担当官リリー・アダムズ、その他がこの建物の会議室に陣取っていた。そこで、最高の分析をしていた。オバマの世論調査を担当した専門家のデイヴィッド・バインダーがすでに本格的な調査を行っていた。ここに集まった人たちは、いまや信頼を失っているトランプ大統領に対抗するには、道徳的な権威を備えているだけ強く出られるはずと言っていた。

民主党内の争いは厳しいものになるはずだ。だが、ハリスの経験と検事としての履歴と移民の味方という立場が彼女を際立たせている。彼女の資金集めチームはハリスの湾岸地区とロサンゼルス——民主党のＡＴＭ——との関係のおかげで、資金集めの面で優位に立っていると信じていた。

ハリスは聞き役に徹していた。それでも、何度か皆に自分の考えを告げていた。出馬するなら、勝たなければならない。第二位を狙って出馬するのはありえない。いや、最も重要なのは、ドナルド・トランプなどに負けたくない。トランプを倒すことこそが問題の本質なのだ。彼女が分かっていたのは、候補者の中で党の指名を得られるのたったひとりでしかない。自分の場合は、せいぜい一〇パーセントの確率しかない。出馬したいとは思うし、なぜ出馬するかも分っている。そして、もし本選挙にまで出られるとすれば、自分は非常に強力な候補者になれるはずだ。

二〇一七年、カリフォルニアの州議会は州の予備選挙を三月の最初の月曜日のあとの火曜日に移すと決定していた。ハリスの選挙運動本部が計画し、予定の設定を監督していた結果の移動だった。彼らはハリスが「そのこと」をすると決めれば、他の候補者に対して「出身州の有利性」を示せると思っていたのだ。だが、予備選挙はいずれにしろ、アイオワ州とニューハンプシャー州で十分に先を見通せる結果を得なければならなかったし、ネバダ州ではもっとよい成績を収めなければならなかった。当然、サウス・カロライナ州では勝たなければならなかった。そうすれば、三月三日の大量の代議員を持つカリフォルニア州の予備選挙に向けて大きな勢いを持つことになる。それでカリフォルニア州で勝てば、もう彼女を止めるものはないはずだった。

誰も応援団長にはならなかった。全員が落ち着くように努め、これから先の行く手をしっかりと見つめようとしていた。会議の最終日、反対意見はトニー・ウェストの責任になった。彼は言った。感情的にも物理的にも障害がある。ハリスが知っておかなければならないことは、現実に選挙戦に突入すると、本人もその家族も丸裸にされることだ。彼女のひと言ひと言はこれまでにないほど徹底的に調べられることになる。これはただハリスだけでなく、彼女が愛する人々、特に夫ダグの子供たち、つまりハリスの義理の子供たちにも大きな危険となる。全員が反対派の調査の対象になる。その上ハリスは上院議員になって二年も経っていない。もっと、議員としての実績を残すべきなのではないか？　出馬しても、誰も応援に来てくれなかったら？　そうなったら、彼女の現在の立場を損なうことになるし、今後の経歴も駄目にすることになる。

最後に、しばしば用心深すぎると批判されてきた政治家カマラ・ハリスが飛び込む決心をした。それも、行き着くところまで、だ。

＊　＊　＊

ハリスはその翌月、猛烈に走った。でも、きちんと抑制され計算しつくしての走りだった。

彼女の選挙運動本部のスタッフを増員し、ボルティモアに密かに選挙本部となる部屋を借りた。ハリスは九月のブレット・カバノーの最高裁判事への承認公聴会から選挙地への遊説を始めた。二〇一八年の中間選挙に出馬している候補者を応援して歩いた。当然、民主党の予備選挙に関係している州がその中心だった。

秋と初冬の委員会の公聴会では、ハリスはトランプ政権の役人たちに、国境で保護されている妊娠中の避難民の扱いについて質問した。また、国土安全保障省に対して、親から離された子供たちを親元に返すよう要求した。彼女は国境警備隊と移民・関税執行局の担当者にボディ・カメラを強制的に装着させる法案を提出した。また、反リンチ法案の提出者の一人となった。彼女はキャンプ・ファイアの山火事が引き起こした破壊の現場を回った。その年の秋、この山火事は八六名の命を奪い、パラダイスという名の北部カリフォルニアの町を破壊していた。

だが、カリフォルニアでやり残していた気まずい仕事が浮上してきたのだ。二〇一八年一二月初めに、『サクラメント・ビー』紙がハリスが上院議員に就任した後の二〇一七年に後任の司法長官サビエル・ベッセラが四〇万ドルを支払うことで、ハリスのときの法執行局局長のハラスメントを解決したと報じたのだ。この局長はハリスの上院スタッフとして移動していた。この解決はいろいろな意味でハリスには困惑でしかなかった。少なくとも、この問題はハリスの管理者としての役割を非難するものだからだ。彼女は問題解決どころか、告発がされていたこと自体を知らなかった、とハリスのスタッフは語っていたが、法執行局はカリフォルニア州の司法省での主要な部局であり、司法長官に直接報告する義務のあるところなのだ。『ビー』紙の記事が出ると、ハリスは元局長を自分の補佐陣から外した。彼はハリスが二〇〇〇年半ばにサンフランシスコの地方検事の時から一緒にいた者だった。だが時は流れた。彼女は一二月末にアフガニスタンを訪問した。

上院議員となって二か月した二〇一七年三月にハリスはカリフォルニア州司法長官の選挙戦での残金百万ドル弱をそれまでの銀行口座から「二〇二六年、ハリスを知事に」という別の銀行口座に移した。一応の備えとしてだ。二〇一八年、彼女が大統領選挙出馬を決めた後も、そのまま手付かずだった。そこで、彼女は自分が気に入っている慈善団体に寄付した。低所得住民を援助しているロサンゼルスの同朋団十字軍に一〇万ドル、ロサンゼルス人道移民権利連合に七万一〇〇〇ドル、消防士資金に一〇万ドル、反レシディヴズム連合に五万ドル、カリフォルニア平和将校メモリアルに四万一〇〇〇ドルの寄付だった。この平和将校メモリアルの記念碑は州議事堂の前にあり、殉死したカリフォルニア州の治安要員の名前が刻まれている。その中にはアイザック・エスピノーザの名前もある。さらに、農場労働者連合に三万七五〇〇ドルを献金した。ハリスは少女の科学教育を促進したり、家庭内暴力の犠牲者を保護し、家事労働者を援助する数々の団体にも寄付をした。献金は気前良かったが、理由はあった。受領した団体は二〇二〇年三月のカリフォルニア州予備選挙に出る候補者を助けることになるのだ。

まだハリスは正式には立候補を表明していなかったが、『ニューヨーク・タイムズ』紙、『ワシントン・ポスト』紙を始めとする新聞各紙はその年末の特集記事で、彼女が出馬する準備が出来ていること、またコリー・ブッカー上院議員や、カーステン・ギリブランド上院議員、エリザベス・ウォーレン上院議員、バニー・サンダース上院議員も出馬する可能性のあること、さらにジョー・バイデンの出馬もありえることを報じていた。CNNによると、民主党から大統領選挙に出る可能性のある人々は二九人もいたという。このうち四人がカリフォルニア州の人間だった。

＊　＊　＊

二〇一九年の初めにハリスが出した『*The Truths We Hold*』（邦訳『私たちの真実　アメリカン・ジャーニー』光文社刊、二〇二一年）という自伝は多少の物議と疑問を生じさせた。このタイトルは意図的なものだった。彼女の選挙運動は真実と正義についてのものとなるはずだったからだ。ただ、インタビューでこの本について話すときには、その時点では大統領選挙のことはまだ考えていないと語っていたのだ。

二〇一九年一月九日にＡＢＣのトークショー、『ザ・ヴュー』に出演したときには、番組ホストのひとり、ウーピー・ゴールドバーグがこう切り出したのだ。「それで、お聞きしたいのですが、出馬されますよね？」

「ザ・ヴューの番組で発表したいのですが、まだそこまで準備できていません」とハリスは笑顔で答えたのだった。番組出演者たちは声をあげて笑った。

「出たいとは思っているのですが」とハリスが言うと、笑い声は静かになった。「でも、まだ決めていません」

ハリスは一月二一日にABCの『グッドモーニング・アメリカ』の番組に出演するまで出馬表明を控えていた。この日はマーティン・ルーサー・キング二世の栄誉を讃えた記念日だったからだ。「アメリカ国民は彼らのために戦う人を持つのに値するのだ。彼らに会いにでかけ、彼らの声を聴き、彼らを気にかけ、彼らの経験に関心を持ち、そして自分のことよりも先に彼らのために行動する、そんな人を持つべきなのだ」とハリスは言った。

彼女の出陣式はその次の日曜日、一月二七日、オークランドで挙行された。ハリスの陣営は二〇〇七年にヒラリー・クリントンのカリフォルニア州での選挙運動を助けて、オークランド市の中心街に一万四〇〇〇人を集めた経験があるだけに、オークランドでの出陣式をどう執り行えばよいのか分かっていた。ハリスの陣営が熱心だったのは、集まる人々の数をクリントンの時以上に多くすることだった。そして実際にそうなった。

アメリカの国旗と赤、白、青の幔幕がオークランド市庁舎にかかり、太陽が照り注ぐ中、二万人の人が集まったのだ。ハリスはキング牧師について語り、そして四〇年以上前にシャーリー・チザムが最初の黒人女性として大統領選挙に出馬した歴史的出来事について話した。

ハリスの演説はポピュリストとしてのテーマに溢れ、そしてアフリカ系アメリカ人の英雄たちの話に満ちていた。彼女はこの場所からそれ程遠くないカイザー・パーマネント病院で生まれ、アラメダ郡の地方検事補としてオークランドの法廷で仕事をしていたことを語り、そして自分がその法廷に立って「国民のための、カマラ・ハリスです」と言ったときにどれほど誇らしく思ったかを語った。

「国民のため」がその日のテーマだった。彼女の出馬の理由を表していた。「私は大統領になるべく立候補します。国民の、国民による、国民のための大統領に」と彼女は言った。

群衆の中には十代の頃のハリスを知っていたオークランドのコール学校の校長だったジャッキー・フィリップスがいた。そのハリスはいつも楽しいことを求め、いつかは偉くなるのだと決心していたのだ。彼女は「言葉以上に誇り高かった」

この挙行式典の評価は絶賛だった。大群衆を心から好んでいたトランプ大統領でさえ、『ニューヨーク・タイムズ』紙のインタビューで、ハリスのオークランドでの催しは「いままでにない最高の始まりだった」と言った。

まさに、ハリスの流儀だった。選挙戦には早くから参加し、力を見せつけ、そして、他の人々を諦めさせるのだ。多くの希望があった。すばらしいスタートを切った。だが、カリフォルニア州の州全体に及ぶ選挙と、全国規模の選挙では全く違っているのだ。

第33章　タイミングがすべて――予備選挙戦からの早期撤退

　ハリスが最有力候補だとフォックス・ニュースが宣言した。出馬表明してまだ二週間も経っていなかった。その時も、それ以後も、最有力候補だったことはない。ジョー・バイデンが間違いなく初めから終わりまで最有力候補だった。だが、ハリスは上位グループに入っていたし、そのことは彼女がこれまでになく徹底的に調べ上げられることを意味していた。

　ジャーナリストや評論家たちは、彼女は検事として自分で言っているほど優秀だったのか、と疑い出していた。また、余りにも優秀すぎて、頑固で強権で、そのためにオバマが遊説時に示したような人々との共通の意識に欠けており、彼女の次の陪審員であるアメリカ国民と親密な関係を築けないのではないか、と疑問視する人たちもいた。『ロサンゼルス・タイムズ』紙はファインスタインにハリスを支持するかを尋ねた。古参の上院議員は、気の乗らない褒め言葉で、彼女をこう評した。「ハリス上院議員の大ファンよ。一緒に働いているのよ。でも、彼女はまだ真新しい新人なので、彼女を知るにはまだまだ時間が必要ね」。だが、バイデンはすでに彼女の味方だった。

ハリスは実は直接の関係はなかったが、ボルティモア市に選挙本部を置いた。アメリカではニュースは東から西に伝わること、そして真面目な話だが、彼女は東部にいる必要があるということを分かっていたのだ。妹のマヤ・ハリスが東部での選挙本部長となった。だが、ハリスの選挙参謀のほとんどはサンフランシスコ市にいた。ジュアン・ロドリゲスは、彼女の上院議員選挙を取り仕切ったのだが、今回は選挙運動の総責任者となった。まだ三五歳にもなっていなかった。バーバンクで生まれたロドリゲスはエルサルバドルからの移民の息子だった。父親は母国での暴力から逃れ、よりよい生活を求めて一九歳の時にアメリカに来た。大工として働いていた。ジュアンはUCLA（カリフォルニア州立大学ロサンゼルス校）に行き、マリブのペパーダイン大学で経営学の修士号を習得した。さらにロサンゼルス市長アントニオ・ヴィラレイゴーサの下でインターンとして働き、ハリスの組織内で頭角を現していた。

選挙運動では、競争し合う派閥組織がすぐに生まれるものだ。自分たちに責任があるものも含めて、負けたりすると、断絶がすぐに生じる。ハリスには記者たちを避け、集会には遅れて現れる癖があった。また、彼女はしばしば意見を変えたりした。特に、単一支払人の医療やマリワナの商店での販売の合法化や、成人同士の合意に基づく売春の非犯罪化などがそれだった。ハリスが売春を仲介したバックページ・コムの所有者を最初に刑事罰の対象にしたことは、二〇一六年に彼女を褒め讃えた人々さえも驚いたことだった。

二月に、ウェブの番組『ブレックファスト・クラブ』のインタビューで、彼女は大学時代にマリワナを吸った経験があると語ったのだ。しかも、「私の家族の半分はジャマイカ出身だから当然よね。私のこと、からかっているの？」と言ったのだ。[*1]

彼女の父親、ドナルド・ハリスは面白くなかった。彼はすぐにブログにこう書いた。自分のすでに亡くなっている祖母や両親が「ちょうど今、きっとお墓の中でひっくり返っているに違いない。自分の家族の名前と評判と誇り高きジャマイカ人の意識とが、冗談であれ何であれ、マリワナを吸うことに喜びを求める連中という、欺瞞に満ちた鋳型にはめられた偏見と結びついているのを見るのだ。また、同時に、それらがアイデンティティ政治を追い求めるのに使われているのを見ることだろう」。ドナルド・ハリスはこのことが広く知られるようになると、職を辞した。ハリスにとっては、すべてが間違いだった。大統領選挙戦での教訓だった。候補者の発するひと言、ひと言が極めて重要なのだ。

カリフォルニア州出身であること、そして州全体に関わる選挙を三度経験していることで、ハリスは資金集めで有利な立場にいたはずだった。だが、実際はそうではなかった。オークランド市での印象的なスタートダッシュで、二〇一九年の最初の三か月で一二〇〇万ドルを集めた。だが、これは驚くほどのことではなかった。出馬表明した後の最初の三か月でバラク・オバマ上院議員は二五〇〇万ドル集めていた。それも一二年も前、二〇〇七年のことだった。

エリザベス・ウォーレン、エイミー・クロブシャー、そしてカーステン・ギリブランドなどの強力な女性たちを始めとする大勢の候補者の集団の中では、ハリスは特に目立たなかった。

*1　ジャマイカ人　冗談じみた偏見・迷信で、ジャマイカおよび西インド諸島の人々はマリワナをはじめとする薬草を好んで愛用しているとされている。

ウォーレンやバニー・サンダースほどの左派ではなかった。サウス・ベンド元市長のピート・ブティジェッジに集まる有権者たちの想像をかきたてることもなかった。ブッティジェッジは、自称「この選挙戦では、左利きで、マルタ系アメリカ人で、監督教会員で、ゲイでミレニアム世代の戦争経験者という唯一の人間」だった。ハーバード大学を卒業し、ローズ奨学生で、有権者の切望に応えているようだった。もちろん、その有権者にはハリスが頼りにしていた大勢のカリフォルニア州民も含まれていたし、彼らは世代交代を望んでもいた。ハリスにとって具合が悪かったのは、トランプを追い詰める検事である以上に、出馬の理由を明確に出来なかったことだった。しかも、ジョー・バイデンから支持者を奪い取ることもできなかった。

ハリスにとって、選挙戦の流れを変える最初の大きなチャンスは候補者同士の討論会だった。二〇一九年六月二七日の討論会が一時間ほど過ぎたところで、彼女は突然話を止め、大きく深呼吸すると、バイデンの方を向いた。そして数十年も前に、彼が上院で人種差別主義者たちと一緒になって公立学校内の人種差別撤廃を目指していた通学バス制度を規制しようとしたと言って、バイデンを責めたのだった。

「あなたが我が国で人種差別を柱として自分たちの評判を高め、高い地位を得ていった二人の上院議員たちを讃えるのを聞くのは本当に嫌なのです。しかも、それだけでなく、あなたは通学バスに反対して彼らと共に活動しました。いいですか。その頃、カリフォルニア州にちっちゃな女の子がいたんです。その子の通う公立学校を人種統合するための二番目の学年でした。そのため、彼女は毎日通学バスで通学していたのです。そのちっちゃな女の子が私なのです」

合衆国における人種という問題を明確に定義することで最有力候補を攻撃する以上、彼女が勝つ気でいることは明らかだった。彼女への献金は上昇に転じた。世論調査でも挽回した。最初の討論会の勝者はハリスだとジャーナリストたちは結論した。だが、勝利も世論調査の結果も急速に遠のいて行った。『ニューヨーク・タイムズ』紙がその翌日に、ハリスには何度か生じる問題を報じていたからだ。それは、ハリスの広報担当者たちは、彼女が学校の人種統合の手段として通学バスを支持していたと言うのだが、「それ以上の情報を出すのを拒んでいる」というものだった。この報道が出ると、ハリスはまた問題を避けた。『ニューヨーク・タイムズ』紙を引用すると

ハリス氏への疑問は、彼女が火曜日からの勢いを保持できるかだ。選挙運動を始めて以来、十分に練り上げた計画に従って活動する場合の彼女には、すばらしいものがある。だが、突然、その場で話さなければならなくなったときに、自分で冒してしまう失敗に苦しむことになっている。大勢の候補者がいる選挙戦でひとりの候補者が別の個人を攻めるときによくあることだが、彼女の場合、自分を有利にしたかったのか、あるいは単にバイデン氏を傷つけたかったのかを見極める必要があった。

ハリスの攻撃はバイデンを驚かせた。個人的には彼を相当に傷つけたようだった。後日、「トム・ジョイナー・モーニング・ショウ』に出演した時に、彼は「お互いに友人だと思っていたん

ですよ。まぁ、まだこれからもそうであってほしいと願っていますけど」と話した。その番組の中でバイデンは二〇一六年にサンホゼでのカリフォルニア州民主党大会に参加してほしいとハリスが依頼して、上院議員に立候補するのを応援してくれるよう頼んできたことを話した。そして、それに応えたことも。彼が党大会に登場したことと、心をこめた演説が、ハリスがロレッタ・サンチェスに勝って党の指名を獲得することにつながったのだった。

しかし、それはその時の話だった。二〇一九年にはハリスは勝つためにするべきことと彼女自身が信じることは何でもしていたのだ。

＊　＊　＊

本選挙では、ハリスの検事としての背景、つまり法を犯した者を刑務所に送り込む人という背景は非常に役に立っていた。だが、予備選挙では、彼女が本当に「進歩的な」検事だったのかを問いかける社会正義の活動家たちの挑戦を受けていた。

「進歩主義者たちが、当初は地方検事としての、そして後には司法長官としてのハリス氏に刑事司法制度の改革を実施するよう再三再四求め続けたのだが、彼女は反対するか、沈黙を保つかした。もっと困ったことには、彼女は間違った起訴を必死になって守ろうと努力した。例えば、検事たちによる証拠の改竄や偽装証言、あるいは重要情報の隠蔽などという役人たちの不正行為によってなされた起訴などだ」と、サンフランシスコ大学ロー・スクールの准教授ララ・バゼロンが『ニューヨーク・タイムズ』紙に書いている。この文章は二〇一九年一月一七日の同紙に載った。この文は選挙運動中鳴り響いていた。

七月末にデトロイト市で開かれた二度目の民主党の討論会で、ハワイ選出の女性下院議員タルシ・ガバードがこの問題を持ち出した。しかも残酷に。ガバードは言った。検事として、ハリスは「マリワナに関して違法行為があったという理由で一五〇〇人以上を刑務所に送った」のだと。そして、ケヴィン・クーパーの件を示して、死刑執行待ちの囚人たちを解放できるかもしれない証拠を調べ直そうともしなかったと追及した。本来、これは筋違いの議論だった。しかし、一〇人の候補者が居並ぶステージの上で、ハリスはこれにうまく対応できなかったのだ。

さらに、CNNのアンダーソン・クーパーの番組に出演した時に、もっとまずい失態をしてしまったのだ。固定的な立場を取るか、自分の記録をしっかりと示すかではなく、横柄にもこう語ったのだ。「不謹慎だと言われるでしょうが、明らかに私は一流の候補者ですので、今夜ステージで何本かの安打を放ちたいと思っています。見ている人がいなくても、またどう思っていようとも、だからこそ私は今夜ヒットを打ちたいと願っているのです」

ハリスはいくつかの問題で、地方検事あるいは司法長官として明らかにしていた立場から後退していた。いくつかの郡で、自分が先頭に立って成立させた法によって、不登校の子供たちの親が投獄されていることを悔やんだりした。彼らの投獄は「意図しなかった結果」だと二〇一九年にハリスは言った。だが、その数年前の二〇一五年一月には、彼女は就任演説の中で、こう言っていたのだ。「カリフォルニア州では子供たちが教育を受けないでいるのは犯罪なのだと言うべき時です」。この話は基本的な疑問を提示していたのだ。カマラ・ハリスは意見を言い、何らかの立場を取る――でも、彼女に何か信念はあるのか？

＊　＊　＊

一一月初旬までに、選挙運動は資金不足になっていた。運動員の数を整理し、整理された人たちからの皮肉なことばに直面するのは責任者のジュアン・ロドリゲスだった。彼は高校の三年次と四年次にはフットボール・チームの花形クォーターバックだった。クォーターバックはどうやって自陣を広げるのかを知っていた。バラバラになりつつあるハリスの選挙運動で、相手のクォーターバックを倒す作戦であるブリッツが取られた。『ニューヨーク・タイムズ』紙はハリスの躓いた選挙運動を分析した。一一月二九日の三〇〇〇語以上の記事で、「カマラ・ハリスの選挙運動が崩壊した理由」の表題がついていた。

「二〇二〇年の民主党の指名争いは大混乱のひと言でまとめることができるだろう。順調に上っていった候補者がいて、途中退場者がいて、また新らしく二人がちょうど今月飛び入りしてきた。だが、最有力候補にロケットのように飛び上がったのに、初期の段階の州の世論調査で一気に一桁台にまで落ちてしまった候補者がひとりだけいた。カマラ・ハリスだ」

ロドリゲスは何とか挽回しようとしていた。しかし周囲の状況が変わらない限り、クォーターバックひとりでは挽回しようもないのだ。それがハリスの選挙運動だった。選挙運動はどのようなものでも上意下達だ。マヤ・ハリスは選挙参謀が悪いと思っていた。彼らはハリス姉妹の間に割って入るのは愚行だと思っていたからだ。伝えるべきことは単純だった。運動内部が余りにも芝居がかっていた。資金不足のためにハリスの選挙運動から離れなくてはならなかった運動員たちは悪口を言い続けていた。

民主党員が党の大統領候補指名を獲得するには南部諸州の予備選挙を勝つ必要があった。ハリスはバラク・オバマに投票した人々が鍵となるサウス・カロライナ州で勝たなければならなかった。他の民主党員の選挙運動同様、ハリスのそれは黒人有権者の間にあったジョー・バイデンへの揺るぎない支持の強さを予期していなかった。世論調査でのハリスの伸び悩みは資金集めに影響したが、資金不足だったために彼女は予備選挙の早い段階での州で宣伝放送の時間を買えなかったのだ。放送でPRできれば、世論調査の結果もよくなったはずだった。まさに悪循環だった。二〇一九年の年末にはハリスは四三〇〇万ドルを集めていたが、それはピート・ブティジェッジが同じ時期までに集めた七六〇〇万ドルの半分より少し多い程度でしかなかった。ハリスは少額の献金者をつかみ損ねていた。この人たちが民主党の大統領候補者の資金を支えていたはずなのに。連邦の選挙管理委員会の統計によると、ハリスの献金の五四パーセントが二〇〇ドル以下の少額献金だったという。だが、マサチューセッツの上院議員エリザベス・ウォーレンに二〇〇ドル以下の少額献金者が寄付した額は一億二七〇〇万ドルの七四パーセントだった。夏のある一日で、ハリスがオンラインで集められたのはわずか四〇〇〇ドルにすぎなかった。

だが、それでも希望があった。

大統領候補者は予備選挙期間中はひとりの献金者から最高二八〇〇万ドルまでしか集めることが出来ない。そして本選挙では一人からやはり最高二八〇〇万ドルまでしか集められないのだ。選挙運動の費用を考えると、候補者たちは最終的にスーパーPAC[*2]に頼ることになる。特に予備選挙では。スーパーPACは、候補者個人から独立して活動しなければならないが、無制限に集金することができた。選挙運動がうまくいっていないと判断した段階で、ハリスの富裕な支持者たちと二人の元スタッフが「力強く立つ人々」と呼ぶスーパーPACを作り上げてくれたのだ。この組織は一二〇〇万ドルを集めた。このうちの一〇〇万ドルはオークランドの裕福なリベラルだったM・クウィン・デラニーが献金したものだった。これは人種平等を主導すると信じる候補者やその運動に資金提供している女性だった。

　政治ではタイミングが重要だ。二〇一九年一二月三日、東部標準時間の午前一一時四二分に『ポリティコ』誌のクリストファー・カデラーゴが特ダネニュースを流した。ハリスを支援するスーパーPACがアイオワ州で放送時間を予約し始めたというのだ——財政難だったハリスの選挙運動では、九月以降、アイオワ州では一度も宣伝放送をしていなかった。

「力強く立つ人々」の相談役だったダン・ニューマンとブライアン・ブロコウはハリスの宣伝を放映し始めるためにテレビ放送局に五〇万一〇〇〇ドルを送っていて、あと五〇万ドルを送金する準備が完了していた。自腹を切れる億万長者の候補者以外の候補者のために買われた最大の放送時間となるはずだった。

「我々には彼女しかいなかった。どうしても放送で宣伝する必要があった」とブロコウは話している。彼は二〇一〇年にハリスの司法長官選挙を取り仕切った経験があった。

「この宣伝放送で有権者の注目をがっちりとつかむはずだったし、ハリスを頭ひとつでも二つでも抜け出させるはずだった。宣伝に使われた映像はハリスがブレット・カバノーやウィリアム・バー司法長官やジェフ・セションズ前司法長官などを問い詰めるものだった。当然、彼女独特の質問がその中心だった。「私は非常に直接的な質問をします。イエスかノーか？」

「最初はこのCMの試写を見るに忍びませんでした」とセションズは宣伝の中で語っている。

「かなり嫌いでした」

ナレーションの声は言う。「カマラ・ハリスは共和党員の仮面を剝がしました。彼らを怯えさせました。自分たちの嘘と腐敗を言い訳できなくしました。同じことをドナルド・トランプにもするでしょう……民主党大統領候補カマラ・ハリス。ドナルド・トランプが最も恐れる女性」

一二月三日、最初の特ダネからわずか三時間と六分後、カデラーゴはもうひとつのビッグ・ニュースを発表した。「カマラ・ハリスは大統領選挙動を終わらせる。数か月間、最低状態から立ち上がろうとしたけれど――指名獲得に最有力候補ともてはやされたカリフォルニア州の上院議員の早すぎる離脱」がそれだった。

ブロコウとニューマンは驚いた。自分たちがいま聞いたことが信じられなかった。中途退場す

＊2　スーパーPAC　特別政治行動委員会と訳されるが選挙時に選挙資金を管理する団体のこと。アメリカでは企業や個人の献金の上限が定められていたのだが、二〇一〇年の最高裁判決が、「支持する候補者や政党に無関係の政治活動の献金を制限してはならない」と判断したために生じることになった団体である。選挙時に特定候補者を支持することなどを明確にせずにあくまでも「政治活動」の名目で資金を集める組織となっている。

るわけはなかったし、それもこんな段階で。だが、ハリスは離脱した。ブロコウはデラニーに電話をしてこのニュースを知らせた。同時に自分の提供した資金の回収を約束させた。結果、その大部分を取り戻したのだった。

自分の選挙スタッフと相談して、資金がないと分かったところで選挙戦から離脱したのだ。早く離れることで、彼女はアイオワ州の党大会で大敗する屈辱から自分を救ったのだった。いや、言ってみれば自分の地元カリフォルニア州での大敗からも。彼女の名前は三月三日のカリフォルニアの投票用紙には記入されなかった。これでよかったのだ。世論調査では、彼女はカリフォルニア州でも勝てないとされていた。ここで大恥をかくような負けを喫したら、今後将来の候補者としての有効性に疑問が生じさせることになっただろう。

だが、すぐに別の機会がやって来たのだ。

第34章　雨に踊って——副大統領候補として

大統領への憧れを脇によけて、カマラ・ハリスは自分が選出されていた仕事に戻った。そう、上院でカリフォルニア州を代表することだ。容赦のない、疲れるだけの選挙運動のあと、上院での仕事は地元の有権者と彼女との関係を修復することに向けられた。いや、それだけでなく、ジョー・バイデンとの関係も、だった。

二〇二〇年一月一六日に下院はドナルド・トランプ大統領を弾劾した項目を上院に提出した。上院の院内総務のミッチ・マッコーネルがすべての手続きを管理監督するので、上院での審議の結果は明白だった。彼が証人喚問を求めた民主党の要求を却下した時点で、ハリスには全国的な脚光を浴びる機会はなかった。セションズ司法長官や最高裁判事任命者のブレット・カバノーの時のようにはいかなかった。

弾劾審議は二月に終了したが、八月には彼女はまたふたたび全国的な舞台に戻っていた。

この半年の間、ハリスは三三の法案と決議案とを上院に上程していたのだ。その中にはかなり党派的なものもあった。例えばトランプ政権の顧問スティーブ・ミラーを「彼の頑迷で、嫌悪感に満ちた、政治の分断を促す言葉遣い」を激しく非難した決議案があった。この決議案はミラーに辞職を促していたが、結局彼はそうしなかった。

法案は報道陣の注目をほとんど、いや全く浴びなかった。法案にはカリフォルニア州だけの問題に対処しようとするものがあった。北部カリフォルニア州のサウスフォーク・トリニティ川＝マッド川を含む公有地への立ち入り規制を強化するもの、ずっと南のメキシコとの国境にあるティハナ川の汚染を除去するものもあった。

他には彼女が選挙運動で訴えた問題を投影していたものがあった。工業開発地からの汚染の影響から、貧困地区に住む人々を守るための環境正義を目的とした法案、消費者製品に含まれる化学薬品に代わる安全な代用品の研究に資金提供する法案などがあった。後者の法案はサービスを提供する店で働く女性たちを守る意図があったのだが、これは上院の古参男性議員がわざわざ法律で守る必要があるとは全く思ったこともない問題だった。

さらに彼女が提出した法案のひとつに子宮筋腫の研究に資金提供するものがあった。また、別の二〇二〇年黒人母体健康オムニバス法は保健福祉省に黒人女性の中での妊娠中の死、および胎児の死の割合が高いことに関心を向けさせ、さらに刑務所連邦局に収監されている妊娠中の女性の母体の健康状況の改善に努力する刑務所や収容所に奨励金を授与するように求める法案だったりした。

ハリスは新型コロナ（COVID‐19）のパンデミックに素早く対応した。三月に複数の州がロックダウンを命じたために仕事から放り出された人たちへの財政援助を増額する法案を提出した。

感染が広がるにつれ、強制立ち退きを避けるために借家人を保護し、小規模事業主に資金援助をし、感染防止に集中して任務を果たす特別担当官を任命することを大統領に求め、郵便投票を実施する州への財政援助を増額し、さらにＣＯＶＩＤ‐19に感染した少数派の中での人種的および民族的な不均等を調査することに資金援助する法案を上げた。もうひとつ別の法案では小規模及び中規模のレストランがインディアン部族を含む政府関係の機関と協力して、困窮者への食糧配布が出来るようにする援助を与えるものだった。

ハリスは共和党が支配する上院で少数派である民主党員の一人だったが、それでも、この年は自分自身が指名を目指した大統領選挙の年だった。それが意味していたことは、当面の間、彼女の提出した法案が採択される可能性はゼロだったのだが、ただその法案は、機会さえ来れば、自分が真っ先に訴えたい内容のものだった。

＊　＊　＊

二〇二〇年三月一五日の民主党の大統領候補者たちの討論会で、党の指名に最も近づいていたジョー・バイデンは副大統領候補に女性を指名するつもりだと発言した。ハリスの友人たちは援助を申し出た。

その一人はマイケル・タブスで、ストックトン市の市長だった。その街はタブスの育った所で、二〇一六年に二六歳で市長に当選していた。市議会で四年の任期を一期務めたあとだった。彼が当選した時には、彼はまだスタンフォード大学に在学中だった。この大学は九七キロも離れていて、彼にとっては全くの別世界だった。彼はまだ一〇代で彼を産んだ母親と、刑務所にいた父親との間のひとり息子だった。彼はオバマ政権のホワイトハウスでインターンをしていた。市長としてのタブスは困難な仕事に直面していた。およそ三〇万の人口を持つストックトン市は破産から立ち上がろうとしていた。彼の前任者は公金横領で有罪の申し立てをしていた。また、別に未成年者に酒を提供したことでも有罪申し立てをしていたのだ。もともと彼が告訴されたのは一〇代のキャンプのカウンセラーをストリップ・ポーカーのゲームで極秘に録画していたためだった。「ストックトン市のあらゆる問題にただ調査し、論文を書いているだけで、何もしないのは臆病なのではないかと思いました」とタブスは『サクラメント・ビー』紙のシンシア・ヒューバートに二〇一七年に語っている。なぜ故郷に戻ってきたのかを説明して。

タブス市長が街を再び活性化しようとしていたとき、ハリス上院議員が様子見の電話をして、助言を与え、同時にワシントンから出来ることはないかと尋ねていたのだ。二〇一九年の彼女の誕生日に、まだ大統領を目指していたが、ハリスはタブスに電話をし、その前日に彼と夫人との間の最初の子、マイケル・タブス二世の誕生を祝ったのだ。

「カマラ小母さんが会いたくてしかたないと言っていたと伝えてね」と彼女は市長に言った。タブスはカリフォルニア州の副知事エリナ・クーナラキスに電話をかけ、ハリスのためのロビー活動を立ち上げることを相談した。クーナラキスはハリスのために何かを始めたいと彼女に告げた。しかし、ハリスは断った。彼女はジョー・バイデンの副大統領候補になりたかったのだ。だが、彼女の居場所も彼女に接触する方法もバイデンが分かっていると思っていたのだ。最終的に、様々な状況からバイデンはハリスを選ぶことを真剣に考えないわけにはいかなくなっていた。

五月二五日にミネアポリス市の警察官に膝で八分五六秒の間抑え込まれた結果、ジョージ・フロイドが落命した。警官が彼を呼び止めたのは、彼が偽札の二〇ドルでタバコをひと箱買ったと疑ったからだった。その二か月前、ケンタッキー州ルイヴィル市の警官が麻薬密売人の家を捜索している最中にブレオナ・テイラーを射殺した。テイラーは銃も持たない二六歳の病院の救急室の技術者で、自分のベッドで寝ていただけだった。ハリスはコロナ対策でマスクを着用してホワイトハウスに行き、三月三〇日に抗議運動に参加した。

副大統領候補となった人の中には猛烈に自己推薦の運動をする人もいた。ハリスは副大統領に選ばれたかったけれど、それに向けての運動そのものは控えめだった。彼女は自分以外に選考対象になった人が数名いたことを分かっていた。彼女の上院での主席補佐官で、副大統領候補の選挙運動の責任者でもあったロヒニ・コソグルが確認したところでは、バイデン陣営はハリスが必要なものをすべて備えていると判断したという。また、同時に、バイデン自身が人種や刑事訴訟に関してハリスが長いこと発言し続けていることが、自分自身の立場と異なることはないと信じていたという。たとえ、違いがあったとしても、バイデンならうまく対処できると。副大統領候補として考慮に入れた黒人女性の中で、ハリスは州全体で戦う選挙に勝ち、さらに全国的な選挙運動を経験した唯一の人物だった。

ただ、ダメージ・コントロールはしておかなければならなかった。広く知れ渡っていたことだが、ジョー・バイデン夫人のジル・バイデン博士が、六月二七日にハリスがバイデンに向けて人種問題で追求したことを、「急所へのパンチ」と表現して批判していたのだ。六月に『レイト・ショウ・ウィズ・スティーブ・コルバート』に出演したときに、ハリスは人種問題を持ち出してバイデンに挑戦した理由を語った。「討論会だったのですよ。理由はそれだけ――文字通り、討論会でしたから。討論会って言われていましたでしょ」。バイデンが副大統領候補に彼女を選ぶのではないかという予測には、「求められれば、それは栄誉あることよ。そういう会話になること自体、本当に名誉なことだわ。ただ、正直に言わせてもらえれば、私の立場がどうであれ、ジョー・バイデンに勝ってもらうために、私は自分の力の限り、できるだけのことはするつもりよ」

七月、八月と副大統領の候補者は何人も現れた。そしてそれなりに説得力もあった。ロサンゼルスの民主党下院議員で、連邦議会の黒人幹事会の会長だったカレン・バスがその一人だった。彼女の仲間には、バイデンが四年なり八年なりの任期を終えた後、民主党で次の大統領候補として最有力なのはハリスだと考える政治家たちがいた。バスはハリスと比較すると、大統領選挙を戦う器にはなりそうもなかった。だが、多くの人々が関心を持っていたのは、カリフォルニア州でのハリスの支持者たちが次のことを信じているのではないかということだった。それはバイデンに助言を与えている人たちがカリフォルニア州内でハリスが好かれていないということ、またバスがハリスに代わるたった一人の政治家だという話に乗ってしまっているということだった。そのバイデンの助言者たちとは、特に元上院議員のクリストファー・ドッドと、元ペンシルヴァニア州知事のエド・レンデルだった。たしかに、ハリスは民主党内でも数名の敵を作ってしまっていた。だが、彼女には芯になる支持者がいた。バスは全国的には十分に検討されたことがなかった。また彼女がフィデル・カストロを何度も賞賛してきたことをはじめとして、彼女に対する否定的な話が表面化し始めていた。カストロはフロリダ州では逆効果しかもたらさないのだ。しかも、彼女はオンラインで容易にたどり着けるスピーチで、新興宗教であるサイエントロジーに優しいことばを掛けていたのだ。

クーナラキス、カリフォルニア州副知事が関わってきた。

「許可を求めたわけではない」と彼女は発言した。

サンフランシスコの狭い政治世界で、ハリスの最初の選挙資金責任者だったマーク・ビューエルが当時地方検事だったハリスとクーナラキスを引き会わせていた。クーナラキスの父親アンジェロ・ツァコポロスは一五歳のときにほぼ一文なしでギリシャからやって来た。

働きながらサクラメント州立大学を卒業して、サクラメント周辺で最大の開発業者になった。また、彼は後にビューエルと結婚したスージー・トンプキンスがビル・クリントンと出会ったことで資金集めに加わり、政治との関わりを持つことになった。ハリスとクーナラキスは昼食を一緒にするようになり、絆を深めていった。（ハリスはクーナラキスの誕生日に電話をして、「ハッピー・バースデー」を歌ったこともあった。）二〇一八年に副知事に出馬以前には、クーナラキスは二〇〇八年と二〇一六年にヒラリー・クリントンの支援者として大口の献金をしていた。また、オバマ政権ではハンガリーへの最初の大使になっていた。クーナラキスはサンフランシスコでビューエルと同じ三六〇度の湾岸地域の景色を眺められるマンションに住んでいる。彼女とビューエル夫妻はしばしば選挙資金集めを計画したり、実施したりしている。献金する人たちはクーナラキスの所でワインやカクテルを楽しんだあと、エレベーターで数階昇って、ビューエルのところで夕食を取るのだ。クーナラキスが副知事に出馬を決めたとき、ハリスは電話で「私が応援するから、大丈夫勝つわよ」と告げたという。

二〇二〇年七月三一日に、クーナラキスはバイデンの選挙本部に電話して、ズームによるオンライン会議を求めた。その三日後にこのオンライン会議は実現した。クーナラキスはそこに非常に印象的なハリスの支援者をそろえていた。サンフランシスコ市長のロンドン・ブリード、オークランド市長のリビー・シャーフ、ロングビーチ市長のロバート・ガーシア、カリフォルニア州財務長官のフィオナ・マ、カリフォルニア州の州務長官アレックス・パディーラ、ストックトン市のタブス市長、そして元知事のグレイ・デイヴィスだ。それぞれが二分間の持ち時間でハリスが最善の選択となる理由を述べた。かなり専門的な話をした者もいた。

大体は個人的な話だった。ロングビーチのガーシアは、彼の母親が七月二六日に新型コロナ・ウィルスで亡くなったときに、一番最初に慰めの電話をしてくれたのがハリスだったと話した。

タブスが話したのは、ハリスは三回、州全土で選挙を戦い、大統領選挙に出馬し、そのために「十分に戦いで試され、評価されている」ということだった。「カマラ・ハリスは並外れた人物です」とタブスは言った。

クーナラキスはハリスはアメリカ政治に「転換を引き起こせる女性」だと論じた。「カマラ・ハリスには凝り固まった考えはないのです」

＊　＊　＊

八月一一日、木曜日、バイデンはズームを通して、ハリスと話した。

「仕事の準備は出来ているかい？」

バイデンは自分の決断を秘密にしていた。彼がその決断を公にしたのは火曜日だったが、その直前の土曜日にもハリスや側近のスタッフも、彼の選択が彼女だとは全く知らなかったのだ。

「まぁ、何ということ！　仕事の準備は万端です」とハリスは答えた。

ハリスに関してのバイデンの長男のボウの意見が彼の決断で大きな比重を占めていた。ボウの意見は二〇一一年と二〇一二年に彼女が州の司法長官として銀行と対決したことに関係していた。

「ボウの意見以上に私が評価したものはない。この先の選挙運動で私の横にハリスが立っていることを誇りに思う」とバイデンは決断の後で語っている。

ハリスは二〇一九年に大統領選挙運動に出馬を表明した時には、副大統領は彼女の頭になかった。彼女は勝つために選挙に出て、誰の副大統領候補にもならないつもりだった。バイデンの立場からすると、この選択は意味があった。彼女はサンフランシスコ市の荒れて、厳しい政治の中を駆け上って来て、厳しく監視し、評価するジャーナリストたちや民主・共和両党が持つ「敵」

を調査する者たちの検証を乗り切ってきているのだ。彼女は厳しい選挙を戦い、勝ちもしたし、また負けもした。彼女の良い所も、それ程よくない所もバイデン陣営にはよく知られていた。彼女ならマイク・ペンス副大統領との討論もうまくこなせるはずだった。また、彼女が副大統領候補に選ばれるとなると、最年長者となる老人男性が率いる選挙戦に、きっと興奮を持ち込み、さらに踊りたくなるような雰囲気を支持者のなかに引き起こしてくれるはずだった。政治家たちが言っているように、彼女は役に立つのだった。

彼女には話せる物語があった。それはユニークで同時に非常にアメリカ的なものだった。

バイデンがハリスを選んだあとで、ハリスはモントリオールの高校での友人だったワンダ・ケイガンに連絡して、彼女のことを演説で話してもよいかと聞いた。二〇二〇年九月二三日にツイートされた動画で、ハリスは直接ケイガンの名前を明らかにすることなく、高校時代の親友に触れ、「学校には来るけれど、悲しそうで、時に家に帰りたがらない様子を見せることがあった」と話した。その友人が家庭内暴力にあっていると秘密を明かしたとき、ハリスはこう言ったという。「私の所に来て泊まりなさいよ」と。この友人の苦しみがハリスが検事になりたいと思った理由だったと、動画の中で明かしている。

二〇二〇年一一月三日の投票日の二日前、ケイガンは高校時代を振り返って、自分の最もつらかった時に助けてくれた女の子はどうなったのだろうと考えていた。

「合衆国は最高の人物を手に入れるのね。だって彼女だもの。彼女はいつもそうだったわ」とケイガンは語っている。

＊　＊　＊

二〇二〇年一〇月一九日、民主党の副大統領候補カマラ・ハリスはフロリダ州のジャクソンヴィルで選挙運動をしていた。雨が降っていた。ハリスはチャック・テーラーズのスニーカーを履いていた。スピーカーは彼女が自分の入退場時に使用していたメアリー・J・ブライジーの「ワーク・ザット」を大音量で鳴らしていた。

ただあなたの髪が長くないから
あなたの皮膚の色で人が批判するから
頭を高くかかげていたいの……
……………少女よ、自分自身になれ

ハリスは傘をたたむと、音楽のビートに合わせて動いた。大きな笑顔で、笑い声も上げて、自分がいる場所を楽しみ、そしておそらくは自分の故郷を思いながら、楽しんでいたのだ。

ロナルド・レーガンのスピーチ・ライターだったペギー・ヌーナンはこの四日後に『ウォール・ストリート・ジャーナル』紙に記事を寄せていた。副大統領候補が踊るのを見て、「困ったものだと思いました」。しかも、ハリスは分別がないように見えた、と。

リカウントはジャクソンヴィルで踊るハイリスの画像を一五秒にまとめて掲載した。これを二三〇万人が見ていた。

＊　＊　＊

ベス・フォースター・ゲイルは一〇月二五日の朝、起きるとすぐにコーヒーを入れた。ワシントンDCにある彼女の家だった。この日一日のために気を引き締めようとしていたのだ。彼女の夫でハリスの最初の報道官だったタイロン・ゲイルが亡くなって二年目の命日だからだ。

このような日は誰にとっても、辛い、でも幸せで、悲しい記憶を思い起させるものだ。彼女の携帯電話がショートメールの着信を知らせた。民主党副大統領候補からで、選挙運動中のどこかからだった。カマラ・ハリスは自分が、ジャクソンヴィルの遊説会場で見たことを知らせたかったのだ。この街はタイロンの故郷だった。誰かがプラカードを高く掲げていた。そこには「タイロンのために頑張れ」と書いてあったのだ。言い方を変えれば、このプラカードを掲げた人は余りにも若くして逝ってしまった若者のために選挙に勝て、とハリスに告げていたのだ。ハリスは誰か他の人もまだタイロンを覚えているとベスに伝えたかったのだ。

このメールは辛い記念日の始まりを明るくした。これはほとんど見る人がいないハリスの一面だった。周囲の人に対して彼女は頑強に、それも余りにも頑強になることがあった。彼女はこれまで人々を置き去りにしてきた。もう用はないのだとその人たちに思わせてもいた。また、仕事も未完のままにして来たりもした。ひとつの重要な職務から次の重要な職務にと移動してきたから。しかし、同時に彼女は常に誰かを気にかけていると示しても来たし、あの実に稀に見る性格、同情を示しても来た。この特別な日には、一人の女性が辛い思いをしていると分かっていた。それで、その女性に彼女のことを思っている誰かがいると知ってもらおうとしたのだ。

それがカマラ・ハリスの流儀なのだ。

謝辞

当然のことだが、カマラ・ハリスもその家族も、本書を書き上げるためにインタビューしてくれたり、援助してくれたりすることはなかった。本書を執筆していた二〇二〇年九月と一〇月には、ハリスは全米規模の選挙運動に没頭していたからだ。

私は様々な出来事を直接見聞きした多くの人々の話に頼った。その人たちの多くは本書の中で明らかにしているが、諸事情により匿名扱いをしなければならなかった人たちもいた。彼ら一人ひとりに著者である私と本書の読者たちに情報を与えてくれたことに対して心から感謝したい。

また、『ロサンゼルス・タイムズ』紙時代からの友人であるジョシュ・メイヤーには特に感謝したい。彼のワシントンについての報告と見識がなければ、本書の執筆は不可能だった。ジョシュの現実をしっかりと見つめた報告は他に類のないものだ。この点においては、彼のワシントンでの数十年の経験は、上院議員としてのハリスの最も忙しかったときに関する本書の章やバイデンが彼女を副大統領候補として選出するにあたっての彼女の奮闘に関する章を書き上げるのに、非常に価値のある助力となった。ジョシュはそのすべてを差し迫った締切に間に合わせて提供してくれたのだ。それだけに一層感謝するものである。

私の親友で、私が知る最高の法廷記者であるアンディ・ファリロには、ハリスのサンフランシスコの法廷での日々を報告してくれ、また細かく説明し、彼なりの洞察も与えてくれたことに謝意を表する。

サーシャ・ハプカは、本書で扱った重要な人々にアプローチしたり、バークレー市やオークランド市でのハリスの日々を調べたりするのに、計り知れないほどの手助けをしてくれた。彼女は緻密な、素晴らしい記者で、これからのジャーナリズムにおいて大いに期待できる人物である。彼女を紹介してくれたユミ・ウィルソンにも感謝している。ユミはカリフォルニア大学バークレー校で次代のジャーナリストたちを育てている。

クリスティーナ・レベロは事実の確認をし、文章の編集において素晴らしい働きをしてくれた。カリーナ・ロビンソンは優れた歴史研究者であり、系図学者であり、多くの事実を確認して、私がハリスの先祖を理解するのを助けてくれた。カリフォルニア州立図書館の図書館員であるグレッグ・ルーカスと彼のスタッフにも謝意を表したい。この図書館はカリフォルニア州の真の宝物のひとつだ。

本書は『ワシントン・ポスト』紙のオピニオン欄の編集長であるマイケル・ダフィなしでは完成しなかった。本書出版の計画を勧めてくれただけでなく、躊躇している私にサイモン・アンド・シャスター社のプレシラ・ペイントンという賞賛すべき編集者に、私のために電話をしてくれた。ペイントンはしっかりとした指導力と、見識とをもって、思慮深く編集してくれ、さらに最初の著作を出そうという私に大きな賭けをしてくれた。彼女のすべてに感謝する次第である。

そして、我が友であるスコット・レバーにも同様に感謝している。彼は優秀なジャーナリストで『サクラメント・ビー』紙の管理編集者であり、カマラ・ハリスについて書ける人を探しているエージェントに私を紹介してくれた。また、アエビタス・クリエイティヴ・マネジメントのカレン・ブレイルズフォードは、出版界のイロハを教えてくれると同時に、私に機会を与えてくれた。心から感謝したい。

私は『サクラメント・ビー』紙の記者をし、そして後に同紙の社説面の編集者をしていたときに、カマラ・ハリスを知ることになった。私を同紙に雇ってくれたスチュアート・レブンワースには感謝している。さらに、『ビー』紙の発行者として私を信じ、社説面の編集者という栄誉を与えてくれたシェリル・デルには最も深く感謝したい。

ショーン・フーブラー、ジョイス・テルハール、フーン・ライ、エリカ・D・スミス、ゲイリー・リード、ジンジャー・ラトランド、マリエル・ガルザ、ジャック・オーマン、ピア・ロペス、そして『ビー』紙での同僚だった故レックス・バビンたちに感謝するものである。

以下の人びとなどの事実に基づく報道が本書の情報の役に立った。クリストファー・カデラーゴ、ジョン・ダイズ、マイケル・フィネガン、リア・ガルチク、ジョー・ガロフォリ、ジョン・ハワード、カーラ・マリヌッチ、メラニー・メイソン、フィル・マタイアー、マエヴ・レストン、ジェリー・ロバーツ、アンディ・ロス、フィル・トロウスタイン、カレン・タマルティ、ランス・ウィリアムズ、フィル・ウィロンたちだ。カマラ・ハリスが政治の階段を上って行くのを見守ることのできた地位に私を雇ってくれたカルマター社のデイヴ・レッシャーに感謝する次第である。

そしてトニーとテス、クララとケン、リビーとグレイソンに私に向けてくれた愛情と支援にありがとうを言いたい。また、何よりも私の妻、クローディアには心からの感謝を伝えたい。貴女の愛と、応援と、理解があってこそ、すべてが可能になったのです。

訳者あとがき

土田　宏

二〇二一年一月二〇日、アメリカ合衆国大統領の交代が、異例ではあったものの、特に何事もなく無事に終了したことで、ホッと安心したのは私だけでないはずだ。同時に、悪夢のような四年間が終わったことへの安堵感と新しい政権への期待感とが交錯した気持ちにもなった。

トランプ政権での四年間はまるで悪夢だった。本書でも描かれたように、彼の当選のニュースに年端もいかない少年が「あんな男が勝つわけないよね」と発言するような男がトランプだった。候補者として選挙戦を戦うなかでも、予備選挙でも本選挙でも明確な政策を打ち出すこともなく、アメリカという国や世界への将来的な展望を述べるわけでもなく、ただただ対立候補を批判し、自分が勝ったら、「ヒラリーという女を刑務所にぶち込んでやる」というような品のないことばで対立を煽り、プロレスの悪役レスラーを演じることで人気だけを獲得していたのがトランプだった。

アメリカを再び偉大に、という掛け声は多くの国民の琴線に触れたかもしれないが、「偉大」とは何を意味するのかを語ってこそ、大統領候補としてふさわしい態度であったはずだ。トランプは一切語らなかった。それどころか、世界のリーダーとしての役割を果たし続けてきた二〇世紀のアメリカと決別して、国際的な役割を勝手に投げ捨て、「アメリカ・ファースト」などという使い古したことば――第一次世界大戦後に使われ出し、一九六〇年代後半に日本からの輸入品に抗議して再び使われ出したことば――で自己弁護をする。実に情けない大統領だった。

しかも、彼は四年間で自分の記念となるような政策は何ひとつ残せなかった。自分と同じ共和党が議会の上下両院で多数を占めていたのにも関わらず、彼はその議会を通す必要のない「行政命令」を連発して、あたかも立派な大統領を装っていただけだった。

カマラ・ハリスではないが、国内の少数民族や新移民たち、そして貧困層や失業者たちには一切注目することなく、憲法の言う「行政責任者」の役割を果たさなかった。それだけでなく、新型コロナウイルスの流行が明白になっていたにも関わらず、何ら対策を取ろうともせずに、結果として五〇万人を超える死者を出した（二〇二一年二月二三日時点）。実に無能な大統領だった。

すでに、言い尽くされているが、五〇万という数字は、一八六五年の南北戦争終了時から今日に至るまで、対スペイン戦争、二つの世界大戦、朝鮮戦争、ベトナム戦争、そしてクェートやイラクやアフガニスタンへの派兵など、一世紀半の間にアメリカが関わった戦争での戦死者の数にほぼ匹敵するのだ。わずか一年の間に、これだけの人々がコロナウイルスの犠牲になっているのだ。何か対策さえあれば、それがたとえマスク着用の呼びかけ程度のものであったとしても、これほどの数の犠牲者は出なかったはずだ。マスクなど不要という主張と、コロナなどすぐに退散する、だから安全だという全く根拠のない主張をし続けたことが、彼の状況判断能力の欠如を実に示していたし、その意味ではアメリカの不幸であった。

不動産業界では名をなし、実績のあった人物だったかもしれないが、政治経験の全くない未知の人間を大統領にしてしまったことが、実に大きな間違いだった。しかもその不動産業界での成功も、選挙時に彼が出版した自伝類によると、不動産の売買に当たっては、とにかく価格を「ふっかければいい。相手がそのうち寄って来る」というような、かなり乱暴な方法で取引をしていたのだ。彼はこれを自慢げに書いているが、はっきり言って、脅し（脅迫）を使った強迫（力の行使）でしかない。広く話題になった「フェイク・ニュース」も報道機関への脅し以外の何物でもなかった。

自己の主張への裏付けさえなく、自分への批判はすべて嘘という考えは、究極的に、負けた選挙は違法で、相手が卑劣な行為をしたからだと、証拠も根拠もない主張を繰り返すだけという醜態を晒すことにつながった。

トランプが異例だったのはこれに留まらない。本来のアメリカ国民の共通の理解を共有していないことが最大の問題なのだ。それは「独立宣言」と「憲法」だ。アメリカ国民がリベラル派であろうと、保守派であろうと、その多くが信じていること、大切にしていることが、本国イギリスに抵抗して一三の植民地が一致して突きつけた「独立宣言」だ。当然、その冒頭に近い部分の「すべて人間は平等に造られ、創造主によって生命、自由、幸福の権利を賦与されている」という部分だ。これこそがアメリカ人をアメリカ人とする基本的な命題だったはずだ。独立宣言はあくまでも英国に対して植民地人の権利を主張するためのもので、決して自分たちの理想を公言したものではない。だが、独立とその後の憲法制定によるアメリカ合衆国の成立の過程で、この文言は新国家の目指すべき理想として受け入れられるようになっていった。

もちろん、当時から黒人の奴隷問題や移民の受け入れ問題など、この理想に反する現実があった。だが、理想があったがために、何とかして現実を変えようとする動きは常にアメリカに存在した。それゆえの南北戦争だったし、婦人参政権運動の高まりだった。どちらも一九世紀の初めからの理想達成の願望の結果だった。

しかし、人種と性別に対する偏見はそう簡単に解決できなかった。別に宗教（宗派）や民族などでも偏見は生じていた。

一九五〇年代になって、アメリカはその憲法の前文に述べられている「より完璧な連合」に向けて大きな勇気をもって一歩を踏み出した。一九五四年の連邦最高裁のいわゆる「ブラウン判決」だ。ここでウォーレン長官の率いる判事たちは黒人と白人とを分けている公立学校の状況は憲法違反だとしたのだ。ある意味で、アメリカ史上、初めて白人が運営する裁判所が黒人の味方をしたわけだ。だが、公立学校は国民の住居地域と密接に関係していたし、白人と黒人の住居地域は分離し、離れて存在していた。学校の教室内の人種統合をどう進めていくか、地方の政府および教育関係者は判断できなかった。一九五五年、最高裁はひとつの答えを提供した。これが「通学バス」の制度だった。早速、各地で実施されることになった。住居地域を越えて児童をバスで通学させる――これによって教室内の人種統合は可能になる。

こうした変化の流れをさらに促進したのが、六〇年代のケネディとジョンソンの政権だった。

人種差別を禁止し、撤廃する「六四年公民権法」や「アファーマティブ・アクション」さらに「貧困との戦争」政策によって人種差別、さらには性差別をなくす努力が続けられ、国民もこれを受け入れていたかのようだった。

だが、六〇年代末に「人工中絶」への反対運動が高まるにしたがって、通学バスやアファーマティブ・アクションや男女平等への疑問などが噴出した。

残念ながら、この風潮はニクソン、レーガン、ブッシュ親子という共和党大統領の傍観的な態度によって、現在に至る流れの中で移民の問題も含めて、アメリカを二分する問題になってしまっている。それでも二〇〇八年には黒い肌のオバマを大統領に当選させはした。

だが、二一世紀に入る頃からこの分裂傾向には警告が出されていた。グリーンズバーグの『ふたつのアメリカ』などがその代表だ。オバマは「白人のアメリカはない。黒人のアメリカもない。ただ、アメリカ合衆国があるだけだ」と分裂を失くす訴えをした。アメリカの現状を修正しようとした。だが、それはトランプの登場と共に、修正の方向ではなく、助長の方向へと押し出されることになった。トランプ自身が弱者の人権や生活に全く関心を示さなかったことがその主な原因だ。

いま、バイデンとハリスの組み合わせが政権の中心となったことで、またアメリカが六〇年代にあったように人種も性別も移民かどうかも、また先祖の民族や出身国も関係なく、皆がそれぞれ尊重し合い、助け合う社会に向けて方向転換することが期待されている。バイデン政権発足後二か月でカマラ・ハリス副大統領が移民政策の管理責任者に任ぜられたのも、この大きな動きを表すものだろう。

トランプに積極的に挑戦し続けていたのがハリスだった。彼女が全米で、そして海外でもその名が知られるようになったのは二〇一六年の上院議員選挙後のことだから、まだ最近のことだ。だが、副大統領に当選した直後の演説で「私はアメリカで最初の女性、最初の黒人女性の副大統領かもしれませんが、決して最後ではないはずです。いま、小さな女の子たちが、この国は可能性の国だと分かったからです」と自分の立場を明確にし、彼女に続く女性たち、そして黒人女性たちに大きな希望を与えたカマラ・ハリスは、ある意味で、「未来を切り開く」人物なのだ。それもアメリカの歴史で、黒人・女性という二重の偏見に最も虐げられた人たちにとっては、真の意味で「スター」として輝いている。

不謹慎な言い方になるが、史上最高齢の現大統領である以上、彼女が大統領代理を務めたり、後任大統領となったりする可能性が決してないわけではない。この意味でも、ハリスの今後の言動と政治家としての成長には注目しておかなければならない。本書が明らかにしているように、彼女が弱者に心からの同情を寄せられる女性であることは間違いないだろう。

この気持ちをどう政策として生かしていくか、バイデンをどう説得していくか、注目すべき点は多い。

バイデンもその自伝などを読む限りでは、弱者を見捨てるようなことはしないはずだ。だが、最後に、本書でも触れられているハリスによるバイデン攻撃、つまり通学バス廃止の件について触れておきたい。

バイデンは二九歳という若さで上院議員選挙に出馬して、前評判を覆して当選した。選挙から議員就任までに三〇歳の誕生日を迎えるので、就任時に三〇歳という憲法の年齢制限もギリギリにクリアした。だが、その誕生日の直後、交通事故で夫人と幼い娘を失くしてしまうのだ。二人の男の子は重傷を負いながらも、残されることになった。

本書でも強調されているが、アメリカの連邦議会は年功序列の厳格な制度で運営されている。上院は、議員数が一〇〇名と少ないだけに議員間の関係を重視して、厳格な規則などがなく、年功が絶対的な力を持っている。同じ州を代表する二人の議員にも「シニア」（上位）と「ジュニア」（下位）の地位があり、少しでも長く上院にいるシニアに指導権があるのだ。カマラ・ハリスがダイアン・ファインスタインに心のどこかで反発しながらも、彼女との関係を大事にする様子が本書で述べられているが、これが上院の在り方なのだ。

さて、バイデンだが、一九七三年に最年少で上院議員となっただけに、議員としての年功だけでなく、人生の年齢も上院では意味を持たない存在だった。しかも、彼の選出州、デラウエア州は歴史的には奴隷制度を持つ「奴隷州」で、南北戦争では南部に参加せずに、北部に留まったという特殊な州だ。それだけに、彼の現在のジル夫人は、一九七七年にバイデンと結婚して、その後の八〇年代に入ってから教職に復帰するのだが、その時でさえ、配属になった公立高校が人種統合をめぐって紛争中だったと自伝で嘆いている。それほど奴隷制度の影響が色濃く残っていた州なのだ。

バイデン自身は人種偏見もなく、むしろ進歩的な、リベラルな政治家として知られているが、上院では「中道派」と位置付けられているのも、自分の出身州との関係があるからだろう。

そんなバイデンが上院入りした頃、世間では反通学バスの声が高まっていた。白人の子供たちがなぜ歩いて行ける近くの学校ではなく、バスに乗せられて、しかも黒人地区の設備の悪い遠くの学校へ強制的に通学させられるのか、という白人の親たちの気持ちは、人種統合は善なる道なのだと理性的に理解している人々さえ巻き込んでいった。

上院での通学バス反対決議を南部諸州の議員たちが画策したのも当然だった。これを率いた古参の議員にすれば、デラウエア州の新人は仲間とするには格好の餌食だった。つまり、声をかけられたら当時のバイデンには「ノー」の選択肢はなかったのだ。

この辺りの事情をおそらくは分かっていながら、攻撃したのがハリスだ。「私は人種差別主義者でもないし、差別をしたこともない」とバイデンがつぶやくのも必然だった。ハリスの攻撃が一部から批判されるのも仕方ないことだ。二〇〇九年にオバマの副大統領候補になるまで、バイデンが上院議員だったのは、主義主張を多少曲げても、古参議員を大事にしたことで後日の活動の場を確保したからだったのだ。

バイデンの味方をするわけではないが、ハリスについて語ると必ず出てくる、討論会での追及の底にあるひとつの真実を紹介だけしておく。しかし、そんなハリスをバイデンは自分の副大統領候補に指名した。二〇一五年に癌で亡くなった長男の影響だという。

この長男ボウは父親のバイデン自身が自分より有能と認めているだけのことはあって、デラウエア州では将来の知事そして最後は大統領と噂されていた人物で、非常に頼りになる人物だったようだ。バイデンの自伝のひとつはこの長男との関係に捧げられている。この長男が信頼していたハリスを選ぶのは当然だったのかもしれない。

本書の訳出・出版に当っては彩流社の竹内淳夫氏をはじめ、編集部の方たちに大変お世話になった。ここに記して感謝の気持ちとしたい。また、原稿校正の手伝いを献身的にしてくださった、かつての教え子のひとり、五十嵐優子さん（上智大学卒業）にも心から感謝したい。さらに、コロナ禍でただでも滅入るところ、家に籠って作業に当った私を温かく支えてくれた妻や娘家族にもここに改めて感謝したいと思う。

二〇二一年四月一一日

例年になく早々と咲き出した躑躅を愛でつつ

本項の参考文献

Biden, Jill. *Where the Light Enters : Building a Family, Discovering Myself.* N.Y.: Flatiron Books, 2019.
Biden, Joe. *Promise Me, Dad : the Heartbreaking Story of Joe Biden's Most Difficult Year.* New York: Pan Books, 2018.
Greenberg, Stanley B. *The Two Ameericas: Our current Political Deadlock and How to Break It.* N.Y.: Thomas Dunne Books., 2004.
Tru　mp, Donald J. with Tony Schwartz. *TRUMP : the Art of the Deal.* N.Y.: Ballantine Books, 2015.

■著・訳者紹介

ダン・モレイン（Dan Morain）『ロサンゼルス・タイムズ』紙のカリフォルニア州の政治・司法担当記者として27年間、『サクラメント・ビー』紙の編集者として8年のベテラン・ジャーナリスト。

土田 宏（つちだ　ひろし）1947年生まれ。専攻はアメリカ政治。2018年に城西国際大学を定年退職。現在、JFK研究所所長。
著書：『ケネディ兄弟の光と影』、『秘密工作　ケネディ暗殺』、『リンカン――神になった男の功罪』、『アメリカ50年　ケネディの夢は消えた？』（以上、彩流社）『ケネディ――「神話」と実像』（中公新書）、『アメリカ１９６８』（中央公論新社）ほか。
訳書：『ベスト・エヴィデンス――ケネディ暗殺の虚実』（全2巻：D・S・リフトン著、彩流社）、『ケネディ――時代を変えた就任演説』（S・クラーク著、彩流社）、『下院議長オニール回想録――アメリカ政治の裏と表』（ティップ・オニール著、共訳、彩流社）など。

アメリカ初《はつ》の黒人女性副大統領《こくじんじょせいふくだいとうりょう》 **カマラ・ハリスの流儀《りゅうぎ》**

2021年8月5日　初版第1刷発行　　定価は、カバーに表示してあります。

著　者　ダン・モレイン

訳　者　土　田　宏

発行者　河　野　和　憲

発行所　株式会社　彩　流　社

〒101-0051 東京都千代田区神田神保町3-10
TEL 03-3234-5931 FAX 03-3234-5932
ウェブサイト http://www.sairyusha.co.jp
E-mail sairyusha@sairyusha.co.jp

印刷／製本　㈱丸井工文社
装幀　渡辺将史

ISBN 978-4-7791-2769-4 C0031

人名索引

ア行

カ行

サ行

タ行

ナ行

ハ行

マ行

ラ行

ワ行